KLEINE HOTELS
MIT CHARME

VENEDIG
&
Nordöstliches Italien

KLEINE HOTELS
MIT CHARME

VENEDIG
&
Nordöstliches Italien

Herausgegeben von Fiona Duncan und Leonie Glass

Aus dem Englischen übersetzt
von Ulrike Kretschmer und Christine E. Gangl

Christian Verlag
München

Herausgeber *Andrew Duncan*

Design *Don Macpherson*
in Erinnerung an Mel Petersen (1946–2002), Gründer und
Art Director von Duncan Petersen Publishing.

Übersetzung *Ulrike Kretschmer und Christine E. Gangl*

Titelfoto: *Pension Accademia, Venedig*

3., revidierte und erweiterte Auflage 2005
© 2005 der deutschsprachigen Ausgabe
by Christian Verlag, München
www.christian-verlag.de

Projektleitung: *Dr. Alex Klubertanz*
Redaktion und Korrektur: *Christine E. Gangl*
Layout und Satzarbeiten: *Dr. Alex Klubertanz*
Umschlaggestaltung: *Agentur ZERO, München,*
nach einer Reihengestaltung von Nele Schütz Design, München
Druck und Bindung: *Printer Portuguesa*
Printed in Portugal

Alle deutschsprachigen Rechte vorbehalten

ISBN 3-88472-553-X

Hinweis
Alle Informationen und Hinweise, die in diesem Buch enthalten
sind, wurden von den Autoren nach bestem Wissen erarbeitet und
von ihnen und dem Verlag mit größtmöglicher Sorgfalt überprüft.
Unter Berücksichtigung des Produkthaftungsrechts müssen wir allerdings darauf hinweisen, dass inhaltliche Fehler oder Auslassun-
gen nicht völlig auszuschließen sind. Für etwaige fehlerhafte Anga-
ben können Autoren, Verlag und Verlagsmitarbeiter keinerlei
Verpflichtung und Haftung übernehmen.

Korrekturhinweise sind jederzeit willkommen und werden gerne
berücksichtigt.

Besuchen Sie unsere website
www.kleinehotels.de

INHALT

EINLEITUNG

In diesem Einführungsteil

Willkommen zur vierten Auflage von »Kleine Hotels mit Charme – Venedig & Nordöstliches Italien«. Auch für diesen Band gilt, was alle Bücher dieser Reihe so benutzerfreundlich macht:

• Alle Hotels werden mit einem Farbfoto und der Großteil mit einem ganzseitigen Beitrag vorgestellt.

• Das Layout wurde verändert, damit Sie die für eine Buchung wichtigen Informationen schneller finden können.

• Der Einzugsbereich wurde vergrößert; es werden mehr Hotels aus der Gegend der norditalienischen Seen und der Alpenausläufer vorgestellt.

• Eine Auswahl empfehlenswerter Restaurants in Venedig wurde angefügt.

Wir hoffen, dass Ihnen diese Neuerungen eine wirkliche Hilfe sind. In jeder anderen Hinsicht bleibt der Hotelführer seinen Kriterien und seiner Qualität treu, die ihn so einzigartig machen (siehe S. 7), wie uns so viele begeisterte Leser immer wieder bestätigen. Seit seinem ersten Erscheinen im Jahr 1999 wurde dieser Führer dreimal auf den neuesten Stand gebracht. Seine Gesamtauflage in den USA, Großbritannien und in fünf weiteren europäischen Ländern beträgt mehrere Hunderttausend Exemplare.

Warum sind wir einzigartig?

Dieser Führer ist der einzige völlig unabhängige Hotelführer (kein Hotel bezahlt in irgendeiner Weise für die Aufnahme) über Venedig, der

• besonderen Wert auf eine überschaubare Größe der Hotels legt. Die meisten verfügen über weniger als 20 Zimmer. Sind es mehr, erscheint das Hotel kleiner als es ist. Wir sind der Meinung, dass ein wirklich herzlicher Empfang viel eher in einem kleinen Hotel gewährleistet ist;

• jedes Hotel im Farbbild vorstellt,

• nur Häuser berücksichtigt, die wirklich Charme und Charakter besitzen;

• hohen Wert auf die ausführliche Beschreibung der Hotels legt, anstatt störende oder unverständliche Symbole zu verwenden;

• von einem kleinen, unbürokratischen Verlag mit einem Team gleich gesinnter Tester herausgegeben wird.

Umfangreich und wählerisch

Um für jeden Eintrag eine ganze Seite Text und ein Farbfoto zur Verfügung zu stellen, mussten wir ein paar Seiten mehr drucken. Wir beschränken uns jedoch unverändert auf eine Auswahl von etwa 200 Unterkünften und glauben, dass wir damit die meisten kleinen Hotels mit Charme, die es in Venedig und den angrenzenden Regionen gibt, erfasst haben.

Die verschiedenen Übernachtungsmöglichkeiten

Trotz seines Titels beschränkt sich dieser Hotelführer nicht auf Unterkünfte, die mit Hotel bezeichnet sind, oder auf hotelähnliche Unterkünfte. Im Gegenteil: Wir suchen nach Orten, die ein Zuhause fern von zu Hause bieten (siehe Seite 9). Wir nehmen kleinere und Hotels mittlerer Größe auf; viele der traditionellen italienischen Gästehäuser *(pensioni)*, von denen einige nur Bed & Breakfast, andere auch Mittag- und Abendessen anbieten; Restaurants mit Gäs-

Unsere Auswahlkriterien

• Eine ruhige und attraktive Lage. Wenn das Hotel in einer Stadt liegt, müssen wir bezüglich der Ruhe natürlich manchmal Konzessionen machen.

• Ein Gebäude, das besonders schön, interessant oder historisch bedeutend ist – oder wenigstens besonders viel Charakter hat.

• Ausreichend Platz in einem familiären Rahmen. Wir schätzen keine Hotels, die durch ihre Vornehmheit oder falsche Ambitioniertheit einschüchtern.

• Guter Geschmack und Fantasie in der Inneneinrichtung. Wir lehnen standardisierte Einrichtungsgegenstände und Einheitsdekorationen wie bei Hotelketten ab.

• Zimmer, die wie wirkliche Schlafzimmer wirken und individuell eingerichtet sind – nicht wie unpersönliche Hotelzimmer.

• Möbel und andere Teile der Einrichtung, die bequem sind und gut gepflegt werden. Wir freuen uns über interessante antike Möbelstücke, die zum Gebrauch, nicht zum Bestaunen da sind.

• Eigentümer und Personal, die engagiert und planvoll zu Werke gehen. Ein persönlicher Empfang, der weder unterkühlt noch aufdringlich ist. Der Gast sollte sich als Individuum behandelt fühlen.

• Gute und interessante Küche. In Venedig liegt die Qualität des Essens gemeinhin über dem Standard. Es gibt nur wenige Hotels in diesem Führer, deren Küche nicht überdurchschnittlich gut ist.

• Eine angenehme Atmosphäre. Es sollten weder aufdringliche Menschen mit ihrem Geld angeben, noch sollte das Hotel einen exklusiven und elitären Charakter aufweisen.

tezimmern; *agriturismi,* die – zum Teil sehr komfortable – Zimmer auf Bauernhöfen und Weingütern anbieten und einige Selbstversorger-Appartements in Land- oder Stadthäusern, die im Sinne unseres Buchs etwas Besonderes bieten.

Kein Sponsoring!

Wir gehören zur Minderheit der unabhängigen Hotelführer, denn wir meinen, dass es fatal ist, wenn sich der Verlag für die Aufnahme eines Hotels bezahlen lässt. Führer, die gegen Bezahlung arbeiten, sind weder bei der Auswahl noch bei der Beschreibung der Hotels objektiv, obwohl sie die Illusion ihrer Unabhängigkeit angestrengt aufrecht erhalten wollen. Fast keiner gibt auf dem Buchumschlag zu, Geld für den Abdruck von Hotelempfehlungen zu bekommen – die meisten verstecken diese Information vielmehr diskret im Inneren.

»Zuhause fern von zu Hause«

Am schwierigsten heraufzubeschwören ist das Gefühl, sich in einem Privathaus zu befinden, ohne sich um den täglichen Kleinkram kümmern zu müssen. Um dieses Geheimrezept herauszufinden, bedarf es einer besonderen Professionalität: Der Eigentümer muss die Balance zwischen unbefangener Atmosphäre und aufmerksamem Service wahren. Wer dieses Gefühl einmal erlebt hat, wird andere Unterkünfte tunlichst meiden – und mögen sie noch so luxuriös sein!

Venedig, das nordöstliche Italien und der Reisende

Das unvergleichlich schöne, romantische und kunstreiche Venedig braucht, berühmt wie es überall auf der Welt ist, kaum eine Einleitung. Auf dem schlammigen Grund der Lagune erbaut, die sich zum Meer hin öffnet und den Westen mit dem Osten verbindet, war Venedig einst eine große, von den Dogen regierte Seemacht und ein Ort der Intrige und der Dekadenz. Die Stadt des Wassers und des Lichts mit ihrer faszinierenden und zugleich verstörenden Atmosphäre, ihrem feinen Netz von Kanälen, mit ihren Palästen, Kirchen,

Gassen und Plätzen hat nicht nur die Flut, sondern auch den Massentourismus überlebt und sich dabei im Lauf der Jahrhunderte erstaunlich wenig verändert. Nirgends in Venedig wird Ihnen eine hässliche Fassade ins Auge springen; sogar das MacDonald's am Rialto ist beinahe erträglich. Sie können jederzeit den Touristenmassen an der Piazza San Marco und am Rialto entkommen, wenn Sie in einer der Nebenstraßen verschwinden, in der Sie eine Kirche, ein kleiner Kanal oder ein Café erwarten. Die beste Zeit, um Venedig einen Besuch abzustatten, ist im Frühjahr, im Frühsommer oder im frühen Herbst, wenn weniger Touristen die Stadt bevölkern und das Wetter meist bezaubernd ist. Im März sind die Tage oft schön, warm und sonnig, während der Juni bedeckt und verregnet sein kann.

Bis zu den Dolomiten und zur österreichischen Grenze im Norden, zum Gardasee nordwestlich und zur Region Friaul/Julisch-Venetien nordöstlich von Venedig erstreckt sich die Region Veneto. Das Hinterland von Venedig ist zwar weitgehend industrialisiert und – abgesehen von den grünen Euganeischen Hügeln und den Bericibergen – flach, aber dennoch sehr interessant. Für die großartigen Städte wie Padua, Treviso, Vicenza und Verona braucht man deshalb genug Zeit; dann gibt es außerdem noch die Palladiovillen und andere Attraktionen wie die Städtchen Asolo und Montagnana.

Die Alpen bereichern die Hotelauswahl in diesem Reiseführer natürlich enorm; vom venezianischen *palazzo* bis zum Tiroler Schlösschen ist alles dabei. Mit der überwiegend bergigen Region Trentino-Südtirol, die sich nördlich des Gardasees erstreckt, eröffnet sich eine ganz neue Welt, die von Venedig weit entfernt ist. In Südtirol verwischen die Grenzen zu seinem österreichischen Nachbarn immer mehr. In der nördlichsten Provinz Italiens, die auf Italienisch Alto Adige heißt, sprechen viele Leute Deutsch (die Orte haben sowohl einen italienischen als auch einen deutschen Namen) und haben dieselbe Kultur wie ihre Nachbarn jenseits der Grenze. Die Menschen sind ganz besonders gastfreundlich, und die Landschaft – wie z.B. die zerklüfteten Gipfel der Dolomiten – ist atemberaubend schön. Im Winter kann man in Südtirol Ski fahren und im Sommer wandern. Es gibt sicher keine abwechslungsreicheren Ferien als von Südtirol aus über die heiteren Ufer des Gardasees nach Verona, Vicenza und Padua und schließlich nach Venedig selbst zu reisen. In diesem Führer, mit dem Sie Ihre Reise perfekt planen können, finden Sie die Hotels am Ufer des Gardasees unter der Provinz Lombardei.

Die Wahl des Zimmers

In den venezianischen Hotels kommt viel auf die Auswahl des richtigen Zimmers an. Viele Hotelzimmer in diesem Führer sind in Preis und Qualität vergleichbar; es gibt jedoch auch Räume derselben Preiskategorie, die in der Qualität stark variieren. Für dasselbe Geld bekommen Sie in manchen Hotels düstere und beengte Zimmer, in anderen wiederum eine helle und geräumigere Unterkunft mit Balkon zum Kanal. Die wenigen besseren Zimmer müssen jedoch speziell und weit im Voraus gebucht werden. Oft ist es den Gästen gar nicht bewusst, dass sie etwas Komfortableres zum gleichen Preis bekommen können. Wir haben uns deshalb bemüht, auf die unserer Meinung nach besten Zimmer besonders hinzuweisen. Manchmal lohnt sich ein bestimmtes Hotel sogar nur, wenn Sie auch ein spezielles Zimmer buchen können. Auf Zimmernummern haben wir dabei meist verzichtet, da diese sich zu oft ändern.

Hotels, Villen, Locande, Agriturismo

Es sollte nicht schwer fallen, unter den vielen in Venedig und im nordöstlichen Italien angebotenen Unterkünften eine Auswahl zu

Buchungsservice

Wenn Sie die Hotels in diesem Buch schnell und einfach buchen oder sich eine individuelle Reise zusammenstellen lassen möchten, können Sie sich an das Reisebüro am Patentamt in München wenden. Dort wird man Ihnen gerne weiterhelfen.

Reisebüro am Patentamt
Frau Helga Henning
Kennwort: Kleine Hotels mit Charme
Tel.: 089 / 22 79 63
Fax: 089 / 228 34 06

Besuchen Sie auch unsere Website:
www.kleinehotels.de
oder buchen Sie bequem online bei:
www.tui-hotels.com

treffen, die dem jeweiligen Geschmack und Budget entspricht. Die verschiedenen Hotelklassifizierungen sind beinahe so breit gefächert wie die Namen für die verschiedenen Pastasorten. »Hotel« ist fast so gebräuchlich wie das italienische »albergo«. Die Bezeichnung »Villa« trifft sowohl auf Stadt- als auch auf Landhotels zu und wird von den Besitzern mit einer gewissen Willkürlichkeit angewendet: Manchmal verbirgt sich dahinter ein einfaches Bauernhaus, während ein eleganteres Gebäude sich bescheiden »Albergo« nennt. Die Begriffe »Palazzo« und »Pensione« beziehen sich in der Regel auf Hotels in der Stadt, mit »Agriturismo« ist dagegen ein Bauernhof gemeint, der entweder auch Verpflegung anbietet oder bei dem man sich komplett selbst versorgen muss. Gelegentlich findet man auch die Bezeichnungen »Residence«, »Relais«, »Locanda«, »Castello« und »Fattoria«, die sowohl für Luxushotels als auch für einfache Gästehäuser benutzt wird.

Feiertage in Italien

1. Januar: Neujahr *(Capodanno)*; 6. Januar: Heilige Drei Könige *(Epifania)*; Karfreitag *(Venerdì Santo)*; Ostersonntag *(Pasqua)*; Ostermontag *(Pasquetta)*; 25. April: Tag der Befreiung *(Liberazione)*; 1. Mai: Maifeiertag *(Festa del Lavoro)*; 15. August: Mariä Himmelfahrt *(Ferragosto)*; 1. November: Allerheiligen *(Ognissanti)*; 8. Dezember: Mariä Empfängnis *(Immacolata Concezione)*; 25. Dezember: 1. Weihnachtsfeiertag *(Natale)*; 26. Dezember: 2. Weihnachtsfeiertag, Stefanstag *(Santo Stefano)*

Was wir mögen

In einigen Hotels sind wir auf Dinge gestoßen, die uns besonders gefallen haben:

- Wunderschöne alte Gebäude, die mit viel Umsicht renoviert wurden – venezianische Palazzi, klassische Villen im Veneto, Schlösser am Fuß der Alpen, Südtiroler Bergchalets;
- Hotels in ausgezeichneter Lage mit großartiger Aussicht;
- Schöne Kronleuchter aus Muranoglas;
- Venezianische Marmorfußböden, sofern sie mit Läufern ausgelegt sind;
- Zurückhaltende Ausstattung aus Seide und Damast;
- Frühstücksbüfetts mit Früchten, Käse, kaltem Braten und Joghurt;
- Penibel saubere Zimmer und Bäder, die vor allem in den Berghotels zum gehobenen Standard gehören;
- Qualitativ hochwertiges Leinen und bequeme Kopfkissen.

Was wir nicht mögen
- Hässliche Kronleuchter aus Muranoglas;
- Venezianische Marmorfußböden ohne Läufer;
- Übertriebene Ausstattung mit Seide und Damast;
- Kontinentales Frühstück mit unverdaulichem Pappbrot;
- Geschmacklose Minibars;
- Zimmer mit wenig Stauraum;
- Langweilige weiß gefliste Badezimmer;
- Badezimmer, die nur eine Duschkabine und keine Badewanne haben.

Wie Sie einen Eintrag finden
Die Einträge in diesem Führer sind geographischen Gruppen zuge-ordnet (nach Venedig mit seinen Stadtteilen und Laguneninseln folgen das Veneto, die Lombardei, Trentino/Südtirol und Friaul/Julisch-Venetien). Es kommen zuerst jeweils die ganzseitigen Einträge, die alphabetisch nach Stadt, Ort oder nächstgelegenem Dorf geordnet sind. Wenn mehrere Empfehlungen in der gleichen Stadt oder ihrer Umgebung liegen, werden sie alphabetisch nach dem Namen des Hotels aufgelistet. Schließlich folgen die halbseitigen Einträge, ebenfalls in alphabetischer Reihenfolge.
Um ein Hotel in einem bestimmten Gebiet zu finden, benutzen Sie am besten die Karten im Anschluss an diese Einleitung. Um ein bestimmtes Hotel zu finden, empfehlen sich die Register im Anhang.

Vergleichen Sie die Preise
Die angegebenen Preisspannen beziehen sich auf ein Standard-Doppelzimmer in der Hauptsaison mit Frühstück für zwei Personen.

€	unter 100 Euro
€€	100–150 Euro
€€€	150–220 Euro
€€€€	220–280 Euro
€€€€€	280–350 Euro
€€€€€€	über 350 Euro

Um unangenehme Überraschungen zu vermeiden, sollten Sie bereits bei der Buchung nachfragen, was in diesem Preis enthalten ist (z. B. Mehrwertsteuer, Bedienung, Frühstück).Viele Hotels haben gute Angebote außerhalb der Saison; in einigen gilt ein Mindestaufenthalt von mehr als einer Nacht. In manchen – vor allem in ländlichen Gasthöfen – ist Halbpension obligatorisch.

Appartements in Venedig

Venedig ist nicht nur eine Hotel-, sondern auch eine Appartement-Stadt. Viele Venezianer tragen zum Unterhalt ihres Eigentums durch die Einrichtung von Appartments bei. Für den Besucher mag dies eine gelungene und ökonomische Alternative sein. Zudem kann er am alltäglichen Leben besser teilnehmen. Die größte Auswahl an Appartements in Venedig bieten Agenturen wie Venetian Apartments (Adresse siehe unter Palazetto San Lio) oder Susan Schiavon (Adresse siehe unter Martinego), die 15 Appartements (von Studios bis Dreibettzimmer) in Privatbesitz im Angebot hat.

In San Marco: *Palazetto Pisani,* am Canal Grande, bietet zwei Appartements mit Zimmermädchen und Koch. Wunderschön mit verblasster Eleganz. Ein Raum ist groß genug für 80 Personen. Contessa Maria Pia Ferre (eine Nachkommin der Pisanis); Tel/Fax 041 5232550; E-Mail infopalazetto@pisani.com.
Palazzo degl Giglio bietet 19 kleine Wohnungen. Elena Fabiano; Tel 041 2719111; E-Mail hotelpalazzo@hotmail.com.
Martinego ist ein charmantes, mit Büchern und Bildern geschmücktes Appartement. Die Küche ist heimelig und der Hauptschlafraum ist mit alten Spiegeln dekoriert. Susan Schiavon, Apartements in Venice; Tel 0207 34800; www.apartments-venice.com.

In Castello: *Palazetto San Lio* bietet acht Appartements mit romantischem, in die Jahre gekommenem elegantem Flair. Venetian Apartments, 413 Parkway House, Sheen Lane, London SW14 8LS; Tel 0208 878 1130; E-Mail enquiries@venice-rentals.com.
Ca' Salvioni ist das Piano nobile eines Palazzos mit Fresken, Muranoleuchtern, drei riesigen Schlafräumen und einem großartigen Salon, Bibliothek, gut ausgestatteter Küche und einem friedlichen, Schatten spendenden Garten. Rosanna Giannotti; Tel/Fax 041 5223046; E-Mail casalvioni@tin.it.

In Dorsoduro: *Palazetto da Schio,* seit 400 Jahren von der Familie da Schio bewohnt, bietet drei schöne, komfortable Appartements. Contessa Anna da Schio; Tel 041 5237937;
E-Mail: avenezia@palazzettodaschio.it

Außerhalb von Venedig: *Foresteria Serègo Alighieri,* nahe Verona, bietet in den ehemaligen Ställen acht wunderschöne Appartements. Conte Pieralvise Serègo Alighieri; Tel 045 7703622;
E-Mail: serego@seregoalighieri.it.

Venedig und die Lagune

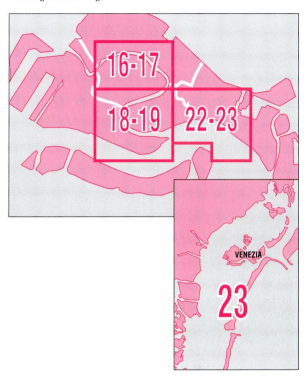

Das nordöstliche Italien

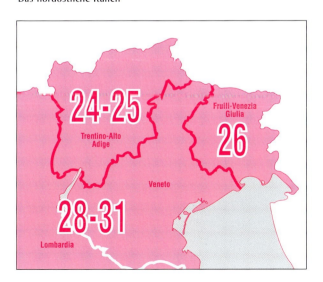

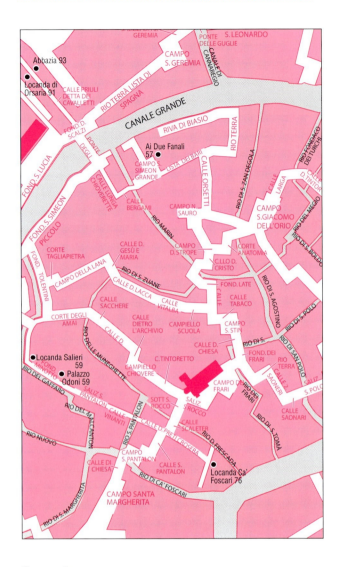

Cannaregio

Das Viertel Cannaregio, ein Wohngebiet mit sehr viel Charme und Charakter, grenzt im Norden an die Lagune und im Süden an den Canal Grande. Von der Vaporettohaltestelle Fondamente Nuove aus gelangt man zu den Venedig vorgelagerten Inseln. Der schönste am Canal Grande gelegene Palazzo im Cannaregio ist die Ca'd'Oro mit ihrer rosafarbenen, an Zuckerguss erinnernden gotischen Fassade. An der Lista di Spagna und der Strada Nova, die vom Hauptbahnhof zum Rialto führen, finden sich die meisten Touristen; der Rest des Stadtviertels ist das ganze Jahr über angenehm ruhig. Sehenswert sind auf jeden Fall das Ghetto, eines der ältesten Judenviertel der Welt, und das Innere der Kirche Gesuiti in der Nähe der Fondamente Nuove.

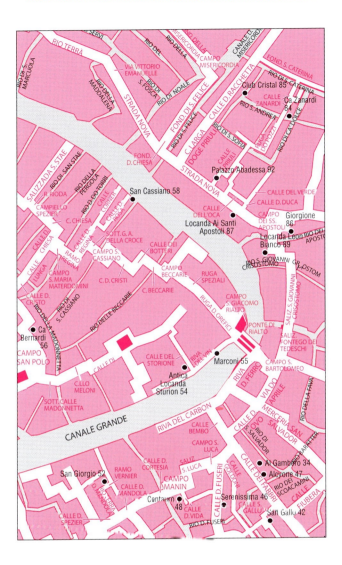

San Polo und Santa Croce

Das Viertel San Polo mit seinen farbenprächtigen Märkten am Rialto ist lebhaft und voller kleiner Geschäfte, Restaurants und Bars. Seit dem Beginn des Handels im 11. Jahrhundert gedeihen hier die Kräuter- *(erberia)* und Fischmärkte *(pescheria)*. Seit fast ebenso langer Zeit strömen die Menschen zum Rialto, dem 1588 erbauten Mittelpunkt der Stadt; heute beherrschen Touristen und der geschäftige Verkehr auf dem Canal Grande die Szenerie. Weitere Höhepunkte des Stadtviertels bilden die großartige Frari-Kirche und Tintorettos einzigartiger Gemäldezyklus in der Scuola Grande di San Rocco. Das Viertel Santa Croce mit dem riesigen Parkplatz Piazzale Roma wirkt dagegen eher bescheiden; unter den Palazzi, die in Santa Croce am Canal Grande gelegen sind, befindet sich jedoch auch eines unserer Hotels.

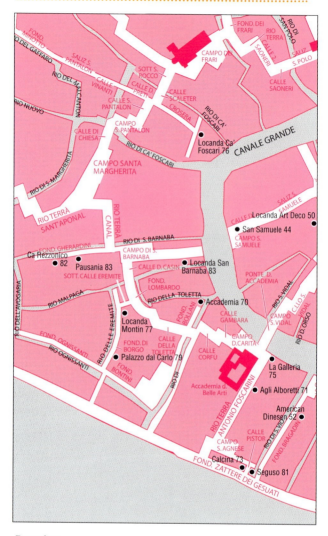

Dorsoduro

Erst 1854 wurde eine zweite Brücke über den Canal Grande gebaut, die bei Renovierungsarbeiten im Jahr 1932 durch eine provisorische Holzkonstruktion ersetzt wurde. Das Provisorium war so beliebt, dass es sich bis heute als Accademia-Brücke erhalten hat, die die beiden Viertel San Marco und Dorsoduro verbindet. Das ruhige und malerische Dorsoduro mit seiner Vielzahl kleinerer Kanäle liegt zwischen dem Canal Grande und dem Canale della Giudecca in der Nähe der großen Sehenswürdigkeiten. Seine Hauptattraktionen sind die Galleria dell'Accademia, die Peggy-Guggenheim-Sammlung und die Kirchen Santa Maria della Salute und Gesuati. Dringt man ein wenig tiefer in die kleinen Gässchen des Viertels vor, findet man die wunderschöne und sehr alte Kirche San Nicolò dei Mendicoli, den Gondelhafen und die reizvollen Plätze Campiello Barbaro und Campo San Barnaba. Nichts ist schöner als sich in einem der vielen Straßencafés an der Anlegestelle Zattere niederzulassen und die Sonne zu genießen.

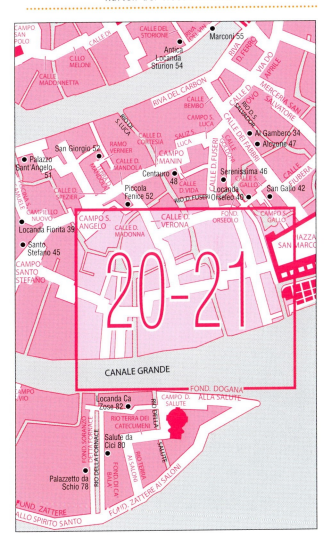

San Marco

Vom Herzen Venedigs aus, der Piazza San Marco, kann man am besten die großartige Basilika und den Dogenpalast bewundern. Napoleon bezeichnete die Piazza als »elegantesten Salon Europas«, was an einem lauschigen Sommerabend, wenn die Musiker in den Cafés spielen und die Masse der Tagestouristen verschwunden ist, immer noch zutrifft. Die Piazza öffnet sich südwärts zum Bacino und Canale si San Marco; auf der anderen Seite erstrecken sich enge Gässchen mit vielen kleinen Läden und Souvenirshops über die weit verzweigten Kanäle.

Auch die Oper, das wiederaufgebaute Teatro La Fenice, liegt im San-Marco-Viertel, ebenso wie der weitläufige Campo Santo Stefano und – in einer entlegeneren Ecke – die wunderschöne Bovolo-Treppe. In San Marco finden Sie auch die meisten kleinen Hotels mit Charme.

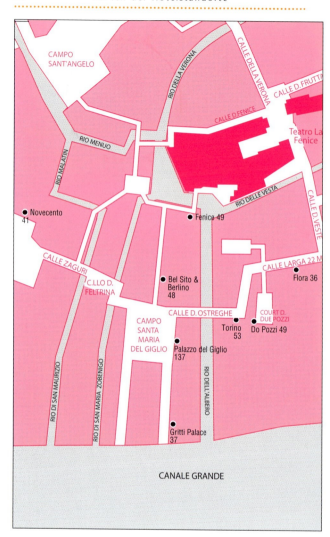

Castello
In dem wunderbar vielseitigen Stadtviertel Castello befindet sich die beeindruckende Riva degli Schiavoni. Von den dortigen Hotels aus hat man einen einzigartigen Blick über die Lagune zur Insel San Giorgio Maggiore mit ihrer gleichnamigen, von Palladio erbauten Kirche. Hinter der Uferpromenade liegt ein ganz anderes Venedig versteckt, mit seinen ruhigen, pittoresken Plätzen, den hübschen Kanälen und den großartigen Gemälden, die vor allem in San Giovanni in Bragora, Santa Maria Formosa, San Zaccaria, in der Scuola di San Giorgio degli Schiavoni, in der Fondazione Querini Stampalia und in Santi Giovanni e Paolo zu finden sind. Im Westen des Viertels schließt sich der Arsenale an, in dem Venedigs Ursprung als Seemacht begründet liegt.

Laguneninseln
Zu einem Besuch in Venedig gehört auf jeden Fall auch ein Abstecher zu einer der Stadt vorgelagerten Inseln. Vor vielen Jahrhunderten dienten sie den Menschen auf dem Festland dazu, sich vor Eindringlingen zu verstecken. In dieser geschützten Lage gediehen kleinere Siedlungen, die es nun schon lange nicht mehr gibt. Die Insel Murano ist seit dem Mittelalter das Zentrum der Glasbläserei; die Friedhofsinsel San Michele beherbergt die Gräber berühmter Künstler und Schriftsteller; die Insel Burano ist bekannt für ihre farbenprächtigen Häuser. Auf der Insel Torcello, der rätselhaften Wiege der venezianischen Kultur, stehen heute noch zwei wunderschöne Kirchen, die an die Blütezeit Venedigs erinnern, und der im 19. Jahrhundert entstandene Lido mit seiner melancholischen Atmosphäre vergangener Eleganz ist Vor- und Badeort zugleich. In den größeren Hotels finden oft Kongresse statt; die kleineren sind vor allem für Familien geeignet, die einen Badeurlaub mit dem Besuch der schönsten Sehenswürdigkeiten Venedigs kombinieren möchten.

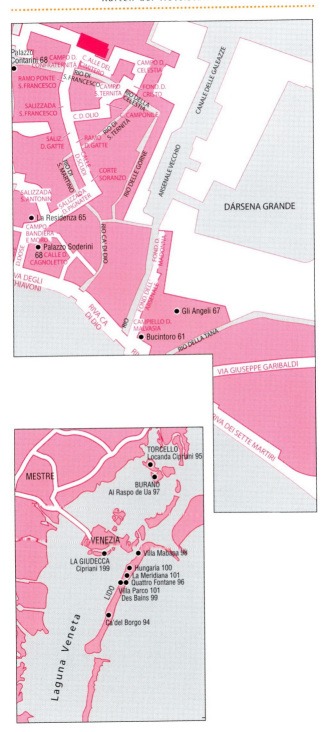

Trentino-Südtirol

Zwischen Venedig und der autonomen Region Trentino-Südtirol liegen Welten. Die Bevölkerung wächst zum größten Teil zweisprachig auf; als Besucher hat man das Gefühl, bereits in Österreich zu sein. Oft sprechen die Besitzer und das Personal der Hotels in den Bergen ausschließlich Deutsch – und Englisch. Jede Stadt, jedes Dorf, jeder Berg und jedes Tal hat einen deutschen und einen italienischen Namen, was zuweilen etwas verwirrend sein kann. Wir haben immer beide Namensvarianten angegeben, die Alphabetisierung in diesem Führer folgt der italienischen Reihenfolge. Die Hotels – in der Regel Tiroler Chalets – sind mit Holzmöbeln, Kachelöfen und einheimischen Stoffen ausgestattet. Das Essen erinnert stark an die österreichische Küche: Während auf den einfache-

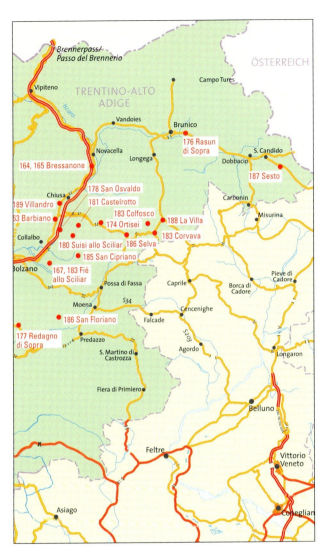

ren Speisekarten Knödel, Gulasch und Sauerkraut zu finden sind, servieren die gehobeneren Restaurants einfallsreiche Variationen dieser Gerichte. Die Landschaft in und um die Dolomiten ist atemberaubend schön, und es gibt sowohl im Sommer als auch im Winter eine Menge zu unternehmen.

Informationen für Touristen
Piazza Walther 8, Bozen 39100, Trentino-Südtirol, Tel.: 0471 97 06 60

132 Corso 111. Novembre, Trento, Tel.: 0461 98 00 00

9 Viale Stazione, Brixen, Tel.: 0472 83 64 01

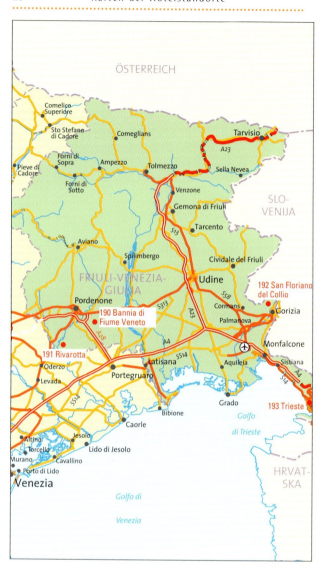

Friaul/Julisch-Venetien
Das Friaul liegt östlich von Venedig und erstreckt sich bis an die Grenze
Sloweniens. Im Norden umfasst es in der Nähe der österreichischen
Grenze die Karnischen Alpen mit ihren typischen Wiesen und Kiefern-
wäldern, die vor etwa 20 Jahren durch ein starkes Erdbeben erschüttert
wurden. Obwohl diese Gegend landschaftlich zu den schönsten und
fruchtbarsten Italiens gehört, wird sie kaum besucht, was wiederum
dazu geführt hat, dass es relativ wenige Hotels dort gibt. In Tolmezzo
und dem wunderschön gelegenen Kurort Arta Terme finden sich einige
altmodische Herbergen. Zu den wichtigsten Städten zählen Triest mit
seinem verblichenen Charme vergangener Zeiten und die geschäftige In-
dustrie- und Universitätsstadt Udine mit ihrer hübschen Piazza Libertà
und der Kathedrale. Mit unserer kleinen Auswahl an Hotels in dieser
Gegend haben wir uns hauptsächlich auf den Süden und Westen der Region beschränkt.

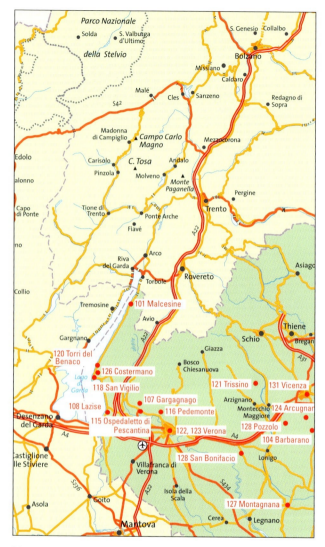

Veneto

Das Veneto erstreckt sich im Norden bis zu den Dolomiten und zur österreichischen Grenze. Der Großteil unserer Hotels liegt jedoch in der Ebene, und zwar sowohl auf dem Land als auch in den größeren Städten Vicenza, Padua und Treviso. Diese Hotels sind besonders geeignet, wenn Sie in erreichbarer Nähe Venedigs bleiben wollen. Aber auch im Norden, am Fuße der Dolomiten, gibt es wunderschöne Gegenden; dazu gehört beispielsweise das reizvolle Bergdörfchen Asolo. Im Westen des Veneto finden Sie viele schöne Hotels in Verona, in den fruchtbaren Weinbergen der Umgebung und am Ostufer des Gardasees.

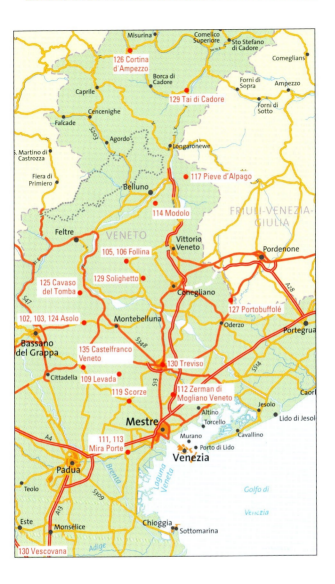

Misurina

Comelico
Superiore

Sto Stefano
di Cadore

Comeglians

**126 Cortina
d'Ampezzo**

Borca di
Cadore

Forni di
Sopra

Ampezzo

Caprile

129 Tai di Cadore

Forni di
Sotto

Cencenighe

Falcade

Agordo

SS203

S. Martino di
Castrozza

Longaronewe

Fiera di
Primiero

117 Pieve d'Alpago

Belluno

114 Modolo

FRIULI-VENEZIA-
GIULIA

Feltre

VENETO

Vittorio
Veneto

Pordenone

105, 106 Follina

129 Solighetto

A28

**125 Cavaso
del Tomba**

Conegliano

127 Portobuffolé

SS47

102, 103, 124 Asolo

Montebelluna

Oderzo

Portegrua

Bassano
del Grappa

SS48

**135 Castelfranco
Veneto**

130 Treviso

SS13

SS53

Cittadella

109 Levada

119 Scorze

**112 Zerman di
Mogliano Veneto**

Caorl

Jesolo

Mestre

Altino

Torcello

Lido di Jesol

Murano

Cavallino

**111, 113
Mira Porte**

Porto di Lido

Venezia

A4

Padua

Brenta

Teolo

SS309

Laguna
Veneto

Golfo di

Venezia

Este

A13

Monsélice

Chioggia

Sottomarina

130 Vescovana

Adige

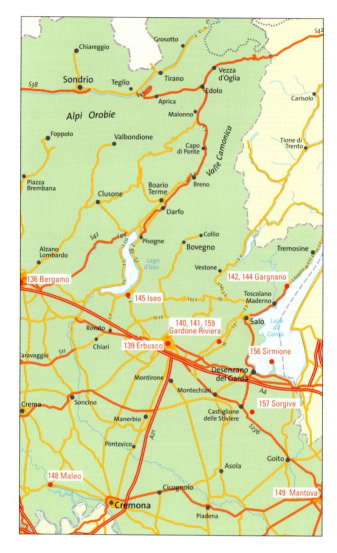

Lombardei

Der Teil der Lombardei, der in diesem Hotelführer den meisten Platz einnimmt, ist das Gebiet am Westufer des größten Sees Italiens, des Gardasees. Hier kann man mit Windsurfen, Segeln oder Seerundfahrten wunderbar die Sommerferien verbringen. Im Hintergrund die schneebedeckten Berge – ein Eldorado für Rennrad- und Mountainbikefahrer –, liegt der See mit seinen hübschen Dörfchen, kleinen Häfen und Uferpromenaden malerisch schön. Das auf einer Halbinsel im Süden gelegene Sirmione ist eine der schönsten alten Städte am Gardasee überhaupt.

LESERKOMMENTARE

Bitte schreiben und berichten Sie uns von Ihren Erfahrungen mit kleinen Hotels, Gästehäusern und Gasthöfen – egal, ob diese gut oder schlecht waren, ob die Häuser hier aufgeführt sind oder nicht. Dies gilt auch für Hotels in Italien, Spanien, Österreich, Deutschland, in der Schweiz, den USA und in Griechenland.

Die Namen von Gästen, die uns interessante Beiträge liefern, können – nach Ermessen der Herausgeber – im Führer genannt und gewürdigt werden.

Leser, deren Berichte besonders hilfreich waren, werden möglicherweise eingeladen, unser Team an Testern zu verstärken. Als Mitglied dieser Gruppe teilen Sie uns Ihre Reisepläne mit; wir schlagen Hotels vor, die Sie besuchen könnten, und beteiligen uns an den Kosten.

Unsere Adresse lautet:
Editor, Charming Small Hotel Guides,
Duncan Petersen Publishing Limited,
31 Ceylon Road,
London W14 0PY.

Checkliste
Bitte benutzen Sie für jeden Beitrag ein eigenes Blatt Papier, und schreiben Sie Ihren Namen, die Adresse und Telefonnummer auf jedes Blatt. Wir freuen uns besonders, wenn Ihr Bericht mit Computer oder Schreibmaschine geschrieben wurde und die folgende Gliederung übernommen wird:

• Name des Hotels
• Stadt oder Dorf, in dem es steht oder zu dem es gehört
• Vollständige Anschrift, nach Möglichkeit mit Postleitzahl
• Telefonnummer
• Datum und Dauer Ihres Aufenthalts
• Beschreibung von Lage und Gebäude
• Gemeinschaftszimmer
• Gästezimmer und Bäder
• Komfort (Möbel, Betten, Klimaanlage)
• Zustand und Pflege
• Atmosphäre, Empfang und Service
• Essen und Trinken
• Preis-Leistungs-Verhältnis

Venedig

San Marco

Ai Do Mori
~ Gästehaus in der Stadt ~

Calle Larga San Marco, San Marco 658, 30124 Venezia
Tel 041 5204817/5289293 **Fax** 041 5205328
E-mail reception@hotelaidomori.com **Website** www.hotelaidomori.com

Da nur eine Laterne dezent den Namen anzeigt und die Rezeption sich im 1. Stock befindet, ist das Ai do Mori nicht einfach zu finden. Bei der Ankunft werden Sie vermutlich die lebhafte Besitzerin Antonella beim Erteilen guter Tipps an ihre Gäste antreffen: »Nehmen Sie keine Gondel auf dem Canal Grande, ein Vaporetto ist viel billiger! Die Gondel ist ideal für die kleinen Kanäle, wo Sie das alltägliche Venedig, fern vom Tourismus, sehen können.«

Die schlichten weißen Zimmer sind geräumig und hell. Nr. 7 und 8 haben rustikale Balken, aber am reizvollsten ist das über eine steile Treppe zu erreichende »Malerzimmer«. In diesen Raum passen zwar nur das Doppelbett und einige wenige, sorgfältig ausgewählte Möbel, aber er hat eine kleine Dachterrasse, von der aus Sie fast die Figuren an der Basilika San Marco berühren können. Aber vor allem können Sie dort oben wunderbar in der Sonne sitzen und ein Glas Prosecco genießen

Im Jahr 2004 hat Antonella ihren Anbau »Bernardi« eröffnet, der direkt an einer Ecke der Piazza San Marco liegt. Die vier Zimmer wirken sauber und frisch, sind farblich in Hellgold und Orange gehalten, mit Seidenvorhängen ausgestattet und haben moderne Badezimmer. Für Gruppen, die alle vier Zimmer mieten, steht auch eine kleine Küche zur Verfügung.

~

Umgebung: Piazza San Marco; San Zulian • **Lage:** an der Ecke Calle Larga San Marco und Calle Spandaria, nördlich der Piazzetta dei Leoni • **Vaporetto:** San Marco • **Mahlzeiten:** Frühstück • **Preise:** €€ • **Zimmer:** 15; 14 Doppel- oder Zweibett, Dreibett-, oder Familienzimmer, 8 mit Bad, 2 mit Dusche, 4 mit Waschbecken, 1 Einzelzimmer mit Waschbecken; alle Zimmer mit Telefon, TV, Klimaanlage, Fön und Safe • **Kreditkarten:** MC, V • **Behinderte:** nicht geeignet • **Tiere:** nicht erlaubt • **Geschlossen:** 3 Wochen im Januar • **Besitzerin:** Antonella Bernardi

VENEDIG

Albergo Al Gambero

◇ Gästehaus in der Stadt ◇

Calle dei Fabbri, San Marco 4687, 30124 Venezia
Tel 041 5224384/5201420 **Fax** 041 5200431
E-mail hotelgambero@tin.it **Website** www.locandaalgambero.com

Sandro Rossi hat sein einfaches Gästehaus, einst eine Zuflucht für Studenten und Rucksacktouristen, in ein gepflegtes kleines Hotel umgewandelt, das über hübsche damastbezogene Wände, gestreifte Vorhänge und kleine, aber bequeme Zimmer verfügt. 14 davon sind einheitlich gestaltet: geschmackvolle, auf antik getrimmte Möbel, geflieste Böden und neue, marmorverkleidete Badezimmer. Alle 27 Zimmer sind nun renoviert und haben geräumige Bäder und Klimaanlage. Früher mit einem Stern klassifiziert, sind es nun drei; trotzdem sind die Preise für San Marco moderat. Von einigen Zimmern bieten sich reizvolle Kanalausblicke. In der Hauptsaison haben alle Zimmer – ob mit oder ohne Aussicht – den gleichen Preis, in der Nebensaison sind die Ersteren teurer.

Signor Rossi versichert uns, dass man im Sommer von dem kleinen, in Apricot und Grün gehaltenen Frühstücksraum hinter der Rezeption aus die Barkarolen der Gondolieri hören könne. Im Erdgeschoss bietet das zur Calle dei Fabbri hinausgehende bekannte Restaurant »Le Bistrot de Venise« traditionelle Gerichte. Es ist bis 0.30 Uhr geöffnet und bietet Hotelgästen 10 % Ermäßigung.

◇

Umgebung: Piazza San Marco; San Zulian • **Lage:** in einer Einkaufsstraße nördlich der Piazza San Marco • **Vaporetto:** San Marco, Rialto oder Wassertaxi • **Mahlzeiten:** Frühstück • **Preise:** €€€ • **Zimmer:** 27 Doppel- oder Zweibettzimmer; alle mit Bad oder Dusche, alle mit Telefon, TV, Klimaanlage, Minibar, Fön, Safe • **Anlage:** Frühstücksraum • **Kreditkarten:** MC, • **Behinderte:** nicht geeignet • **Tiere:** nicht erlaubt • **Geschlossen:** nie • **Besitzer:** Sandro Rossi

VENEDIG

SAN MARCO

Firenze

~ Stadthotel ~

Salizada San Moisè, San Marco 1490, 30124 Venezia
Tel 041 5222858 **Fax** 041 5202668
E-mail info@hotelfirenze.com **Website** www.hotelfirenze.com

Das Firenze besticht durch seine vom obersten Stockwerk über eine Außentreppe erreichbare Dachterrasse, auf der im Sommer das Frühstück serviert wird, während man die markantesten Punkte im Stadtbild Venedigs ausmachen kann. Es verfügt außerdem über drei wunderschöne Zimmer mit eigener Terrasse, die genauso viel kosten wie die Zimmer ohne Terrasse.

Das auffällige Gebäude liegt ganz in der Nähe der reich verzierten Kirche San Moisè und inmitten von Designerläden; seine elegante Jugendstil-Fassade aus Marmor und Eisen muss dringend restauriert werden (was der Besitzer auch vorhat). In der Zeit um 1900 war es eine österreichische Hutfabrik, wie die Fenster im ersten Stock immer noch stolz verkünden. Die neu renovierten Zimmer haben schmucklose und eher kalte marmorne Fußböden, pfirsichfarbene Wände, blassgrüne Kopfenden an den Betten und dazu passende Schränke, hübsche Wandleuchter aus Muranoglas und weiße geraffte Netzvorhänge. Der Frühstücksraum im ersten Stock ist dem berühmten Café Florian auf der Piazza San Marco nachempfunden. Doch trotz seiner polierten Holzbänke und Tische, die an den Wänden aufgereiht sind, wirkt der Raum eher unbeholfen und etwas peinlich.

~

Umgebung: Piazza San Marco, Theatro La Fenice • **Lage:** 30 Meter von der Piazza San Marco entfernt, neben San Moisè • **Vaporetto:** San Marco • **Mahlzeiten:** Frühstück • **Preise:** €€€€ • **Zimmer:** 25; 22 Doppel- und 3 Einzelzimmer, alle mit Bad, Telefon, TV, Klimaanlage, Minibar, Fön, Safe • **Anlage:** Frühstücksraum, Dachterrasse, Aufzug • **Kreditkarten:** AE, MC, V • **Kinder:** erlaubt • **Behinderte:** nicht geeignet • **Tiere:** erlaubt • **Geschlossen:** nie • **Besitzer:** Paolo Fabris

VENEDIG

Flora
~ Stadthotel ~

Calle Larga XXII Marzo, 2283/a San Marco, 30124 Venezia
Tel 041 5205844 **Fax** 041 5228217
E-mail info@hotelflora.it **Website** www.hotelflora.it

Um ein Zimmer in diesem kleinen Hotel zu bekommen, das am Ende einer Sackgasse in der Nähe der Piazza San Marco versteckt liegt, müssen Sie Wochen, wenn nicht Monate im Voraus buchen. Ein Blick in den Garten genügt, um zu verstehen, warum das Hotel so beliebt ist. Die Kletterpflanzen, Brunnen und blühenden Sträucher machen ihn zu einer bezaubernden Kulisse für das sommerliche Frühstück oder einen Drink am Abend.

Auch die kleine und einladende Empfangshalle profitiert von dem einzigartigen Blick in den Garten, den man durch einen Glasbogen hindurch sehen kann. Die Atmosphäre wird von freundlicher Betriebsamkeit bestimmt. Es gibt einige schöne Doppelzimmer mit bemalten geschnitzten Antiquitäten und anderen typisch venezianischen Gegenständen; andere wiederum sind recht spartanisch eingerichtet, noch nicht einmal groß genug für eine Person und kaum ihr Geld wert. Zwei der begehrtesten Zimmer befinden sich im Erdgeschoss gegenüber dem Garten. Drei weitere sind die geräumigen Eckzimmer; vom obersten dieser Zimmer hat man einen wunderbaren Blick auf die Kirche Santa Maria della Salute. Das Hotel ist seit über vierzig Jahren im Besitz der Familie Romanelli; Sohn Gioele führt inzwischen sein eigenes Haus, die exzellente *Locanda Novecento* (siehe S. 41).

~

Umgebung: Piazza San Marco • **Lage:** 300 Meter von der Piazza San Marco in einer Sackgasse, die von der Calle Larga XXII Marzo abgeht • **Vaporetto:** San Marco • **Mahlzeiten:** Frühstück • **Preise:** €€€€ • **Zimmer:** 44; 32 Doppel- und Zweibettzimmer; 6 Einzelzimmer, 6 Familienzimmer; alle mit Bad oder Dusche, Telefon, TV, Klimaanlage, Fön, Safe • **Anlage:** Leseraum, Frühstücksraum, Bar, Aufzug, Garten • **Kreditkarten:** AE, DC, MC, V • **Behinderte:** 2 Zimmer im Erdgeschoss geeignet • **Tiere:** erlaubt • **Geschlossen:** nie • **Besitzer:** Roger und Joel Romanelli

VENEDIG

Gritti Palace
~ Stadthotel ~

Campo Santa Maria del Giglio, San Marco 2467, 30124 Venezia
Tel 041 794611 **Fax** 041 5200942 **E-mail** grittipalace@luxurycollection.com
Website www.luxurycollection.com/grittipalace

Das Gritti ist neben dem Danieli und dem Cipriani eines der drei berühmtesten Hotels Venedigs (wobei das Danieli leider viel zu groß ist, um hier aufgenommen zu werden). Es gehört zu unseren Lieblingshotels, weil es den Geist dieser unvergleichlich schönen Stadt am besten widerspiegelt. Dabei ist es sehr individuell und intim – kein Venedigführer wäre ohne dieses Haus komplett.

Alle Zimmer in dem Palazzo aus dem 15. Jahrhundert, der von dem Dogen Andrea Gritti erbaut und 1948 in ein Hotel umgewandelt wurde, sind atemberaubend schön. Falls Sie im Gritti andere Erfahrungen gemacht haben sollten, schreiben Sie uns bitte. Die schönste der acht herrlichen Suiten mit Blick auf den Canal Grande ist zweifellos die Hemingway Suite, die in blassem Grün gehalten ist. Der Service ist einwandfrei, die Atmosphäre gehoben, aber freundlich, und die Preise sind zwar hoch, aber weitaus vernünftiger als im Cipriani. Außerdem gibt es wohl kein größeres Vergnügen, wie schon William Somerset Maugham angemerkt hat, als sich bei Sonnenuntergang auf der Hotelterrasse einen Drink zu gönnen und dabei zu beobachten, wie sich Santa Maria della Salute gegenüber in orangerotes Licht taucht.

~

Umgebung: Teatro La Fenice; Piazza San Marco; Accademia • **Lage:** am Canal Grande • **Vaporetto:** Santa Maria del Giglio oder Wassertaxi • **Mahlzeiten:** Frühstück, Mittag- und Abendessen • **Preise:** €€€€€€ • **Zimmer:** 93; 80 Zimmer mit Doppel- bzw. 2 Einzelbetten, 7 Einzelzimmer, 6 Suiten; alle mit Bad, Telefon, TV, Fax- oder Modemanschluss, Klimaanlage, Minibar, Fön, Safe • **Anlage:** Aufenthaltsraum, Speiseraum, Bar, Konferenzraum, Aufzug, Terrasse • **Kreditkarten:** AE, DC, MC, V
Behinderte: keine speziellen Einrichtungen, aber Zugang möglich • **Tiere:** erlaubt
Geschlossen: nie • **Geschäftsführer:** Marco Novella

VENEDIG

Locanda Antica Venezia
≈ Gästehaus in der Stadt ≈

Frezzeria, San Marco 1672, 30124 Venezia
Tel 041 5208320 **Fax** 041 5230880
E-mail antica.venezia@libero.it **Website** www.hotelanticavenezia.com

Nur einen Steinwurf von der Piazza San Marco befinden sich in diesem familiengeführten Gästehaus, das nur durch ein dezentes Kupferschild an der Tür erkennbar ist, einige Zimmer mit dem besten Preis-Leistungs-Verhältnis in ganz Venedig. Der Eingang liegt in einem ziegelummauerten Hof; das freundliche Personal hilft gern beim Gepäcktransport. Nach drei Steinstufen gelangen Sie in einen langen, schmalen Empfangsbereich, aber keine Sorge: Mehr Raum und mehr Stil erwartet Sie im oberen Stockwerk!

Das Gebäude ist eine Adelsresidenz aus dem 16. Jahrhundert, einige Details blieben erhalten. So können Sie im gemütlichen Salon mit den drei großen, bequemen Sofas die alten Stützbalken aus dieser Zeit sehen. Auf dieser Etage wurde Platz für einen kleinen Frühstücksbereich geschaffen, und auf der Dachterrasse kann man nicht nur den massiven Campanile von San Marco sehen, sondern sich auch rund um die Uhr Drinks servieren lassen.

Die Zimmer sind bis hin zu den bemalten Polstermöbeln venezianisch eingerichtet – einige wenige ganz in Blau – und uns gefällt die Suite mit den Balken im obersten Stock am besten. Die Besitzer sind sehr freundlich und die Zimmerpreise für diesen Standort einfach unschlagbar.

≈

Umgebung: Piazza San Marco; Scala del Bovolo • **Lage:** im Nordosten der Piazza San Marco • **Vaporetto:** Vallaresso • **Mahlzeiten:** Frühstück • **Preise:** €€€
Zimmer: 14 Doppel- oder Zweibett-, Dreibett- oder Familienzimmer mit Dusche; alle Zimmer mit Telefon, TV, Klimaanlage, Minibar, Fön, Safe • **Anlage:** Aufenthaltsraum, Frühstücksraum, Dachterrasse • **Kreditkarten:** AE, DC, MC, V
Behinderte: nicht geeignet • **Tiere:** erlaubt • **Geschlossen:** nie • **Besitzer:** Daniele Saltorio

VENEDIG

SAN MARCO

Locanda Fiorita
⤳ Gästehaus in der Stadt ⤳

Campiello Nuovo, Santo Stefano, San Marco 3457, 30124 Venezia
Tel 041 5234754 **Fax** 041 5228043
E-mail info@locandafiorita.com **Website** www.locandafiorita.com

Wenn Sie eine günstige Unterkunft suchen, die ruhig und dennoch zentral gelegen ist, ist dieses 1-Stern-Hotel genau das Richtige für Sie. Die rot angestrichene Villa liegt etwas versteckt an einem wenig belebten Platz ganz in der Nähe des Campo Santo Stefano. Die Zimmer sind klein und praktisch eingerichtet. Der Gast, der das Hotel für uns besuchte, fand die Betten überraschend bequem; als negativ verzeichnete er nur, dass mit Handtüchern etwas zu sparsam umgegangen wurde und dass nicht genügend Regale vorhanden waren, obwohl im Zimmer genug Platz dafür gewesen wäre. Zimmer Nummer 10 ist die Flitterwochensuite, mit Putten an den Wänden und einer kleinen, wenn auch nicht sehr intimen Terrasse. Das Frühstück wird entweder an den Holztischen im Empfangsbereich serviert oder, etwas bequemer, auf dem Zimmer. Im Sommer ist die Pergola der Terrasse, die sich vor dem Hotelgebäude erstreckt, mit Weinreben bedeckt, und in den Fenstern stehen farbenprächtige Blumenkästen. In einem Nebengebäude befinden sich weitere sechs Zimmer, die zwar besser ausgestattet, aber nicht so schön und außerdem teurer als die Zimmer im Hauptgebäude sind.

Umgebung: Piazza San Marco; Galleria dell'Accademia • **Lage:** an einem kleinen Platz in der Nähe des Campo Santo Stefano/ Calle dei Frati • **Vaporetto:** San Samuele • **Mahlzeiten:** Frühstück • **Preise:** €€ • **Zimmer:** 10; 8 Doppelzimmer, 2 Einzelzimmer, 9 mit Dusche und WC, 1 ohne; alle mit Telefon, Ventilator, Fön; 5 Zimmer haben TV • **Anlage:** Empfangs- bzw. Frühstücksbereich, kleine Terrasse **Kreditkarten:** AE, DC, MC, V • **Behinderte:** Zugang schwierig • **Tiere:** erlaubt **Geschlossen:** nie • **Besitzer:** Renato Colombera

VENEDIG

SAN MARCO

Locanda Orseolo
~ Stadthotel ~

Corte Zorzi, San Marco 1083, 30124 Venezia
Tel 041 5204827 **Fax** 041 5235586
E-mail info@locandaorseolo.com **Website** www.locandaorseolo.com

Wenn Sie auf dem kleinen Campo San Gallo, der hinter der Piazza San Marco liegt, das schmiedeeiserne Tor an der Seite öffnen, kommen Sie auf einen stillen, verschwiegenen *campiello* mit einem Brunnen in der Mitte. Aber auch dort müssen Sie noch suchen, um den unauffälligen Eingang der Locanda Orseolo zu entdecken. Dahinter jedoch könnten Sie sich geradewegs in einem Abteil des Orient-Express befinden: nicht groß, aber elegant, einhüllt in eine üppige Pracht von Farben und Mobiliar. Die Besonderheit dieses relativ neuen Hotels ist jedoch sein warmherziges Personal. Dazu gehören Matteo, der Zahnarzt war, aber durchaus auch Filmstar sein könnte, und Barbara sowie deren Brüder, Schwestern und Freunde. Morgens bindet sich Matteo eine Schürze um und bereitet auf Bestellung Omelettes und Pfannkuchen zu, während Barbara serviert. Die komfortablen Zimmer werden nach und nach der Ausstattung des Erdgeschosses angepasst, sie bestechen durch Wandmalereien und Himmelbetten. Lassen Sie sich das nicht entgehen!
Seit Matteo, ein Hoteliersohn, und Barbara das einstige Privathaus umgebaut und 2003 als Hotel eröffnet haben, ist es bei amerikanischen Gästen besonders beliebt. Eher reservierte Europäer mögen die Wärme und Freundlichkeit der Gastgeber etwas übertrieben finden, aber sie ist echt!

~

Umgebung: San Marco, San Zulian • **Lage:** an einem winzigen Campo, der vom Campo San Gallo abgeht, nördlich der Piazza San Marco und östlich des Orseolo-Kanals • **Vaporetto:** San Marco • **Mahlzeiten:** Frühstück • **Preise:** €€€€ • **Zimmer:** 15; alle mit Bad oder Dusche, Telefon, TV, Klimaanlage, Minibar, Fön, Safe **Anlage:** Aufenthaltsraum, Frühstücksraum • **Kreditkarten:** AE, DC, MC, V **Behinderte:** Zugang schwierig • **Tiere:** erlaubt • **Geschlossen:** nie • **Eigentümer:** Familie Peruch

VENEDIG

Novecento
~ Stadthotel ~

Campo San Maurizio, San Marco 2683/84, 30124 Venezia
Tel 041 2413765 **Fax** 041 5212145
E-mail info@novecento.biz **Website** www.novecento.biz

Die erst kürzlich eröffnete Locanda Novecento, die nahe des Campo San Maurizio und gleich neben dem Palazzo Gritti liegt, ist eine willkommene Bereicherung der venezianischen Hotelszene. Sie ist harmonisch, einladend, erfrischend anders und wird mit viel Engagement vom jungen Gioele Romanelli und seiner Frau Heiby betrieben. Dieses Engagement scheint erblich zu sein: Gioeles Vater besitzt und managt das exzellente Hotel Flora (S. 103).

Man fühlt sich ein wenig in ein Riad in Marrakesch versetzt: Möbel, Betten und Stoffe sind aus Marokko, Thailand und Pakistan importiert und ein Hauch von Räucherstäbchen hängt in der Luft. Gewölbte Decken, Stuckwände, Fenster aus buntem Flaschenglas, große Sitzkissen im Aufenthaltsraum, amüsante Betten und ausgezeichnete Bäder runden das Bild ab. Mit einem Knopfdruck kann man Musik im Zimmer erklingen lassen. Dem alten Fachwerkhaus gleich hinter dem Hauptweg zwischen San Marco und der Rialtobrücke scheint diese Verfremdung überhaupt nichts auszumachen. Ihre Inspiration bezogen die Romanellis nach eigenem Bekunden vom großen Fortuny, der seinerseits vom Orient fasziniert war. Mit nur neun Gästezimmern und einem kleinen Garten im Innenhof herrscht eine intime und gemütliche Atmosphäre. Das Frühstück ist reichlich und gut – ganz unitalienisch..

~

Umgebung: San Marco, Accademia, Rialto • **Lage:** am Campo San Maurizio über die Calle del Dose • **Vaporetto:** Santa Maria del Giglio • **Mahlzeiten:** Frühstück
Preise: €€€-€€€€ • **Zimmer:** 9 Doppelzimmer, 8 mit Bad, 1 mit Dusche; alle Zimmer mit Telefon, TV, Klimaanlage, Musik, Minibar, Safe, Fön • **Anlage:** Bar, Aufenthaltsraum, Frühstückszimmer, Innenhof • **Kreditkarten:** AE, DC, MC, V
Behinderte: nicht geeignet • **Tiere:** gestattet • **Geschlossen:** nie • **Eigentümer:** Gioele und Heiby Romanelli

VENEDIG

San Gallo
~ Stadthotel ~

Campo San Gallo, San Marco 1093a, 30124 Venezia
Tel 041 5227311/5289877 **Fax** 041 5225702
E-mail sangallo@hotelsangallo.it **Website** www.hotelsangallo.it

Obwohl man von außen nur ein baufälliges Kino sieht, lohnt es sich, die Steinstufen zum Eingang des San Gallo hochzugehen und um Einlass zu bitten. Hinter einer schweren Innentür erwartet einen ein frischer Raum ohne auch nur einen Fetzen von Seide oder Damast, der gleichzeitig als Empfangs-, Aufenthalts- und Frühstücksraum dient. Die niedrige Decke ist zwar mit Balken aus dem 14. Jahrhundert überfrachtet, wirkt jedoch durch die neuen marmorierten Tafeln an den Wänden eher leicht und geräumig. Hübsch gestreifte Sofas und Stühle sind um Holztische herum angeordnet, und in der Ecke ist eine kleine Bar versteckt.

Franco Ferigo, der freundliche Hotelbesitzer, hat die Zimmer kürzlich renoviert; manche sind recht klein, aber fein und blitzsauber. Sie sind mit traditionellen Möbeln, lebhaft gemusterten Bodenfliesen und Muranokronleuchtern ausgestattet. Es gibt keinen Lift; zu den Zimmern führen steile Treppen. Als Ausgleich winkt eine schöne Dachterrasse, wo man im Sommer inmitten von Pflanzentrögen frühstücken kann. Und die Piazza San Marco ist nur einen Steinwurf weit entfernt.

~

Umgebung: Piazza San Marco; San Zulian • **Lage:** nördlich der Piazza San Marco, östlich des Orseolokanals • **Vaporetto:** San Marco • **Mahlzeiten:** Frühstück
Preise: €€€ • **Zimmer:** 12; 8 mit Doppel- oder 2 Einzelbetten; 2 davon mit Bad, 6 mit Dusche; 1 Einzelzimmer, 3 Dreier- oder Familienzimmer, alle mit Dusche; alle Zimmer mit Telefon, TV, Klimaanlage, Minibar/Kühlschrank, Fön • **Anlage:** Bar/Frühstücks- oder Aufenthaltsraum, Dachterrasse • **Kreditkarten:** MC, V
Behinderte: nicht geeignet • **Tiere:** erlaubt • **Geschlossen:** nie • **Besitzer:** Franco Ferigo

VENEDIG

San Moisè
~ Stadthotel ~

Piscina San Moisè, San Marco 2058, 30124 Venezia
Tel 041 5203755 **Fax** 041 5210670
E-mail sanmoise@sanmoise.it **Website** www.sanmoise.it

Das Innere des Hotels mutet zwar ausgesprochen venezianisch an, ist aber dennoch nicht jedermanns Geschmack. Uns waren die grell-pinkfarbenen Wandbezüge aus Damastseide in den Aufenthaltsräumen ebenso wie die Kronleuchter und Lampen aus Muranoglas etwas zu überladen. Überall werden elegante Akzente gesetzt, doch in den Gemeinschaftsräumen und Treppenabsätzen findet sich ein Mischung aus moderner Beleuchtung und teilweise dunklen, unscheinbaren Möbeln.

Das San Moisè gehört dem gleichen Besitzer wie das Marconi (Seite 55) und das San Cassiano (Seite 58), die alle in demselben Stil gehalten sind. Und auch hier gibt es ein paar besondere Zimmer, die aufzustöbern sich lohnt. In einem Raum gibt es eine wunderschön geschnitzte Einrichtung und Stufen aus Mahagoni, die zu einem kleinen Badezimmer führen. In Zimmer Nummer 8 und 22 hat man einen sagenhaften Blick auf den Rio dei Barcaroli, einen malerischen Kanal voller Gondeln. Das San Moise ähnelt in vielen Dingen seinen Schwesterhotels. Das Frühstück ist nicht gerade üppig. Aber die Lage des Hotels – zentral, aber versteckt am Ende einer kleinen Straße – ist unschlagbar.

~

Umgebung: San Moisè; Teatro La Fenice; Piazza San Marco • **Lage:** in der Nähe der Calle Larga XXII Marzo, nahe der Piazza San Marco • **Vaporetto:** San Marco oder Wassertaxi • **Mahlzeiten:** Frühstück, Mittag- und Abendessen; Zimmerservice **Preise:** €€€€ • **Zimmer:** 16; 13 Dop-pel-, Zweibett- und Dreibettzimmer; 4 mit Bad, 9 mit Dusche; 3 Einzelzimmer, alle mit Dusche; alle Zimmer mit Telefon, TV, Klimaanlage, Minibar, Fön, Safe • **Anlage:** Frühstücksraum • **Kreditkarten:** AE, DC, MC, V • **Behinderte:** nicht geeignet • **Tiere:** erlaubt • **Geschlossen:** nie • **Geschäftsführer:** Gianluca Serra

Venedig

San Samuele

~ Gästehaus in der Stadt ~

Salizada San Samuele, San Maro 3358, 30124 Venezia
Tel 041 5205165 **Fax** 041 5205165
E-mail info@albergosansamuele.it **Website** www.albergosansamuele.it

Eine preisgünstige Unterkunft mit jungen Geschäftsführern, neu angestrichen, mit 300 Jahre alten venezianischen Marmorböden und schönen, luftigen Gästezimmern. Die Pensione befindet sich in den oberen Stockwerken eines hübschen Hauses an der breiten Straße, die zur Vaporetto- und Traghettoanlegestelle San Samuele führt. Klingeln Sie am Eingang, betreten Sie den netten kleinen Innenhof und beginnen Sie mit dem Treppensteigen – wer nicht jung und fit genug dafür ist, hat es in diesem Hotel schwer. Da es keine Klima-anlagen gibt, kann es recht heiß werden.

Bei unserem letzten Besuch wirkten alle Zimmer frisch und sauber, die niedrigen, knapp bemessenen Betten sind durchaus bequem. Die Badezimmer sind modern eingerichtet und erhalten durch lustige Duschvorhänge eine eigene Note. Was die Zimmer jedoch gegen-über anderen in der gleichen Preiskategorie auszeichnet, ist der Um-stand, dass sie nicht nur ein, sondern zwei große Fenster besitzen, die auf die Straße blicken. Die beiden nach hinten gehenden Zimmer gleichen die fehlende Helligkeit durch mehr Ruhe aus. Wer möchte, kann sein Frühstück aufs Zimmer serviert bekommen.

Wir haben viele positive Berichte über dieses bescheidene Zwei-Sterne-Gästehaus erhalten. Es wird von drei Freunden gemeinsam betrieben und gehört zu jenen viel gesuchten, doch schwer zu fin-denden Exemplaren von Unterkünften: ein bezahlbares Hotel, das keine Enttäuschung ist.

~

Umgebung: Gallerie dell' Accademia, Frari, Campo Santo Stefano • **Lage:** in einer ruhigen Gegend von San Marco, zwischen Campo Santo Stefano und dem Canal Grande • **Vaporetto:** San Samuele • **Mahlzeiten:** Frühstück • **Preise:** €€
Zimmer: 10; 8 Doppel, 2 Einzelzimmer, 7 mit Dusche; alle Zimmer mit Telefon **Anlage:** Aufenthaltsraum, Frühstückszimmer, Bar • **Kreditkarten:** keine
Behinderte: nicht geeignet • **Tiere:** nicht gestattet • **Geschlossen:** nie
Eigentümer: Samuele Association

VENEDIG

SAN MARCO

Santo Stefano
∼ Stadthotel ∼

Campo Santo Stefano, San Marco 2957, 30124 Venezia
Tel 041 5200166 **Fax** 041 5224460 **E-mail** info@hotelsantostefanovenezia.com
Website www.hotelsantostefanovenezia.com

Der Campo Santo Stefano liegt genau zwischen der Piazza San Marco und der Galleria dell'Accademia; an dem großen und lebhaften Platz steht eine Kirche mit einem beunruhigend schiefen Campanile. Ganz in der Nähe des geschäftigen Treibens befindet sich das kleine, gepflegte Hotel Santo Stefano in einem markanten Wachturm aus dem 15. Jahrhundert, dessen Zimmer mit Blick auf den Campo allerdings auch entsprechendem Lärm ausgesetzt sind. Der Besitzer, Roberto Quatrini, hat vor einigen Jahren das Hotel übernommen und seither etliche Verbesserungen sowohl in den Zimmern als auch im Bereich der Rezeption und in dem winzigen Frühstücksraum durchgeführt: zeitgenössische Möbel, schön bemalte Deckenbalken und Säulen sowie Wandpaneele aus Marmor, die zum Fußboden passen. Die Zimmer sind nun opulent ausgestattet mit gemusterten Tapeten, venezianischen Gemälden und Leuchten aus Muranoglas, Leselampen am Bett und beleuchtbaren vergoldeten Spiegeln. Die renovierten Badezimmer mit Mosaikböden bieten Whirlpool und Dampfbad. Einige Zimmer sind sehr klein, aber Nr. 11 mit Blick über den Campo ist ausgesprochen hell und geräumig. Kleine Terrassen, eine im Hof auf der Rückseite des Hotels und eine vorne, laden dazu ein, bei einem Kaffee die Welt an sich vorbeiziehen zu lassen.

∼

Umgebung: Galleria dell'Accademia; Piazza San Marco • **Lage:** an einem großen Platz etwa 500 Meter westlich der Piazza San Marco • **Vaporetto:** San Samuele **Mahlzeiten:** Frühstück • **Preise:** €€€€ • **Zimmer:** 11; 6 mit Doppel- oder 2 Einzelbetten; 2 Einzelzimmer, 3 Dreier- oder Viererzimmer, alle mit Dusche; alle Zimmer mit Telefon, TV, Klimaanlage, Minibar, Fön, Safe • **Anlage:** Frühstücksraum, Innenhof, Aufzug, Terrasse • **Kreditkarten:** MC, V • **Behinderte:** Zugang schwierig **Tiere:** erlaubt • **Geschlossen:** nie • **Besitzer:** Roberto Quatrini

VENEDIG

SAN MARCO

Serenissima
∼ Stadthotel ∼

Calle Goldoni, San Marco 4486, 30124 Venezia
Tel 041 5200011 **Fax** 041 5223292
E-mail info@hotelserenissima.it **Website** www.hotelserenissima.it

Gäste, die das Hotel kürzlich besucht haben, bestätigten uns, dass dies eines der schönsten und gepflegtesten 2-Sterne-Hotels in ganz Venedig sei. Die Atmosphäre ist weitaus angenehmer als in vielen teureren 3-Sterne-Hotels; das Preis-Leistungs-Verhältnis ist besonders gemessen an der Lage des Serenissima – nur ein paar Schritte vom Dogenpalast und der Basilika und Piazza San Marco entfernt – phänomenal. Die Zimmer sind zugegebenermaßen ziemlich klein – das Dreierzimmer ist eigentlich nur groß genug für zwei –, aber sauber und hübsch mit speziell angefertigter Einrichtung aus Holz ausgestattet. Die Zimmer, die erst vor einiger Zeit renoviert wurden, verfügen sogar über attraktive bemalte Kopfenden für die Betten, Schränke und Nachttische im venezianischen Stil. Zwar sind die Bettdecken etwas dünn, dafür gibt es in den Zimmern Internetanschluss. Die Duschen in den gefliesten Badezimmern haben Duschkabinen statt bloßer Vorhänge. Wir empfehlen die Zimmer, die auf den hellen, ruhigen Innenhof gehen, in dem ein Brunnen steht. Das Frühstück ist italienisch frugal. Im Empfangsbereich gibt es eine kleine Bar. Roberto dal Borgo und seine Familie kümmern sich seit 1960 liebevoll um das Hotel.

∼

Umgebung: Piazza San Marco; Rialto; Bovolo-Treppe • **Lage:** zwischen Piazza San Marco und Rialto, in der Nähe der Calle dei Fabbri • **Vaporetto:** San Marco, Rialto **Mahlzeiten:** Frühstück • **Preise:** €€€ • **Zimmer:** 37; 29 Doppel-, Zweibett- und Dreibettzimmer; 5 davon mit Bad, 24 mit Dusche; 8 Einzelzimmer, 2 mit Bad, 6 mit Dusche; alle Zimmer mit Telefon, TV, Klimaanlage, Fön • **Anlage:** Sitzecken, Frühstücksraum, Bar • **Kreditkarten:** AE, DC, MC, V • **Behinderte:** nicht geeignet **Tiere:** erlaubt • **Geschlossen:** nach dem Karneval bis Mitte März **Besitzer:** Familie dal Borgo

VENEDIG

Alcyone
Stadthotel

Calle dei Fabbri,
San Marco 4712, 30124 Venezia
Tel 041 5212508
Fax 041 5212942
E-mail info@hotelalcyone.com
Website www.hotelalcyone.com
Mahlzeiten: Frühstück
Preise: €€€
Geschlossen: nie
Besitzer: Alessio Ricchi

Vor seiner ein paar Jahre zurückliegenden Renovierung war das Alcyone (auf das seine jetzigen Besitzer recht stolz sind) eine altmodische *pensione* namens Brooklyn. Dass das alte Hotel jedoch mehr Charakter hatte, zeigen die reizvollen Bereiche, die noch im Originalzustand sind. Der hübsche Frühstücksraum ist wie das Treppenhaus halb ausgemalt, darüber mit goldenem Samt ausgekleidet. Keramikschalen bilden Akzente. Die in Altrosa gehaltenen sehr kleinen Zimmer sind mit zweckmäßigen Möbeln in venezianischem Stil, Wandleuchten aus Muranoglas und Damasttagesdecken ausgestattet.

Antico Panada
Gästehaus in der Stadt

Calle Specchieri,
San Marco 646, 30124 Venezia
Tel 041 5209088
Fax 041 5209619
E-mail info@hotelpanada.it
Website www.hotelpanada.com
Mahlzeiten: Frühstück
Preise: €€€€
Geschlossen: nie
Besitzer: Alessio Ricchi

Die Attraktion dieses Hotels ist seine gemütliche holzgetäfelte Bar mit roten Samtsitzen. Sie macht ihrem venezianischen Namen »Ai Speci« alle Ehre, denn die gesamte Wandfläche ist mit alten Spiegeln bedeckt. Weitere Pluspunkte sind der komfortable Aufenthaltsbereich und die mit schönen Möbeln ausgestatteten Zimmer. Minuspunkte sind das Personal, das manchem Gast einen recht kühlen Empfang bereitet, und ein diskussionswürdiger Frühstücksraum. Die teureren Zimmer sind im Empirestil mit Jacuzzis ausgestattet, während die zwei Zimmer mit Parkettböden in einem schmalen Anbau, »Cipro« und »Corfu«, im Biedermeierstil gehalten sind. Erweiterungsarbeiten sind in Planung.

VENEDIG

Bel Sito & Berlino
Stadthotel

Campo Santa Maria del Giglio,
San Marco 2517, 30124 Venezia
Tel 041 5223365
Fax 041 5204083
E-mail info@hotelbelsito.info
Website www.hotelbelsito.info
Mahlzeiten: Frühstück
Preise: €€€
Geschlossen: nie
Besitzer: Gino Serafini

Das Bel Sito hat seine Vor-
züge, darunter auch die üppig mit Blumen bepflanzte Veranda direkt am Campo; seine umsichtig vorgenommene Renovierung
könnte es zu einem schönen Hotel machen. Trotzdem sind die Zimmer in der Regel eher zu klein, zu spärlich ausgestattet und etwas
heruntergekommen. Der ausgedehnte Empfangsbereich ist ohne
jeden Schick; nur der große verspiegelte Frühstücksraum bewahrt
sich seine altmodische Würde. Es gibt zwei besondere Zimmer,
Nr. 30 und Nr. 40, die Sie nach Möglichkeit reservieren sollten. Sie
bieten einen direkten Blick auf die prachtvolle barocke Fassade von
Santa Maria Zobenigo. Alternativen dazu sind die Zimmer mit Blick
auf den Kanal, die anderen sind nicht empfehlenswert.

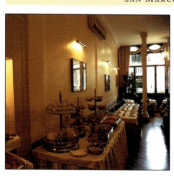

Centauro
Stadthotel

Calle D. Vida, Campo Manin,
30124 Venezia
Tel 041 5225832
Fax 041 5239151
E-mail info@hotelcentauro.com
Website
www.hotelcentauro.com
Mahlzeiten: Frühstück
Preise: €€
Geschlossen: nie
Besitzer: Ricardo Tomasutti

Das Hotel gibt es bereits seit dem 17. Jahrhundert; im Besitz der Familie Tomasutti befindet es sich nun schon seit fast 100 Jahren. Der
jetzige Besitzer, Ricardo Tomasutti, hat jedoch mit der Tradition ge-
brochen und das leicht schmuddelige 2-Sterne-Hotel von Grund auf
renoviert. Die alte Velourstapete wurde zugunsten glitzernder
Farbeffekte aufgegeben; die Deckenbalken wurden in Dunkelrot
mit gelben Verzierungen gestrichen; die riesigen Türen sind in hel-
lem Grün gehalten. Im großen Frühstücksraum, frisch in Gelb und
Weiß gestrichen, liegt immer noch das ursprüngliche Parkett. Sechs
der luftigen Zimmer mit ihren hohen Decken, den venezianischen
Marmorfußböden und den gepolsterten Möbeln verfügen über eine
Aussicht auf den Kanal.

VENEDIG

SAN MARCO

Do Pozzi
Stadthotel

Calle Larga XXII Marzo 2373,
30124 Venezia
Tel 0473 222020
Fax 0473 447130
E-mail info@hoteldopozzi.it
Website www.hoteldopozzi.it
Mahlzeiten: Frühstück
Preise: €€€€
Geschlossen: nie
Besitzer: Stefania Salmaso

In einem winzigen, palmengesäumten Innenhof gelegen, in dem im Sommer Cafétischchen und Stühle stehen, hat dieses Hotel den doppelten Vorteil einer ruhigen und zentralen Lage. Eher langweilig ist die Innenausstattung des Hotels: Damast an den Wänden und eine Standardmöblierung. Eine Ausnahme bilden die Bilder im Frühstücksraum. Die Zimmer sind funktional und in einem guten Zustand, einige der Badezimmer sind winzig. In einem neuen Anbau um die Ecke, Favaro, sind sieben schmucke, gut ausgestattete Zimmer untergebracht, die Sie bevorzugen sollten.

SAN MARCO

Fenice
Stadthotel

Campiello della Fenice, San
Marco 1936, 30124 Venezia
Tel 041 523 2333
Fax 041 5203721
E-mail fenice@fenicehotels.it
Website www.fenicehotels.com
Mahlzeiten: Frühstück
Preise: €€€€
Geschlossen: nie
Besitzer: Michele Facchini

Das Fenice et des Artistes,
wie sein vollständiger Name lautet, ist eines der bekanntesten kleinen Hotels in Venedig. Es kann auf eine lange, stolze Tradition zurückblicken, Künster, die im benachbarten Teatro La Fenice auftraten, zu beherbergen. Es strahlt noch immer einen altertümlichen Charme aus mit seinen dunklen, gemütlichen Aufenthaltsräumen, deren Wände mit Gemälden, signierten Fotografien und üppigen Spiegeln geschmückt sind. Die Gästezimmer sind unterschiedlich, aber weniger ansprechend, einige renovierungsbedürftig, wobei die Badezimmer in gutem Zustand sind.

Venedig

Kette
Stadthotel

Piscina San Moisè, San Marco
2053, 30124 Venezia
Tel 041 5207766
Fax 041 5228964
E-mail info@hotelkette.com
Website www.hotelkette.com
Mahlzeiten: Frühstück
Preise: €€€€
Geschlossen: nie
Besitzer: Signor Baessato

Das kürzlich renovierte
und mit Stuckmarmor sowie Holzvertäfelungen ausgestaltete Hotel
vermittelt einen eleganten und komfortablen, aber etwas unpersön-
lichen Eindruck, wobei Auslagen mit Muranoglas und wenige
Kunstgegenstände Akzente setzen. Das Personal ist kompetent und
hilfsbereit.
Der Eingangbereich im Erdgeschoss, der mit dem Wassertaxi zu erreichen ist, vermittelt einen prächtigen Eindruck: moderne poly-
chrome, geometrisch gemusterte Marmorböden und große alte Ölgemälde an den Wänden. Die Zimmer sind traditionell mit dunklen
Holzmöbeln ausgestattet. Das Frühstücksbüfett ist lobenswert.

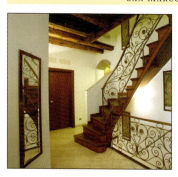

Locanda Art Deco
Gästehaus in der Stadt

Calle delle Botteghe,
San Marco 2966, 30124 Venezia
Tel 041 2770558
Fax 041 2702891
E-mail
info@locandaartdeco.com
Website
www.locandaartdeco.com
Mahlzeiten: Frühstück
Preise: €€€
Geschlossen: nie
Besitzerin: Judith Boulbain

Dieses neue Hotel in San Marco ist auf intelligente Art und Weise
in ein altes Gebäude mit Balkendecken integriert worden. Mit der
Ausstattung – sorgfältig ausgewählte Antiquitäten und Möbel – hat
die talentierte französische Eigentümerin ein stilvolles Art-déco-
Juwel geschaffen. Eine Marmortreppe mit kunstvollem schmiedeeisernem Geländer führt von der kleinen Rezeption, wo Sie auf einem
Ledersofa entspannen können, zum Frühstücksraum im Mezzanin-
geschoss. Die Korridore sind mit Spiegeln und gerahmten Postern
aus den 1920er-Jahren verziert. Die Gästezimmer sind geschmackvoll in Weiß gehalten und mit Holzböden, schönen Garderoben und
schmiedeeisernen Betten ausgestattet.

VENEDIG

Monaco & Grand Canal
Stadthotel

Calle Vallaresso, San Marco
1325, 30124 Venezia • **Tel** 041
5200211 • **Fax** 041 5200501
E-mail mailbox@hotelmonaco.it
Website www.hotelmonaco.it
Mahlzeiten: Frühstück, Mittag-,
Abendessen, Zimmerservice
Preise: €€€€€
Geschlossen: nie
Manager: Gabriele Machiorri

Seit der umfassenden Restaurierung ist von dem Flair dieses traditionellen Grandhotels nicht viel geblieben: außer den Bediensteten in ihren tadellosen Uniformen und dem vielsprachigen Personal an der Rezeption. Der geräumige Empfangsbereich und die Gästezimmer sind nun mit modernen Designermöbeln ausgestattet und in sanften Creme- und Beigetönen gehalten. Aber die Lage am Canal Grande, die Hauptattraktion des Hotels, mit bezaubernder Aussicht auf die Kirchen Santa Maria Salute und San Giorgio Maggiore hat sich natürlich nicht geändert. Es gibt genügend Sitzgelegenheiten, um dieses Panorama zu genießen, so auch im gehobenen intimen Restaurant mit exzellenter Küche.

Palazzo Sant'Angelo
Stadthotel

Ramo di Teatro,
San Marco 3488, 30124 Venezia
Tel 041 2411452
Fax 041 2411557 **E-mail**
palazzosantangelo@sinahotels.it
Website
www.palazzosantangelo.com
Mahlzeiten: Frühstück
Preise: €€€€€€
Geschlossen: nie

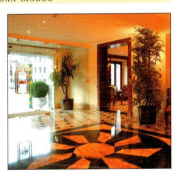

Dieses zur italienischen Sina-Kette gehörende glanzvolle Hotel mit seinem direkt am Canal Grande gelegenen Haupteingang kann mit Gondel, Wassertaxi oder Vaporetto (Haltestelle Sant'Angelo) erreicht werden. Wie auch immer: Einen Palazzo mit originalem Zugang vom Wasser aus findet man nur noch selten. Ansonsten bietet er, eine nützliche Ergänzung der venezianischen Hotelszene, wenig Charaktervolles. Er ist sehr komfortabel ausgestattet (was bei den Hotelpreisen auch erwartet werden kann). Die Gästezimmer sind schön möbliert und haben Marmorbäder. Das Frühstück ist allerdings enttäuschend.

VENEDIG

Piccola Fenice
Suitenhotel

Calle della Madonna,
San Marco 3614, 30124 Venezia
Tel und **Fax** 041 5204909
E-mail
piccolafenice@fenicehotels.it
Website www.fenicehotels.com
Mahlzeiten: Frühstück
Preise: €€€
Geschlossen: Januar
Besitzer: Michele Facchini

Das Schwesterhotel des nahe gelegenen Fenice (siehe Seite 49) besteht aus sieben Suiten, in denen zwischen zwei und sechs Personen übernachten können. Es bietet sich somit für einen längeren Aufenthalt an (Preisnachlässe sind dann möglich). Das oberste Appartement mit bezauberndem kleinem Balkon und Blick über die Dächer ist besonders für Familien geeignet. Die Suiten sind groß und mit attraktiven Möbeln ausgestattet. Die Badezimmer sind schön gefliest und haben großzügige Waschbecken. Eine Küchenzeile bietet die Möglichkeit, sich Frühstück und Snacks selbst zuzubereiten.

San Giorgio
Stadthotel

Rio Terra della Mandola,
San Marco 3781, 30124 Venezia
Tel 041 5235835
Fax 041 5228072
E-mail
info@sangiorgiovenice.com
Website
www.sangiorgiovenice.com
Mahlzeiten: Frühstück
Preise: €€
Geschlossen: nie
Besitzer: Valerio Bernardi

Wenn Sie ein ruhiges und zentral gelegenes Hotel suchen, sollten Sie das San Giorgio in einer kleinen Gasse in der Nähe des Museo Fortuny in Erwägung ziehen. Die Zimmer sind klein, sauber und sehr gepflegt, die Badezimmer unterschiedlich groß und teilweise mit geräumigen Duschkabinen ausgestattet. In einem Zimmer befindet sich eine hübsche geschnitzte Garderobe, in anderen wiederum reizvolle Exemplare bemalter venezianischer Möbel. Im Untergeschoss gibt es einen großen und eher dunklen Aufenthalts-/Frühstücksraum. Valerio Bernardi ist Hotelier mit Leib und Seele, er hilft wo er kann und serviert ein überdurchschnittliches Frühstück. Einfaches Hotel mit exzellentem Service.

VENEDIG

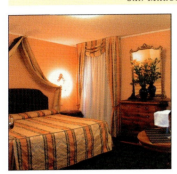

San Zulian
Stadthotel

Piscina San Zulian,
San Marco 535, 30124 Venezia
Tel 041 5225872 • **Fax** 041
5232265 • **E-mail** desk@
hotelsanzulian.com • **Website**
www.hotelsanzulian.com
Mahlzeiten: Frühstück
Preise: €€€€
Geschlossen: nie
Besitzer: Mauro Girotto

Das San Zulian ist ein kleines Hotel mit weiß gestrichenen Gemeinschaftsräumen und Korridoren, farbenfrohen Bildern an den Wänden und einer gepflegten Einrichtung. Die einfachen Zimmer sind sauber, gut ausgestattet und verfügen über hübsche grüne Möbel und weiß gefliese Badezimmer. Die Zimmer sind unterschiedlich groß – versuchen Sie also unbedingt, eines der größeren zu reservieren. Eines hebt sich von den anderen ab: Es hat seidene Bettvorhänge, und eine schöne Ottomane steht am Fuß des Bettes. Das Flitterwochenzimmer verfügt über eine eigene Terrasse mit Blick über die Dächer zur Basilika San Marco. Für diese Aussicht nimmt man gerne die winzigen Ausmaße des Badezimmers in Kauf.

VENEDIG

SAN POLO

Locanda Sturion
~ Gästehaus in der Stadt ~

Calle del Storione, San Polo 679, 30125 Venezia
Tel 041 5236243 **Fax** 041 5228378
E-mail info@locandasturion.com **Website** www.locandasturion.com

Bevor Sie die Locanda Sturion im dritten Stock des Gebäudes erreichen, müssen Sie zunächst eine scheinbar endlose Treppe hinaufsteigen, die wie eine Leiter vom Erdgeschoss aus nach oben führt. Die freundliche Dame am Empfang ist den Anblick von Gästen offenbar gewohnt, die vor ihrem Schreibtisch nach Luft ringen, denn sie bleibt dabei vollkommen ernst. Einen Gepäckträger gibt es nicht, Sie können sich jedoch von den Mitarbeitern am Empfang helfen lassen.

Das Innere des Hotels ist etwas überladen. In einigen Zimmern sind die Wände mit dunkelroten Seidenstoffen bezogen, in anderen mit ausgeblichenem Seidendamast. In keinem der Zimmer darf geraucht werden. Die Möbel sind aus Walnussholz und Mahagoni, die mit roten Teppichen bedeckten Böden aus venezianischem Marmor. Zwei Zimmer gehen zum Canal Grande hinaus. Für zwei Personen sind sie so geräumig, dass man problemlos noch zwei weitere unterbringen kann. Ein zusätzliches Bett ist in einer Holzkiste versteckt, die tagsüber wie ein Schrank aussieht. Eine kleine Bibliothek mit – in der Mehrzahl englischen – Stadtführern trägt zum gemütlichen Ambiente des Hotels bei.

~

Umgebung: Rialto; Rialtomärkte; Ca'd'Oro • **Lage:** in der Nähe der Riva del Vin und der Rialtobrücke • **Vaporetto:** Rialto, San Silvestro • **Mahlzeiten:** Frühstück
Preise: €€€ • **Zimmer:** 11; 8 Doppel-, Zweibett- oder Dreibettzimmer, 3 Familienzimmer; 10 mit Bad, 1 mit Dusche; alle Zimmer mit Telefon, TV, Klimaanlage, Minibar, Fön, Safe • **Anlage:** Frühstücksraum • **Kreditkarten:** AE, MC, V • **Behinderte:** nicht geeignet • **Tiere:** erlaubt • **Geschlossen:** nie
Besitzer: Signor Fragiacomo

VENEDIG

SAN POLO

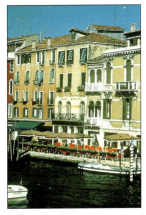

Marconi
~ Stadthotel ~

Riva del Vin, San Polo 729, 30125 Venezia
Tel 041 5222068 **Fax** 041 5229700
E-mail info@hotelmarconi.it **Website** www.hotelmarconi.it

Das Marconi ist sowohl in positiver als auch in negativer Hinsicht typisch für Venedig. Seine Lage direkt an der Rialtobrücke ist einmalig, wenn auch ein wenig hektisch und laut. Das Hotelgebäude ist ein alter Palazzo aus dem 16. Jahrhundert; die Eingangshalle aus dem 19. Jahrhundert ist mit Holz und Glas, Marmorsäulen, Samt und einer grüngolden eingefassten Decke ausgestattet. Die besten Zimmer sind die beiden mit Balkon und Blick auf den Canal Grande, sie sind zwar teurer, aber ihren Preis wert. Die anderen sind einfach eingerichtet. Die Damastvorhänge vermitteln wie die dunklen Holzeinbauten und und die schon etwas in die Jahre gekommenen Stoffe ein düsteres, angestaubt-altmodisches Flair. Daran hat auch die vor nicht allzu langer Zeit stattgefundene Renovierung nichts geändert. Doppelglasfenster halten den Lärm von draußen fern. Das Personal zeigt nicht so viel Interesse an den Gästen wie man es sich wünschen würde. Nicht zuletzt auch deshalb fehlt es dem Marconi etwas an Charme.

~

Umgebung: Rialto; Rialtomärkte; Ca'd'Oro • **Lage:** an der Rialtobrücke, gegenüber der Vaporettohaltestelle • **Vaporetto:** Rialto • **Mahlzeiten:** Frühstück • **Preise:** €€€€ • **Zimmer:** 28; 23 Doppel- oder Dreierzimmer, 3 Einzelzimmer, 2 Familienzimmer; alle mit Bad oder Dusche; alle Zimmer mit Telefon, TV, Klimaanlage, Fön, Safe • **Anlage:** Frühstücksraum, Terrasse • **Kreditkarten:** AE, DC, MC, V
Kinder: erlaubt • **Behinderte:** 1 geeignetes Zimmer im Erdgeschoss
Tiere: erlaubt • **Geschlossen:** nie • **Besitzer:** Franco Maschietto

VENEDIG

Ca' Bernardi
Bed & Breakfast in der Stadt

Campiello Ca' Bernardi,
San Polo 1321, 30125 Venezia
Tel 041 522 4923
Fax 041 099 7849
E-mail info@cabernardi.com
Website www.cabernardi.com
Mahlzeiten: Frühstück
Preise: €€
Geschlossen: nie
Besitzerinnen: Amelia Bonvini
und Deborah Veneziale

Die amerikanischen Besitzerinnen, Mutter und Tochter, haben die
stilvollste Unterkunft dieser Art in Venedig geschaffen. Sie liegt
nahe der Rialtobrücke an der Vaporetto-Station San Silvestro an
einem kleinen *campiello* und besteht aus vier geräumigen Zimmern,
die mit Schreibtisch und Sitzecke (das größte mit einer nagelneuen
Küche) ausgestattet sind. Hier können vier Personen übernachten,
ansonsten zwei bis drei Gäste. Die Zimmer sind nach der vorherr-
schenden Farbe der Dekoration benannt und haben Balken und
Holzfußböden. Bezaubernd ist der grüne Innenhof mit schönen
Gartenmöbeln, wo man an sonnigen Tagen frühstücken kann. Ansonsten wird das Frühstück auf dem Zimmer serviert.

VENEDIG

SANTA CROCE

Ai Due Fanali
~ Stadthotel ~

Campo San Simeon Grande, Santa Croce 946, 30135 Venezia
Tel 041 718490 **Fax** 041 718344
E-mail request@aiduefanali.com **Website** www.aiduefanali.com

Ursprünglich war das Hotel, das an einem von Touristen wenig besuchten langgestreckten Platz liegt, die scuola der Kirche San Simeon Grande, wovon ein Flachrelief im Portikus, das den Heiligen darstellt, noch heute zeugt. An venezianischem Standard gemessen, wirkt das altertümliche Gebäude von außen eher bescheiden; im Inneren findet sich jedoch ein hübsches kleines Hotel, das von seiner begabten Besitzerin Marina Ferron, der auch die San Simeon-Appartements (siehe Seite 142) gehören, elegant ausgestattet wurde. Der Empfangsbereich im Erdgeschoss ist mit persischen Teppichen ausgelegt. Ölgemälde und frische Blumen schaffen eine familiäre Atmosphäre.

Sowohl der Frühstücksraum im dritten Stock, der ganz in grünem Marmor und Gold gehalten ist, als auch die kleine Terrasse, die auf Pfählen auf dem Dach des Gebäudes ruht, bieten eine großartige Aussicht. Die Zimmer sind zwar recht klein, aber mit ihren bemalten Kopfenden der Betten und den mödischen steingefliesten Badezimmern geschmackvoll eingerichtet. Alles in allem gehört dieses Hotel sicher zu den gehobeneren in Venedig, ohne gleich mit San-Marco-Preisen aufzuwarten.

~

Umgebung: Bahnhof; Scalzi-Kirche; San Giacomo dell'Oro • **Lage:** am Canal Grande, gegenüber dem Bahnhof • **Vaporetto:** Ferrovia oder Wassertaxi
Mahlzeiten: Frühstück • **Preise:** €€€ • **Zimmer:** 17; 10 Doppel-, Zweibett- oder Dreibettzimmer, 7 mit Bad, 3 mit Dusche; 7 Einzelzimmer, 2 mit Bad, 5 mit Dusche; alle Zimmer mit Telefon, TV, Klimaanlage, Minibar, Fön, Safe • **Anlage:** Frühstücks- und Aufenthaltsraum, Aufzug, Dachterrasse • **Kreditkarten:** AE, DC, MC, V
Behinderte: Zugang möglich, aber keine speziellen Einrichtungen
Tiere: nicht erlaubt • **Geschlossen:** nie • **Besitzerin:** Marina Ferron

VENEDIG

San Cassiano
~ Stadthotel ~

Calle della Rosa, Santa Croce 2232, 30135
Tel 041 5241768 **Fax** 041 721033
E-mail info@sancassiano.it **Website** www.sancassiano.it

Es ist erheblich einfacher, sich mit dem Boot dem privaten Anlegeplatz des San Cassiano am Canal Grande zu nähern, als sich von der
nächstgelegenen Vaporetto- oder Traghettoanlegestelle aus zu Fuß
durch ein Labyrinth enger Gassen zu schlagen. Vom Canal Grande
her zu kommen, hat außerdem den Vorteil, die dunkelrote gotische
Fassade des Palazzo aus dem 14. Jahrhundert gegenüber der
berühmten Ca'd'Oro angemessen bewundern zu können. Im Inneren hat das Hotel mit seiner schweren venezianischen Einrichtung
und seinem recht lustlosen Personal eine eher verstaubte Atmosphäre. Die Zimmer sind etwas schwülstig, die sechs aber, die auf den
Canal Grande hinausgehen, sind wirklich großartig ausgestattet:
Massive antike Kleiderschränke, dazu passende Tischchen und ge-
schnitzte Kopfenden für die Betten, fließende weiße Vorhänge mit
Samt- oder Brokatblenden und orientalische Teppiche. Diese Zim-
mer sind genauso teuer wie diejenigen, die nicht über die großartige
Aussicht verfügen. Falls Sie keines mit Aussicht bekommen, sollten
Sie sich nach einem anderen Hotel umschauen. Der lichte, elegante
Frühstücksraum mit seinen riesigen Fenstern, aus denen man auf den
Kanal blicken kann, ist allerdings wunderschön.

~

Umgebung: Ca'd'Oro; Rialtomärkte; Rialtobrücke • **Lage:** am Canal Grande, gegenüber der Ca'd'Oro • **Vaporetto:** San Stae oder Wassertaxi • **Mahlzeiten:** Frühstück • **Preise:** €€€€ • **Zimmer:** 36; 20 Doppel- und Zweibettzimmer; 12 Drei-
bett- und Familienzimmer, 4 Einzelzimmer; alle mit Bad oder Dusche; alle Zimmer
mit Telefon, TV, Klimaanlage, Minibar, Fön, Safe • **Anlage:** Aufenthaltsraum, Frühstücksraum, Bar • **Kreditkarten:** AE, MC, V • **Behinderte:** 2 spezielle Zimmer
Tiere: erlaubt • **Geschlossen:** nie • **Besitzer:** Franco Maschietto

VENEDIG

Locanda Salieri
Stadthotel

Fondamenta Minotto,
Santa Croce 160, 30135 Venezia
Tel 041 5212508
Fax 041 5212942
E-mail info@locandasalieri.com
Website www.locandasalieri.com
Mahlzeiten: Frühstück
Preise: €
Geschlossen: nie
Besitzerin: Judith Boulbain

Das Schwesterhotel des
Locanda Art Deco (siehe Seite 50) liegt an einem ruhigen Kanal im
Stadtteil Santa Croce, in Reichweite der Stazione Santa Lucia und
des Piazzale Roma sowie des Canal Grande. Es ist eine preiswerte
Unterkunft, die 2004 renoviert worden ist. Die zehn Zimmer sind
demzufolge schlicht, aber sauber: weiße Wände, schöne Tages-
decken und fließende Vorhänge, sogar kleine Tische und Stühle.
Jedes hat ein gekacheltes Badezimmer mit guter Dusche und Fön.
Einige Zimmer bieten einen Blick auf den Kanal, andere auf die
Chiesa Tolentino. Das Hotel organisiert Bootsausflüge, Konzert-
und Restaurantbesuche. Auch entspannende Massagen werden angeboten.

Palazzo Odoni
Stadthotel

Fondamenta Minotto,
Santa Croce 151, 30135 Venezia
Tel 041 2759454
Fax 041 2759454
E-mail info@palazzoodoni.com
Website www.palazzoodoni.com
Mahlzeiten: Frühstück
Preise: €€€
Geschlossen: nie
Besitzer: Alessandro fabris

Das Gebäude ist bereits seit
fünf Generationen im Familienbesitz, sein Name bezieht sich allerdings auf einen seiner ersten Bewohner: Andrea Odoni, im 16. Jahrhundert ein berühmter Kunst- und Antiquitätensammler. In der
Nähe der Locanda Salieri (siehe oben) gelegen, wurde es in ein be-
scheidenes Hotel mit familiärer Atmosphäre verwandelt. (Ein Mes-
singschild und ein Summer sind allerdings die einzigen Hinweise
auf seine jetzige Funktion.) Die Zimmer sind mit akzeptablen Bädern, Minibar und modischem Dekor sowie einer Mischung aus
Original- und neuen Möbelstücken ausgestattet. Die allerdings ver-
blassende Eleganz der Gemeinschaftsräume ist wie bei vielen venezianischen *palazzi* von außen nicht zu erahnen. Am Frühstücks-
büfet kann man sich nach Herzenslust bedienen.

VENEDIG

CASTELLO

Bisanzio
~ Stadthotel ~

Calle de la Pietà, Castello 3651, 30122 Venezia
Tel 041 5203100 **Fax** 041 5204114
E-mail email@hotelbisanzio.com **Website** www.hotelbisanzio.com

Wenn Ihnen der Charakter eines Hauses weniger wichtig ist als Modernität und perfekter Komfort, liegen Sie mit dem Bisanzio richtig. Die Zimmer – zumindest die besseren, die wie in vielen anderen Hotels in Venedig auch nicht teurer sind als die schlechteren – haben einen dicken Pluspunkt. Im Unterschied zu den Standardzimmern im Bisanzio sind sie hell und luftig. Die besten Zimmer sind die acht mit eigener Terrasse und Blick über die Dächer der Stadt. Nummer 34 beispielsweise hat auf der einen Seite eine geräumige Lobby, die zu einem Bad mit hellgrünen Corto-Veneziano-Fliesen führt, und auf der anderen Seite eine große Terrasse mit Blick auf den Campanile von San Marco. Die Terrasse der Nummer 82 ist zwar kleiner, aber das Zimmer ist insgesamt groß und hell mit einem geräumigen Bad und attraktiven Waschbecken aus Marmor. Die Zimmer mit Doppel- und Etagenbetten eignen sich besonders gut für Familien. Die Einrichtung besteht größtenteils aus modern bemaltem Holz; die dicken Böden und Türen reduzieren den Lärm von außen auf ein Minimum.

Die Lobby ist schick und funktionell, mit weißen Wänden, Marmorböden und Halogenlampen; Sitzecken und eine gemütliche Bar laden zum Relaxen ein. Der Frühstücksraum ist so groß wie das Frühstück üppig.

~

Umgebung: Riva degli Schiavoni; Piazza San Marco • **Lage:** nahe der Riva degli Schiavoni, hinter Santa Maria della Pietà • **Vaporetto:** San Zaccaria oder Wassertaxi • **Mahlzeiten:** Frühstück • **Preise:** €€€€€ • **Zimmer:** 43; 35 Doppel-, Zweibett- und Dreibettzimmer; 2 Suiten, 2 Einzelzimmer, 4 Familienzimmer, 20 mit Bad, 23 mit Dusche; alle Zimmer mit Telefon, TV, Klimaanlage, Minibar, Fön, Safe **Anlage:** Aufenthaltsraum, Bar, Frühstücksraum, Innenhof, Aufzug • **Kreditkarten:** AE, DC, MC, V • **Behinderte:** keine speziellen Einrichtungen • **Tiere:** erlaubt **Geschlossen:** nie • **Besitzer:** Familie Busetti

VENEDIG

CASTELLO

Bucintoro
~ Stadthotel ~

Riva San Biagio, Castello 2135, 30122 Venezia
Tel 041 5223240 **Fax** 041 5235224
E-mail info@hotelbucintoro.com **Website** www.hotelbucintoro.com

Am Flughafen von Venedig trafen wir ein Paar, das sich für die ersten Tage seines Aufenthalts das Londra Palace (Seite 63) gegönnt hatte, das ihm sehr gefiel, und sich dann mit dem Bucintoro (so hieß übrigens das Prunkschiff der Dogen) zufrieden geben musste – das es dann jedoch fast vorzog. Abgesehen von dem wunderbaren Ausblick, den beide Hotels zu bieten haben, könnte der Unterschied nicht größer sein. Die Zimmer im Bucintoro, seit 30 Jahren fast unverändert, sind äußerst einfach; das Frühstück ist kärglich und der Aufenthaltsraum trotz seiner neu gepolsterten Sessel wenig einladend.

Das Geheimnis seines Erfolges liegt in der Lage des Hotels: Jedes einfache, aber saubere Zimmer hat einen Blick zur Lagune und wird vom venezianischen Licht durchflutet. Die Eckzimmer, besonders bei Künstlern sehr beliebt, sind die besten, da sie Fenster sowohl zur Lagune als auch zu San Marco haben (Nummer 1, 7, 9 und 11). Zimmer Nummer 26 kann bis zu 4 Personen beherbergen und hat ein recht großes Bad. Das bescheidene, mit Zement verputzte Gebäude, das im Sommer auch Tische draußen stehen hat, befindet sich in praktischer Nähe zur Vaporettohaltestelle Arsenale.

~

Umgebung: Arsenale; Schifffahrtsmuseum; Piazza San Marco • **Lage:** am Canale di San Marco, am östlichen Ende der Riva degli Schiavoni • **Vaporetto:** Arsenale, Tana oder Wassertaxi • **Mahlzeiten:** Frühstück • **Preise:** €€€ • **Zimmer:** 28, 22 Zimmer mit Doppelbett bzw. mit zwei oder drei Einzelbetten, 17 davon mit Bad, 5 mit Dusche; 6 Einzelzimmer, 5 davon mit Dusche, 1 mit Waschbecken; alle Zimmer mit Telefon, Ventilator (auf Wunsch), Fön • **Anlage:** Frühstücksraum, Aufenthaltsraum, Terrasse • **Kreditkarten:** MC, V • **Behinderte:** nicht geeignet • **Tiere:** nicht erlaubt • **Geschlossen:** Dezember und Januar • **Besitzer:** Familie Bianchi

VENEDIG

CASTELLO

Casa Verado

~ Stadthotel ~

Campo SS. Filippo e Giacomo, Castello 4765, 30122 Venezia
Tel 041 5286138 **Fax** 041 5232765
E-mail info@casaverardo.it **Website** www.casaverardo.it

Dies ist ein Gebäude mit Vergangenheit: Es wurde im 16. Jahrhundert als Palazzo eines Adligen errichtet, diente während des 1. Weltkriegs als jüdische Schule und wurde dann 1930 umgewandelt in ein 1-Stern-Hotel. Die Familie Mestre kaufte es 1999 und wandelte es durch Komplettumbau in ein schickes 3-Sterne-Hotel um. Bemerkenswert ist, dass die alte Pracht trotz verschiedenster Nutzungen weitgehend erhalten geblieben ist. So können Sie noch immer den originalen Brunnen im Hofgarten und innen die beeindruckenden Mosaikböden und die schweren Holztüren bewundern. Der *piano nobile* ist mit seinen perfekten Proportionen, Stuckdecken und dem Licht, das von beiden Seiten durch die Fenster fällt, ein anregender Platz für das Frühstückszimmer. Weniger gelungen wirken die Stühle (Reproduktionen), die nicht mit den sorgfältig ausgesuchten Fortuny-Lampen und dem prächtigen Spiegel harmonieren.

Enttäuschungen beim Betreten venezianischer Hotelzimmer mögen die Regel sein, aber hier ist das nicht der Fall. Am besten sind die wunderbar hellen Eckzimmer. In vielen Zimmern finden sich Antiquitäten, florentinische oder Jugendstil-Betten, Parkettböden, alte Fresken sowie verzierte und bemalte Decken. Nr. 305 verfügt über eine eigene Terrasse. Das Hotel ist eine angenehme und sichere Wahl, auch wenn man sich dort nicht ganz wie zu Hause fühlt.

~

Umgebung: Piazza San Marco; Santa Maria Formosa • **Lage:** der Calle drio la Chiesa nordöstlich des Campo SS Filippo e Giacomo folgen, genau gegenüber dem Ponte Storto • **Vaporetto:** San Zaccaria • **Mahlzeiten:** Frühstück, Mittag- und Abendessen, Zimmerservice • **Preise:** €€€€ • **Zimmer:** 22 Doppel- oder Zweibett-, Dreibett- oder Familienzimmer mit Bad oder Dusche, alle Zimmer mit Telefon, TV, Klimaanlage, Minibar, Fön, Safe • **Anlage:** Aufenthaltsraum, Bar, Frühstücksraum, Lift, 2 Dachterrassen, Innenhof • **Kreditkarten:** AE, DC, MC, V • **Behinderte:** 1 geeignetes Zimmer • **Tiere:** erlaubt • **Geschlossen:** nie • **Besitzer:** Familie Mestre

Venedig

Londra Palace

～ Stadthotel ～

Riva degli Schiavoni, Castello, 30122 Venezia
Tel 041 5200533 **Fax** 041 5225032
E-mail info@hotelondra.it **Website** www.hotelondra.it

Die Lage des Hotels – direkt an der Riva degli Schiavoni – ist natürlich großartig: Nicht weniger als 100 Zimmer des Londra Palace bieten einen unvergleichlichen Blick über die Lagune zur Insel San Giorgio Maggiore. Die kostenintensive Renovierung des Londra Palace ist 1992 begonnen worden und mittlerweile abgeschlossen. Sie hat das Londra sicher zu einem der ersten Hotels der Stadt gemacht. Streng genommen ist das Londra natürlich zu groß für unseren Hotelführer; wir haben es – ebenso wie das Gritti – dennoch aufgenommen, weil es sich unserer Meinung nach so wohltuend von Venedigs übrigen großen Luxushotels abhebt. Jedes Zimmer wurde mit derselben überschwänglichen Aufmerksamkeit bedacht. Der Standard ist hoch, und die Qualität der Biedermeiermöbel und der Gemälde (alles Originale) durchweg ausgezeichnet. Die luxuriösen Badezimmer verfügen alle über Jacuzzis. Die Zimmer mit Blick auf die Lagune sind mit »deluxe« bezeichnet und deutlich teurer; die mit »superiore« bezeichneten Räume ohne Aussicht sind jedoch ebenfalls großzügig und elegant ausgestattet. Jedes Zimmer hat seinen eigenen Stil, und manche sind richtige Juwele. Die Aufenthaltsräume sind kühl und schick. Das »Do Leoni« serviert exzellentes Essen.

～

Umgebung: Piazza San Marco; San Giorgio in Bragora; San Zaccaria • **Lage:** am Canale di San Marco, nahe dem Dogenpalast • **Vaporetto:** San Zaccaria, San Marco **Mahlzeiten:** Frühstück, Mittag- und Abendessen • **Preise:** €€€€€ **Zimmer:** 53; 33 Doppel- und Zweibettzimmer, 20 Juniorsuiten, alle mit Bad; alle Zimmer mit Telefon, TV, Klimaanlage, Minibar, Fön, Safe • **Anlage:** Aufenthaltsraum, Speisesaal, Bar, Terrasse, Sonnendach, Aufzug • **Kreditkarten:** AE, DC, MC, V **Behinderte:** keine speziellen Einrichtungen • **Tiere:** erlaubt • **Geschlossen:** nie **Besitzer:** Ugo Samueli

VENEDIG

CASTELLO

Metropole
∼ Stadthotel ∼

Riva degli Schiavoni, Castello 4149, 30122 Venezia
Tel 041 5205044 **Fax** 041 5223679
E-mail venice@hotelmetropole.com **Website** www.hotelmetropole.com

Von den mindestens sechs Hotels am Riva degli Schiavoni mit ihrer nicht zu überbietenden Aussicht auf die Lagune gefällt uns dieses am besten. Das privat geführte Haus steckt voller liebenswerter Eigenheiten; sein Besitzer, Signor Beggiato, ist ein eifriger Sammler. Wo immer man hinschaut entdeckt man verzierte Türangeln, Chorpulte, Kirchenstühle, Korkenzieher, Kruzifixe, Zigarettenkisten, Ventilatoren. Auch das verschmitzte Team von Angestellten scheint schon ewig hier zu sein. Selbst im Winter wirkt der samtverkleidete *salone,* dessen Tisch sich zur Teestunde unter Kuchenplatten biegt, die intime Bar und das mit Holz getäfelte Restaurant (eine frühere Kapelle, in der Vivaldi den Waisenkindern das Singen beibrachte) einladend; im Restaurant wird mittags und abends ein ausgezeichnetes Buffet aufgebaut. Im Sommer gibt der lauschige Garten hinter dem Haus einen erstklassigen Ruheplatz ab.

Morgens versammelt man sich um das Frühstücksbuffet in einem hübschen Zimmer, das ganz in Bonbonrosa und Weiß gehalten und mit alten Ventilatoren verziert ist. Die Zimmer können traditionell (wie das gemütliche Zimmer 350 mit privater Altana), aber auch unglaublich kitschig (mit geflügelten Engeln in Nr. 251) eingerichtet sein. Das Hotel liegt in einer belebten Gegend und wird von vielen Touristen besucht, dennoch hat es sich seinen Charme und sein großes Herz bewahrt.

∼

Umgebung: San Marco, San Zaccharia • **Lage:** in der Mitte der Riva degli Schiavoni, nahe der Kirche La Pietà • **Vaporetto:** San Zaccaria, Arsenale oder mit Wassertaxi • **Mahlzeiten:** Frühstück, Mittagessen, Abendessen; Zimmerservice **Preise:** €€€€€ • **Zimmer:** 72; 56 Doppel- oder Zweibettzimmer, 3 Einzelzimmer, 10 Juniorsuiten, 3 Familienzimmer; alle Zimmer mit Telefon, TV, Klimaanlage, Minibar, Safe, Fön • **Anlage:** Frühstückszimmer, Aufenthaltsraum, Speisezimmer, Lift, Garten • **Kreditkarten:** AE, DC, MC, V • **Behinderte:** Zugang möglich • **Tiere:** gestattet • **Geschlossen:** nie • **Eigentümer:** Familie Beggiato

VENEDIG

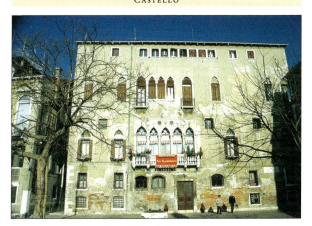

La Residenza
~ Stadthotel ~

Campo Bandiera e Moro, Castello 3608, 30122 Venezia
Tel 041 5285315 **Fax** 041 5238859
E-mail info@venicelaresidenza.com **Website** www.venicelaresidenza.com

La Residenza zieht die wahren Liebhaber Venedigs an, die die Gelegenheit zu schätzen wissen, in dem großartigen gotischen Palazzo zu übernachten. Das Hotel ist der Blickfang des pittoresken, geheimnisvollen Platzes mit seiner kleinen Kirche San Giovanni in Bragora, die zu den schönsten der Stadt gehört.

Allein das Betreten des Hotels ist eine einmalige Erfahrung: Große Türen öffnen sich, um den Blick auf einen alten überdachten Innenhof freizugeben; Steinstufen führen zu einer riesigen barocken Halle mit reich verzierten Wänden. Das Frühstück hier im Morgenlicht einzunehmen, ist eine ganz besondere Freude, obwohl die gedämpfte Atmosphäre auch etwas bedrückend sein kann. Der Palazzo ist eben kein Grandhotel, sondern eine bescheidene 2-Sterne-Unterkunft in einer unbescheidenen Umgebung. Wem die gruselige und kitschige Atmosphäre der Zimmer gefällt, wird bedauern, dass die Hälfte bereits renoviert ist (ruhig und hübsch, aber Standard) und der Rest folgen soll. Vielleicht hört Signor Ballestra auf seine Stammgäste und belässt die Zimmer in ihrem ursprünglichen Zustand. Dann hätte man die Wahl zwischen Alt und Neu – was sicher die beste Lösung wäre.

~

Umgebung: San Giorgio degli Schiavoni; Arsenale • **Lage:** an einem kleinen Platz 100 Meter hinter der Riva degli Schiavoni • **Vaporetto:** Arsenale, San Zaccaria **Mahlzeiten:** Frühstück • **Preise:** €€€ • **Zimmer:** 14; 12 Doppel- und Zweibettzimmer, 2 Einzelzimmer; alle mit Bad oder Dusche, Telefon, TV, Klimaanlage, Minibar, Safe, Fön • **Anlage:** Frühstücksraum, Aufenthaltsraum • **Kreditkarten:** MC, V **Behinderte:** nicht geeignet • **Tiere:** erlaubt • **Geschlossen:** nie • **Besitzer:** Giovanni Ballestra

VENEDIG

CASTELLO

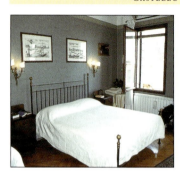

B&B San Marco
Bed-&-Breakfast in der Stadt

Fondamenta San Giorgio degli
Schiavoni, Castello 3385,
30122 Venezia
Tel 041 5227589
E-mail info@realvenice.it
Website www.realvenice.it
Mahlzeiten: Frühstück
Preise: € • **Geschlossen:** nie
Besitzer: Marco Scurati

Von den Zimmern im drit-
ten Stock dieses reizenden
Privathauses bieten sich schöne Ausblicke über die Dächerland-
schaft und – eine typisch venezianische Szenerie – auf San Giorgio
degli Schiavoni und den angrenzenden Kanal samt kleiner Brücke.
Die drei adretten Zimmer sind geschmackvoll dekoriert: Auf den
Messing- oder Mahagonibetten, die von verzierten Nachttischen
flankiert werden, türmen sich Kissen; die Wände schmücken Bilder.
Die Zimmer sind groß genug für ein drittes Bett. Es gibt zudem ein
Zwei-Bett-Appartement mit eigener Küche. Für die Gäste wird das
Frühstück bis 11 Uhr in Marcos Küche serviert. Jeder packt mit an,
sodass hier alles andere als eine Hotelatmosphäre herrscht.

CASTELLO

Canada
Stadthotel

Campo San Lio, Castello 5659,
30122 Venezia
Tel 041 5229912
Fax 041 5235852
E-mail
booking@canadavenice.com
Website www.canadavenice.com
Mahlzeiten: Frühstück
Preise: €€
Geschlossen: nie
Besitzer: Signor Brusaferro

Im Canada sind leider nur zwei der Zimmer ihr Geld wert: Sie liegen im obersten Stockwerk und verfügen über eigene Terrassen mit
Holzgeländer, die den Blick auf die Dächer von Venedig freigeben.
Obwohl sie einfach eingerichtet sind, verleihen ihnen die reich verzierten Mahagonimöbel und die mit Samt bezogenen Kopfenden
der Betten einen Hauch von Luxus. Auch die Badezimmer sind einfach, aber sauber. Sie kosten genauso viel wie die anderen Zimmer,
haben durch die Terrassen jedoch ein wesentlich besseres Preis-
Leistungs-Verhältnis. Um zur Rezeption und danach zu den Zimmern zu gelangen, müssen Sie eine schier endlose Treppe erklim-
men. Ein einfaches Hotel, nicht ohne Persönlichkeit; das Personal
ist durchweg freundlich.

VENEDIG

Gli Angeli
Bed-&-Breakfast in der Stadt

Campo de la Tana 2161,
30122 Venezia
Tel 041 5230802
Fax 041 2415350
E-mail theangels@email.it
Website www.gliangeli.net
Mahlzeiten: Frühstück
Preise: € • **Geschlossen:** nie
Besitzerin: Sonia Pisciutta

Diese kleine familienge-
führte Unterkunft (die Ei-
gentümer wohnen im Haus) liegt in einer der authentischsten Ecken
Venedigs: einen Steinwurf vom imposanten Eingang des Arsenale
und von der Einkaufsmeile Via Garibaldi entfernt. Hier hängt die
Wäsche in farbenfrohen Reihen über die breite Straße, es gibt Eis-
salons, Pizzerien und einen Markt in der Nähe. Das Gli Angeli bietet drei Gästezimmer, die im venezianischen Stil möbliert sind. Einige reich verzierte Möbelstücke und auf den Betten drapierte Stoffe
bilden Akzente. Das größte Zimmer, Camera Oro, ist für vier Personen geeignet und hat eine eigene Küche. Die anderen bieten Platz
für zwei Personen.

Paganelli
Stadthotel

Riva degli Schiavoni,
Castello 4182, 30122 Venezia
Tel 041 5224324
Fax 041 5239267
E-mail hotelpag@tin.it
Website www.hotelpaganelli.com
Mahlzeiten: Frühstück
Preise: €€€
Geschlossen: nie
Besitzer: Familie Paganelli

Dieses bescheidene und
freundliche Hotel zeigt keinerlei Allüren – der Eingangsbereich mit
seinem Holzfurnier und den großen Ledersesseln sieht eher weniger einladend aus –, obwohl es über dieselbe Aussicht über die Lagune wie die teureren Hotels an der Riva degli Schiavoni verfügt.
Die einfachen Zimmer sind allerdings auch viel schöner als die Gemeinschaftsräume. Sie sind mit zarten bemalten Möbeln, leichten
Vorhängen und Fensterläden ausgestattet. Die größten und
begehrtesten Zimmer liegen direkt an der Uferpromenade; uns hat
am besten Nummer 6 gefallen. Das Frühstück wird in einem
Nebengebäude in einer angrenzenden Gasse serviert; in diesem Teil
des Hotels liegen ebenfalls weitere Zimmer.

VENEDIG

Palazzo Contarini
Stadthotel

Salizada San Giustina,
Castello 2926, 30122 Venezia
Tel 041 2770991 • **Fax** 041
2777021 • **E-mail** info@
palazzocontarini. com
Website
www.palazzocontarini.com
Mahlzeiten: Frühstück
Preise: €€€€
Geschlossen: nie
Managerin: Christina Abele

In einer anmutigen, von Touristen wenig besuchten Ecke des Stadt-
teils Castello findet sich dieser prächtige alte Palast, der kürzlich
von der Hotelkette Tivigest in ein kleines Hotel umgewandelt
wurde. Wenn Sie in einer kleinen Gruppe unterwegs sind und sich
teilweise oder ganz selbst versorgen möchten, sind die etwas teureren Appartements ideal, die großzügig geschnitten und ausgestattet
sind. Die übrigen Zimmer und Aufenthaltsräume sind weniger
schön möbliert. Bezaubernd ist dagegen der Innenhof. Das Frühstück, das in einem winzigen Raum neben dem prächtigen *salone*
serviert wird, ist nicht berauschend.

Palazzo Soderini
Bed-&-Breakfast in der Stadt

Campo Bandiera e Moro,
Castello 3611, 30122 Venezia
Tel 041 2960823
Fax 041 2417989
E-mail info@palazzosoderini.it
Website www.palazzosoderini.it
Mahlzeiten: Frühstück
Preise: €€
Geschlossen: nie
Besitzer: Manuel Orio

Wenn Sie kein Anhänger
des typisch venezianischen Einrichtungsstil sind und eher ein mini-
malistisches Ambiente bevorzugen, sind Sie im Palazzo Soderini am
bezaubernden Campo Banieri e Moro (hier findet sich auch Das La
Residenza, siehe Seite 65) genau richtig. Weiß ist die vorherrschende
Dekorationsfarbe in den drei Gästezimmern: weiß überzogenen
Kingsize-Betten, weiße Wände und weiße Möbel. Sie sind zudem
mit marmornen Bädern, Satelliten-TV, Internetzugang, Safe und
Minibar ausgestattet. Bezaubernd ist der Garten, in dem naturgemäß nicht die Farbe Weiß, sondern Grün vorherrscht.

VENEDIG

Wildner
Stadthotel

Riva degli Schiavoni,
Castello 4161, 30122 Venezia
Tel 041 5227463
Fax 041 5265615
E-mail
wildner@veneziahotels.com
Website www.veneziahotels.com
Mahlzeiten: Frühstück
Preise: €€€
Geschlossen: nie
Besitzer: Nicola Fullin

Zwei preiswerte Alternativen zu den übrigen Hotels entlang der
Riva degli Schiavoni sind das Paganelli (siehe Seite 67) und das Wildner, das schon seit nahezu 40 Jahren von derselben Familie geführt
wird und inmitten des Trubels am und auf dem Canale di San Marco
einen ruhenden Pol darstellt. Die Zimmer sind in einem schlichten,
altmodischen Stil eingerichtet; die mit Blick auf die Lagune sind
empfehlenswert, zumal sie nicht teurer sind als die anderen. In einigen Zimmern können bis zu vier Personen übernachten, was sich für
Familien oder kleine Gruppen anbietet.

VENEDIG

Accademia
～ Stadthotel ～

Fondamenta Bollani, Dorsoduro 1058, 30123 Venezia
Tel 041 5210188 **Fax** 041 5239152
E-mail info@pensioneaccademia.it **Website** www.pensioneaccademia.it

Die Accademia ist dank ihrer besonderen Atmosphäre eines der beliebtesten Hotels in Venedig. Trotz einiger behutsamer Modernisierungsmaßnahmen wie Schiebetüren am Eingang sowie einer neuen Klimaanlage gelingt es sowohl dem Haus als auch dem Personal, den Gästen das Gefühl zu geben, Reisende aus einer vergangenen, stilvolleren Epoche und keine bloßen Touristen zu sein.

Dank ihrer privilegierten Lage am Kanal ist die Accademia ruhig und bequem zu erreichen; was diese Pensione aber von den meisten Hotels der Stadt unterscheidet, sind ihre Gärten: der große Innenhof am Kanal, wo zwischen zahlreichen Topfpflanzen Tische stehen, und der rückwärtige Garten mit seinem Rasen, Rosenbeeten und Obstbäumen. Die Villa Maravenge wurde im 17. Jahrhundert als Privathaus errichtet und strahlt auch heute noch herrschaftlichen Glanz aus; die meisten Einrichtungsgegenstände sind klassisch venezianisch (zum Beispiel die edlen und geschmackvollen Kronleuchter aus Muranoglas). Ein schöner Platz zum Ausruhen und Lesen findet sich im ersten Stock, während die Schlafzimmer Parkettfußböden und altertümliche Spiegel aufweisen. Der luftige Frühstücksraum zeichnet sich durch eine Balkendecke und schneeweiße Tischtücher aus, doch bei gutem Wetter wird es wohl jeder Gast vorziehen, seinen Tag im Garten zu beginnen. Gutes Preis-Leistungs-Verhältnis.

～

Umgebung: Galleria dell'Accademia; Scuola Grande dei Carmini • **Lage:** an der Kreuzung des Toletta- und Trovasokanals mit dem Canal Grande • **Vaporetto:** Accademia oder Wassertaxi • **Mahlzeiten:** Frühstück • **Preise:** €€€
Zimmer: 29; 22 Doppel- und Zweibettzimmer, 9 mit Bad, 13 mit Dusche; 7 Einzelzimmer, 6 mit Dusche; alle Zimmer mit Telefon, TV; die meisten auch mit Klimaanlage, Fön, Safe • **Anlage:** Frühstücksraum, Bar, Aufenthaltsraum, Garten
Kreditkarten: AE, DC, MC, V • **Behinderte:** keine speziellen Einrichtungen
Tiere: erlaubt • **Geschlossen:** nie • **Besitzerin:** Giovanna Salmaso

VENEDIG

DORSODURO

Agli Alboretti
~ Stadthotel ~

Rio Terrà Foscarini, Dorsoduro 884, 30123 Venezia
Tel 041 5230058 **Fax** 041 5210158
E-mail alborett@gpnet.it **Website** www.aglialboretti.com

Das Alboretti zeichnet sich durch seinen herzlichen Empfang und durch seine wirklich familiäre Atmosphäre aus. An der Rezeption, einem gemütlichen, holzgetäfelten Raum, hängen venezianische Gemälde; im Fenster steht das Modell einer Galeone aus dem 17. Jh. Der Aufenthaltsraum im Erdgeschoss ist relativ klein, aber auch der zweite Aufenthaltsraum im ersten Stock bietet einen ruhigen Ort, an den man sich zurückziehen kann, da der Fernseher dort wenig genutzt wird. Die Terrasse hinter dem Hotel, die ganz von einer Pergola überdacht wird, ist sehr hübsch und besonders für ein ausgedehntes Frühstück im Sommer geeignet. Mittlerweile ist auch der dritte Stock ausgebaut und bietet eine weitere Terrasse.

Die Zimmer sind vorwiegend in einfachem und modernem Stil gehalten, wie der Rest des Hotels sehr gepflegt und sauber, obwohl einige – ebenso wie die erst kürzlich renovierten Badezimmer – ausgesprochen winzig sind. Einige empfehlen sich aufgrund ihrer Aussicht in den Garten besonders.

Signora Linguerri führt gleich nebenan ein gehobenes Restaurant (venezianische Spezialitäten und sehr gute Weinkarte!); Sie können dort entweder in dem hübschen Speiseraum oder aber draußen unter der Pergola sitzen.

~

Umgebung: Galleria dell'Accademia; Zattere; Gesuati-Kirche • **Lage:** neben der Galleria dell'Accademia • **Vaporetto:** Accademia • **Mahlzeiten:** Frühstück, Mittag- und Abendessen • **Preise:** €€€ • **Zimmer:** 23; 13 Doppel- und Zweibettzimmer, 5 Einzelzimmer, 5 Familienzimmer, alle mit Bad oder Dusche; alle Zimmer mit Telefon, TV, Klimaanlage, Modemanschluss, Minibar, Fön • **Anlage:** Aufenthalts- räume, Speiseraum, Bar, Lift, Terrasse • **Kreditkarten:** AE, MC, V • **Behinderte:** keine speziellen Einrichtungen • **Tiere:** erlaubt • **Geschlossen:** manchmal im Janu- ar; das Restaurant mittwochs und Donnerstagmittag • **Besitzerin:** Anna Linguerri

VENEDIG

DORSODURO

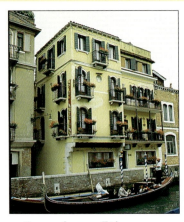

American-Dinesen
~ Stadthotel ~

Rio di San Vio, Dorsoduro 628, 30123 Venezia
Tel 041 5204733 **Fax** 041 5204048
E-mail reception@hotelamerican.com **Website** www.hotelamerican.com

Das ruhige und stilvolle Hotel (die Eigentümer wollen künftig nur noch unter dem alten Namen »Dinesen« firmieren) mit seinem geräumigen Empfangsbereich und seiner winzigen Terrasse, wo man im Sommer das Frühstück unter einer Pergola einnehmen kann, liegt ganz in der Nähe der Accademia und des Canal Grande. Die Gemeinschaftsräume sind eher düster im Stil der Zeit um 1900 ausgestattet: holzgetäfelte und mit Seidendamast bezogene Wände, gobelin- oder samtgepolsterte Stühle, orientalische Teppiche auf venezianischen Mosaikfußböden, gerüschte weiße Vorhänge und Topfpflanzen. Die Korridore sind ebenfalls holzgetäfelt, und kleine weiße Tische und Stühle sind über die Flure verstreut. Die teilweise frisch renovierten Zimmer sind ebenso wie die Badezimmer unterschiedlich groß und eher durchschnittlich eingerichtet: Sie verfügen über hübsche venezianisch bemalte Möbel, goldverzierte Spiegel und Tagesdecken mit Paisleymuster. Die Minibars sind gnädigerweise als frei stehende Schränke getarnt.
Wenn Sie sich für das American entscheiden, sollten Sie sich eines der neuen Zimmer mit Blick auf den Kanal sichern. Besonders empfehlenswert sind Nummer 101 und 102, die auf zwei Seiten Verandatüren und schmale Balkons haben.

~

Umgebung: Galleria dell'Accademia; Zattere; Santa Maria della Salute • **Lage:** an einem Kanal zwischen Canal Grande und Giudecca-Kanal • **Vaporetto:** Accademia oder Wassertaxi • **Mahlzeiten:** Frühstück • **Preise:** €€€€ • **Zimmer:** 28 Doppel-, Zweibett- und Einzelzimmer; alle mit Bad oder Dusche; alle Zimmer mit Telefon, TV, Klimaanlage, Minibar, Fön, Safe • **Anlage:** Sitzecken, Frühstücksraum, Terrasse
Kreditkarten: AE, MC, V • **Behinderte:** keine speziellen Einrichtungen
Geschlossen: nie • **Besitzer:** Salvatore Sutera Sardo

VENEDIG

DORSODURO

La Calcina

~ Stadthotel ~

Fondamenta Zattere ai Gesuati, Dorsoduro 780, 30123 Venezia
Tel 041 5206466 **Fax** 041 5227045
E-mail info@lacalcina.com **Website** www.lacalcina.com

Die vor kurzem renovierte einfache pensione wurde von ihren jungen Besitzern in ein stilvolles kleines Hotel umgewandelt, dessen ruhige und luftige Zimmer eine willkommene Abwechslung zum sonst üblichen überladenen venezianischen Rokoko darstellen. Das Hotel ist mit viel Liebe fürs Detail mit frischen Blumen geschmückt, in der Lobby ist klassische Musik zu hören, und Duftöle in den Badezimmern vertreiben eventuelle muffige Gerüche. Im Erdgeschoss gibt es jetzt eine kleine Bar und ein gemütliches Restaurant namens »La Piscina«.

Im Gegensatz zu vielen anderen Hotels der Stadt gibt es im La Calcina einen erheblichen Preisunterschied zwischen den Zimmern, die zum Kanal hinausgehen, und den etwas dunkleren Hinterzimmern, die zwar keine Aussicht haben, aber ebenfalls sehr bequem sind. Die Eckzimmer, die auf zwei Seiten von der Sonne verwöhnt werden, sind am teuersten. Die Zimmer sind insgesamt zwar nicht groß, verfügen aber alle über cremefarbene Wände, Parkettböden, Antiquitäten und Badezimmer mit beheizten Handtuchhaltern. Im Sommer werden die Mahlzeiten auf der Terrasse vor dem Hotel serviert; Sie können sich jedoch auch den romantischen Dachgarten für zwei Personen reservieren lassen. In einem Haus in der Nähe stehen auch Appartements zur Verfügung.

~

Umgebung: Gesuati-Kirche; Galleria dell'Accademia • **Lage:** an der Westseite des San-Vio-Kanals • **Vaporetto:** Zattere oder Wassertaxi • **Mahlzeiten:** Frühstück, Snacks, Mittagessen, Abendessen • **Preise:** €€ • **Zimmer:** 29; 3 Suiten, 19 Doppel- und Zweibettzimmer; 2 mit Bad, 20 mit Dusche; 7 Einzelzimmer, 1 mit Bad, 3 mit Dusche, 3 mit Waschbecken; auch Appartements für 2 Personen erhältlich; alle Zimmer mit Telefon, Klimaanlage, Fön, Safe • **Anlage:** Bar/Frühstücksraum, Sitzecken, Terrasse, Dachterrasse **Kreditkarten:** AE, DC, MC, V • **Behinderte:** nicht geeignet • **Tiere:** nicht erlaubt • **Geschlossen:** nie • **Besitzer:** Alessandro und Debora Szemere

VENEDIG

DORSODURO

Ca' Pisani
~ Stadthotel ~

Dorsoduro 979/a, 30123 Venezia
Tel 041 2401411 **Fax** 041 2771061
E-mail info@capisanihotel.it **Website** www.capisanihotel.it

Jeglicher venezianischer Hoteltradition zum Trotz ist das Ca'Pisani, das hinter den rosafarbenen Mauern eines Palazzo aus dem 16. Jh. gebaut wurde, cool, in und schick — ohne auch nur einen Hauch von rotem Samt, Gold oder Muranoglas.

Der Stil im Inneren ist überwiegend minimalistisch, aber die originalen Steinbögen, Dachbalken und bemalten Decken, die sich vereinzelt finden lassen, sowie die schöne Möbelsammlung aus den 1930er und 1940er Jahren mildern dies teilweise. Die Schmuckelemente der Gemeinschaftsräume wiederholen sich in den Zimmern. Das Silber, das sich im Empfangsbereich, bei der Möblierung der Zimmer, in Spiegelrahmen, in der Einrichtung und den Stühlen findet, ist ein dominantes Thema und setzt sich gegen das dunkle Ebenholz und die blassgrün-violette Bemalung ab. Die warmen Hartholzböden und Türen wirken ausgesprochen modern. Die Badezimmer erinnern mit ihrem malvenfarbenen und grau-silber gesprenkelten Marmor an ein Designermagazin. Die Zimmer sind mit Lautsprechern und Fernsehern von Bang & Olufsen und mit elektrisch verstellbaren Jalousien ausgestattet. Die sandfarbenen Bettbezüge und Kissen passen gut zu den gestärkten weißen Laken aus Leinen. Das Frühstück wird im Restaurant im Untergeschoss serviert, wo man auch kleinere Mahlzeiten einnehmen kann.

Umgebung: Galleria dell'Accademia; Collezione Guggenheim • **Lage:** zwischen Galleria dell'Accademia und Zattere • **Vaporetto:** Accademia, Zattere • **Mahlzeiten:** Frühstück, Mittagessen, Abendessen • **Preise:** €€€€€ • **Zimmer:** 29; 23 Doppel- und Zweibettzimmer, 4 Suiten, 2 Studios, alle mit Bad; alle Zimmer mit Telefon, TV, Klimaanlage, Minibar, Fön • **Anlage:** Aufenthaltsraum, Internetcafé, Restaurant, Bar, Türkisches Bad, Terrasse • **Kreditkarten:** AE, DC, MC, V **Behinderte:** 2 geeignete Zimmer • **Tiere:** erlaubt • **Geschlossen:** nie • **Besitzer:** Familie Serandrei

VENEDIG

DORSODURO

La Galleria
~ Stadthotel ~

Accademia, Dorsoduro 878/a, 30123 Venezia
Tel 041 5232489 **Fax** 041 5204172
E-mail galleria@tin.it **Website** www.hotelgalleria.it

Wem ein Hotelzimmer mit Blick auf den Canal Grande eigentlich zu teuer ist, sollte das La Galleria wählen. Seine Lage, direkt an der Accademia, der Brücke und der Vaporetto-Haltestelle (an der im Gegensatz zu manch anderen Stationen alle Boote halten, die den Canal Grande befahren) ist erstklassig – es sei denn, Sie hassen das Gedränge, das sich tagsüber draußen vor der Accademia abspielt.

Der Zutritt erfolgt durch einen kaum erkennbaren Eingang neben einer Kunsthandwerksgalerie über zahlreiche steile Stufen und wirft Sie dann ungefähr neunzig Jahre zurück, denn dieses wunderliche kleine Hotel mit zehn Zimmern in einem sehr alten, knarrenden Gebäude scheint im Edwardianischen (Neubarock-)Stil erstarrt zu sein.

Dunkelrote Samttapeten bedecken die Wände, die Böden bestehen aus einfachen Holzbrettern und die Möblierung ist venezianisch – Seide und vergoldete Kopfteile an den Betten, große altmodische Schränke, Betten und Kronleuchter, aber wenig Annehmlichkeiten. Bestehen Sie auf ein Zimmer zum Canal Grande hin, die anderen sind einfach zu klein. Am besten ist Nr. 10, das für vier Personen geeignet ist, ein herrliches Deckengemälde hat und nur 35 Euro mehr kostet als ein Standard-Doppelzimmer mit Bad. Das Frühstück wird von sehr freundlichem Personal im Zimmer serviert.

~

Umgebung: Galleria dell'Accademia; Canal Grande • **Lage:** an der nordöstlichen Ecke des Campo della Carità, neben der Accademia-Brücke • **Vaporetto:** Accademia • **Mahlzeiten:** Frühstück • **Preise:** €€ • **Zimmer:** 10; 8 Doppel- oder Zweibettzimmer, davon 2 mit Bad, 1 Einzel-, 1 Familienzimmer mit Bad; alle Zimmer mit Telefon • **Anlage:** Aufenthaltsraum • **Kreditkarten:** keine • **Behinderte:** nicht geeignet • **Tiere:** erlaubt • **Geschlossen:** 2–3 Wochen im Winter • **Besitzer:** Luciano Benedetti

VENEDIG

Locanda Ca' Foscari
~ Stadthotel ~

Calle della Frescada, Dorsoduro 3888-3887/b, 30123 Venezia
Tel 041 710401/710817 **Fax** 041 710817
E-mail info@locandacafoscari.com **Website** www.locandacafoscari.com

Sie werden Hilfe brauchen, um die Calle Frescada zu finden, da diese kleine Gasse auf den meisten Stadtplänen nicht verzeichnet ist. Am besten nehmen Sie die Calle Larga Foscari in Richtung Frari-Kirche und biegen an der Crosera rechts ab. Am Ende dieser Gasse verläuft die Calle Frescada, und das Hotel liegt gegenüber der Crosera. Das kleine 1-Stern-Hotel ist die komplizierte Suche durchaus wert – das Ca'Foscari ist in jeder Hinsicht überdurchschnittlich. Schon die hübsche Eingangstür, der Klingelzug und die Laterne mit dem Namen des Hotels lassen dies ahnen, und das Innere des Hotels hält, was das reizvolle und trotzdem bescheidene Äußere verspricht.
Im Erdgeschoss gibt es einen kleinen Frühstücksraum. Im ersten Stock führt ein Korridor mit weiß gestrichenen Türen zu den Zimmern. Wie zu erwarten war, sind die Zimmer mit ihren Spitzenvorhängen und Tagesdecken bescheiden ausgestattet; wenn sie nicht über ein winziges, weiß gefliestes Badezimmer verfügen, sind sie mit einem ordentlichen Waschbecken ausgestattet. Im Gemeinschaftsbadezimmer gibt es allerdings nur eine Dusche und keine Badewanne. Die Betten mit ihren Metallrahmen sind gemütlicher als sie aussehen.

~

Umgebung: Scuola Grande di San Rocco; Frari-Kirche, Galleria dell'Accademia
Lage: zwischen Campo San Tomà und Palazzo Foscari • **Vaporetto:** San Tomà
Mahlzeiten: Frühstück • **Preise:** €€ • **Zimmer:** 11; 6 Doppel- und Zweibettzimmer; 3 davon mit Dusche, 3 nur mit Waschbecken; 1 Einzelzimmer mit Dusche, 2 Dreibettzimmer ohne Dusche, 2 Familienzimmer ohne Dusche, Gemeinschaftsbadezimmer mit Dusche • **Anlage:** Frühstücksraum • **Kreditkarten:** MC, V
Behinderte: nicht geeignet • **Tiere:** nicht erlaubt • **Geschlossen:** Mitte November bis Mitte Januar, Ende Juli • **Besitzer:** Valter Scarpa

VENEDIG

DORSODURO

Locanda Montin

~ Stadthotel ~

Fondamenta di Borgo, Dorsoduro 1147, 30123 Venezia
Tel 041 5227151 **Fax** 041 5200255
E-mail reserve@locandamontin.com **Website** www.locandamontin.com

Diese *antica locanda* wurde bisher nur mit kurzen Einträgen vorgestellt, nun wurde ihr mehr Platz eingeräumt, weil ihre 12 bescheidenen Zimmer angesichts der steigenden Preise in den üblichen Hotels der Stadt als attraktive und günstige Alternative erscheinen.

Seit Generationen von derselben Familie geführt, zählt die Locanda Montin auch berühmte Persönlichkeiten von Ezra Pound bis Jimmy Carter zu ihren ergebenen Anhängern. Der Ruhm war gesichert, als 1970 die schattige Pergola im Garten als Schauplatz einer Szene in dem Film *Anonimo Venetiano* diente. Obwohl es mit seinen reich bebilderten Wänden immer noch Ausstrahlung hat, verliert das Restaurant an Zuspruch, weil es normale Gerichte – die Spezialität ist Fisch – zu überhöhten Preisen anbietet.

Die mit beeindruckenden Stützbalken und verzierten Möbeln versehenen Zimmer sind groß und leicht schäbig, mit wenig Schnickschnack und viel Charakter. Einige haben noch alte Steinfußböden, andere haben bereits neue aus Holz. An den hellen Wänden hängen Bilder, die modernen Holzmöbel passen nicht zu den schmiedeeisernen Bettgestellen. Sechs Zimmer liegen zum Kanal hin, sechs zum Garten; Nr. 10 auf der Kanalseite ist das beliebteste.

~

Umgebung: Santa Maria dei Carmini; San Trovaso; Accademia; Zattere • **Lage:** an einem abgelegenen Kanal zwischen Canal Grande und Zattere und zwischen Accademia und Santa Maria Gloriosa dei Frari • **Vaporetto:** San Tomà
Mahlzeiten: Frühstück • **Preise:** €€ • **Zimmer:** 12 Einzel-, Doppel- oder Zweibett-, Dreibett- oder Familienzimmer, davon 7 mit Bad oder Dusche, 5 mit Waschbecken; alle Zimmer mit Telefon und Klimaanlage • **Anlage:** Aufenthaltsraum, Restaurant, Garten • **Kreditkarten:** AE, DC, MC, V • **Behinderte:** nicht geeignet • **Tiere:** erlaubt • **Geschlossen:** 10 Tage im August, 2-3 Wochen im Januar • **Besitzer:** Familie Carrettin

VENEDIG

DORSODURO

Palazzetto da Schio

~ Appartements in privater Unterkunft ~

Fondamenta Soranzo, Dorsoduro 316/b, 30123 Venezia
Tel & Fax 041 5237937
e-mail avenezia@tin.it **Website** www.palazzettodaschio.it

Der rot angestrichene Palazzo ist seit 300 Jahren das Heim der Familie da Schio. Heute bewohnt die Contessa da Schio Erdgeschoss und *piano nobile*, während andere Teile des Hauses in vier hübsche und bequeme Appartements umgewandelt wurden, die man von zwei Nächten bis zu drei Monaten mieten kann. Mietet man sie wochen- oder monatsweise, ist das erheblich preisgünstiger als einzelne Übernachtungen. Die Zimmer sind großzügig mit Familienantiquitäten wie Gemälden und Spiegeln ausgestattet; hin und wieder findet sich auch ein modernes Möbel- oder Dekorationsstück. Das oberste Appartement (Achtung: nur für Treppenliebhaber!) verfügt über eine weit reichende Aussicht und einen großen Salon, während die Zimmer im Zwischengeschossappartement – auch das gemütliche, mit Antiquitäten angefüllte Wohnzimmer – alle zum Kanal hinausgehen.
Die großartige Eingangshalle des Palazzo wird von kostbaren venezianischen Fackeln erleuchtet und öffnet sich zum Garten hin. Die Eingangshalle kann ebenso wie das schöne 3-Zimmer-Appartement im *piano nobile* jederzeit für Feste gemietet und im Sommer für einen Monat bewohnt werden.

~

Umgebung: Santa Maria della Salute; Galleria dell'Accademia; Zattere • **Lage:** am Kanal zwischen Canal Grande und Giudecca-Kanal • **Vaporetto:** Salute oder Wassertaxi • **Preise:** €€ • **Zimmer:** 4 Appartements, 2 mit 1 Schlafzimmer, 2 mit 2 Schlafzimmern; alle mit Küche und Bad, Telefon, Zimmermädchen • **Anlage:** Eingangshalle, Garten • **Kreditkarten:** keine • **Behinderte:** nicht geeignet **Tiere:** nicht erlaubt • **Geschlossen:** nie **Besitzerin:** Contessa Anna da Schio

Venedig

Palazzo dal Carlo
~ Bed-&-Breakfast in der Stadt ~

Fondamenta di Borgo, Dorsoduro 1163, 30123 Venezia
Tel 041 5226863 **Fax** 041 5226863
E-mail info@palazzodalcarlo.com **Website** www.palazzodalcarlo.com

Niemals würden Sie ahnen, was sich hinter dieser Tür verbirgt, wenn Sie – vielleicht auf dem Weg zum Essen im ehrwürdigen Montin (siehe Seite 77) – daran vorbeieilen. Dennoch ist es ein Glücksfall, Gast bei Roberta dal Carlo, der Besitzerin, zu sein.

Mit Berufserfahrung im Bereich Restaurierung und Renovierung kehrte die charmante, elegante und warmherzige Roberta in den Palazzo ihrer Familie zurück, um ihn nach ihren Vorstellungen umzubauen und zu gestalten. Zierliche Stuckdecken aus dem 18. Jahrhundert, ein prachtvoller Terrazzoboden und das zarte Grün der Wände sind die dekorativen Glanzlichter; bequeme Sofas laden zum Ausruhen ein. Die Kombination von Schlichtheit und Raffinesse, aber auch Robertas Herzlichkeit sorgen dafür, dass sich die Gäste schnell wohl fühlen und miteinander ins Gespräch kommen. Es gibt drei attraktive Zimmer, völlig verschieden, aber jedes mit einem eleganten Badezimmer. Das Zimmer ganz oben – für drei Personen geeignet – führt auf eine traumhafte Terrasse. Dort kann man den Blick hinüber zur Giudecca genießen, bis er durch den bizarren Anblick eines horizontalen Wolkenkratzers, nämlich eines vorbeifahrenden Kreuzfahrtschiffs, unterbrochen wird.

Für das Frühstück verwendet Roberta nur die besten und frischesten Lebensmittel – eine wahre Gaumenfreude.

Umgebung: Santa Maria dei Carmini; San Trovaso; Accademia; Zattere • **Lage:** an einem abgelegenen Kanal zwischen Canal Grande und Zattere und zwischen Accademia und Santa Maria Gloriosa dei Frari • **Vaporetto:** Ca' Rezzonico oder Accademia • **Preise:** €€ • **Zimmer:** 2 Doppel- oder Zweibettzimmer, 1 Doppel- oder Dreibettzimmer, alle mit Bad • **Kreditkarten:** MC, V • **Behinderte:** nicht geeignet **Tiere:** nicht erlaubt • **Geschlossen:** Januar • **Besitzerin:** Roberta del Carlo

VENEDIG

Salute da Cici

∼ Stadthotel ∼

Fondamenta di Ca' Balà, Dorsoduro 222, 30123 Venezia
Tel 041 5325404 **Fax** 041 5222271
E-mail info@hotelsalute.com **Website** www.hotelsalute.com

Dieser ruhige und kultivierte *palazzo* zwischen der Accademia und der Kirche Santa Maria della Salute zählt schon lange zu unseren Lieblingshotels. Wenn man von barocken Kirchen genug hat, ist das Hotel auch der ideale Ausgangspunkt, um einen Ausflug zur Guggenheim-Sammlung mit Werken der klassischen Moderne zu unternehmen.

Die hübsche Fassade ist typisch venezianisch: bröckelnder Stuck und rosafarbener Stein, gotische Fenster und blumengeschmückte Steinbalkons. Auch das Innere des Gebäudes enttäuscht die Erwartungen nicht. Die klassisch-elegante Lobby ist mit Säulen, Marmorfußböden und freigelegten Dachsparren ausgestattet. Die kleine Bar ist für Gäste reserviert, und in dem winzigen Garten stehen ein paar Tische für einen Drink bereit. In den oberen Stockwerken liegen die einfachen, weiß gestrichenen Zimmer mit ihren hohen Decken, venezianischen Marmorfußböden und antiken, aber praktischen Möbeln. Da die Zimmer alle nahezu gleich viel kosten, empfiehlt es sich, eines mit Blick auf den Kanal zu nehmen. Wenn Sie es etwas bequemer haben wollen, können Sie auch eines der neun moderneren Zimmer im Anbau nehmen.

Umgebung: Guggenheim-Sammlung; Santa Maria della Salute • **Lage:** südlich des Rio Calle Terra Nuovo, östlich der Kirche Santa Maria della Salute • **Vaporetto:** Salute oder Wassertaxi • **Mahlzeiten:** Frühstück • **Preise:** €€ • **Zimmer:** 50 Doppel-, Zweibett-, Einzel-, Dreibett- oder Familienzimmer, alle mit Bad oder Dusche; alle Zimmer mit Telefon • **Anlage:** Bar, Sitzecken, Frühstücksraum, Garten **Kreditkarten:** keine • **Behinderte:** nicht geeignet • **Tiere:** nicht erlaubt • **Geschlossen:** Mitte November bis Weihnachten, Januar bis März (bzw. Karneval, wenn dieser vor März stattfindet) • **Besitzer:** Sebastiano Cagnin

VENEDIG

DORSODURO

Seguso

~ Stadthotel ~

Zattere ai Gesuati, Dorsoduro 779, 30123 Venezia
Tel 041 5286858 **Fax** 041 5222340
E-mail pensioneseguso@tiscali.it **Website** www.pensioneseguso.com

Wenn man an der sonnigen Promenade der Zattere sitzt und das Wasser des Giudecca-Kanals plätschern hört, könnte man fast glauben, am Meer zu sein. Diese Szenerie mit dem großartigen Lagunenpanorama gehört ganz bestimmt zu den Reizen des Seguso. Die traditionsreiche Pension wird von der freundlichen und wohltuend altmodischen Familie Seguso geführt. Die Preise sind im Vergleich zu den meisten anderen Hotels in Venedig bescheiden. Auch wenn das Seguso nicht gerade berühmt für sein Essen ist: Die Halbpension kostet hier so viel wie Übernachtung mit Frühstück in anderen, ähnlich komfortablen Hotels, die näher an San Marco liegen.

Die großen Zimmer im vorderen Teil des Gebäudes mit Blick auf den Kanal sind die besten; obwohl sie nur teilweise über ein eigenes Badezimmer verfügen. Der hübsche Speiseraum ist im traditionellen Stil eingerichtet. In dem bescheidenen Aufenthaltsraum stehen große Ledersessel, in denen man sich in alte Ausgaben von Reiseliteratur und führern vertiefen kann. Das Frühstück wird auf der vorderen Terrasse serviert. Sie werden feststellen, dass die übrigen Gäste des Hotels oft freundlich, interessiert und von Venedig restlos begeistert sind. Auch für Gruppen bis maximal 30 Personen (nicht im September und Mai).

~

Umgebung: Galleria dell'Accademia; Gesuati-Kirche • **Lage:** südlich der Galleria dell'Accademia am Giudecca-Kanal • **Vaporetto:** Zattere oder Wassertaxi
Mahlzeiten: Frühstück, Mittag- und Abendessen • **Preise:** €€€ • **Zimmer:** 36; 31 Doppel- und Zweibettzimmer, 5 Einzelzimmer, 9 mit Bad, 9 mit Dusche; alle Zimmer mit Telefon • **Anlage:** Speiseraum, Aufenthaltsraum, Aufzug, Terrasse
Kreditkarten: AE, MC, V • **Behinderte:** Zugang möglich • **Tiere:** erlaubt
Geschlossen: Mitte Dezember bis Mitte Februar • **Besitzer:** Familie Seguso

Venedig

Casa Rezzonico
Bed-&-Breakfast in der Stadt

Fondamenta Gheradini,
Dorsoduro 2813, 30123 Venezia
Tel 041 2770653
Fax 041 2775435
E-mail info@casarezzonico.it
Website www.casarezzonico.it
Mahlzeiten: Frühstück
Preise: €€
Geschlossen: nie
Besitzer: Matteo Veronese

Die zweistöckige Casa Rezzoni, ein schönes Gebäude mit Markisen, liegt am mit vielen Booten belebten Rio di San Barnaba. Sie weist sieben Gästezimmer auf, die mit schlichten Reproduktionen, aber auch originalen antiken Möbeln, Betten mit geschnitzten Kopfenden und blumengemusterten Tagesdecken, dazu passenden Nachttischen und geräumigen Schränken sowie fließenden weißen Vorhängen ausgestattet sind. Die gepflegten alten Terrazzo- oder Parkettböden vermitteln eine authentische, wenngleich auch etwas ungemütliche venezianische Atmosphäre. Einige Zimmer bieten einen Ausblick auf den Kanal, einige auf den begrünten Garten.

Locanda Ca' Zose
Stadthotel

Calle del Bastion 193/b,
Dorsoduro, 30123 Venezia
Tel 041 5226635
Fax 041 5226624
E-mail info@hotelcazose.com
Website www.hotelcazose.com
Mahlzeiten: Frühstück
Preise: €€€
Geschlossen: nie
Besitzer: Graziella and Velentina Campanati

Das Hotel ist das jüngste Projekt zweier charmanten Schwestern und ihr Konzept, das die venezianische Hotelszene bereichert, ist viel versprechend. Die auf zwei Gebäude aus dem 17. Jahrhundert verteilten zwölf Zimmer sind alle ähnlich mit golden bemalten Möbeln und traditionellen Stoffen ausgestattet. Die freigelegten Balken sind der einzige Hinweis auf das Alter der Gebäude. Die komfortablen, freundlichen Zimmer weisen hart gefederte Betten, mit Wischtechnik gestaltete Wände, Minibar, Satelliten-TV und makellose Badezimmer mit kräftigen Duschen auf. Der weiß gestrichene Hauptfrühstücksraum (es gibt einen weiteren im Anbau) ist mit exquisiten Polsterstühlen ausgestattet.

VENEDIG

Locanda San Barnaba
Stadthotel

Calle del Traghetto, Dorsoduro 2486, 30123 Venezia
Tel 041 2411233
Fax 041 241 3812
E-mail info@locanda-sanbarnaba.com
Website www.locanda-sanbarnaba.com
Mahlzeiten: Frühstück
Preise: €€€
Geschlossen: nie
Besitzer: Silvia Okolicsanyi

Das San Barnaba, eines der ersten Hotels des in den 1990er-Jahren aufkommenden neuen Locanda-Stils, vermittelt eine etwas sterile Atmosphäre, doch der freundliche Empfang und das gute Preis-Leistungsverhältnis stimmen versöhnlich. Die 13 Zimmer sind einfach, aber individuell eingerichtet und geschmackvoll mit Antiquitäten und schönen Stoffen dekoriert. Eines hat sogar ein originales Fresko an der Decke. Es gibt einen kleinen Innenhof und eine Dachterrasse.

Pausania
Stadthotel

Fondamenta Gherardini, Dorsoduro 2824, 30123 Venezia
Tel 041 5222083
Fax 041 5222989
E mail info@hotelpausania.it
Website www.hotelpausania.it
Mahlzeiten: Frühstück
Preise: €€€€
Geschlossen: nie
Besitzer: Guido Gatto

Aufgrund einiger kritischer Leserkommentare bekommt das Pausania in derselben Straße wie das Casa Rezzonico (siehe links) nur noch einen halbseitigen Eintrag. Es liegt nahe dem einzigen noch existierenden Gemüseladen auf dem Wasser – einem farbenfrohen Boot auf dem Canale di San Barnaba. Das Hotel ist in einem gotischen Palast mit stiltypischen Fenstern untergebracht.Innen bezaubern Balkendecken, korinthische Säulen, ein alter Brunnen und eine abgenutzte, aber schöne Steintreppe. Die Zimmer sind geschmackvoll, aber dezent ausgestattet, wobei Leserkommentare einen abgenutzten oder muffigen Zustand beklagten.

VENEDIG

CANNAREGIO

Ca' Zanardi

~ Bed & Breakfast in der Stadt ~

Calle Zanardi, Cannaregio 4132, 30131 Venezia
Tel 041 2410220 **Fax** 041 5237716
E-mail ecgroup@tin.it **Website** www.best-of-italy.com/zanardi

Wenn Sie sich zu Fuß zu dem aus dem 16. Jahrhundert stammenden Palazzo Ca' Zanardi aufmachen, erleben Sie in dem Gewirr von Straßen, Brücken, Alleen und Kanälen das wahre Venedig. Tatsächlich aber ist dieser sehr ursprüngliche Teil von Cannaregio nur fünf Minuten vom Ca' d'Oro und nur Augenblicke von den Fondamente Nuove entfernt. Dort angekommen, sehen Sie Venedig ohne Touristen und einen Palazzo, der, weitgehend im Originalzustand geblieben, sehr an die goldenen Zeiten dieser Stadt erinnert. Sein französischer Besitzer vermietet nicht nur die sechs Zimmer, sondern auch das ganze Gebäude (Ballsaal, Musiksaal, Speisesaal, Büroraum, Terrasse) für Privatveranstaltungen und Karnevalsfeste – inklusive Maskenbälle. So wirkt dieser Ort absolut authentisch: verschwenderisch, dekadent, aber bewohnt und mit den Jahren milde geworden. Kurzum: eine erschwingliche Pracht aus einer vergangenen Zeit.
Durch einen kleinen Hof gelangen Sie in den *androne*, die große Halle, wo die Gondeln liegen (eine ist noch vorhanden), und steigen dann die Treppe hinauf zum *piano nobile*. Hier befindet sich der riesige Ballsaal mit seiner beeindruckenden Decke und dem Terrazzoboden sowie der eher intime Musiksaal voller Gold und Kristall. Dazu passt die Ausstattung der Hotelzimmer mit herrlichen venezianischen Betten und einer Fülle von vergoldeten Spiegeln und Brokat. Das Frühstück auf der Terrasse ist ein echter Genuss.

~

Umgebung: Ca' d'Oro; Fondamente Nuove • **Lage:** zwischen Canal Grande und Fondamente Nuove, östlich des Rio di Gesuiti • **Vaporetto:** Ca'd'Oro, Fondamente Nuove • **Mahlzeiten:** Frühstück • **Preise:** €€ • **Zimmer:** 6 Doppel- oder Zweibettzimmer; alle mit Bad oder Dusche, Fön • **Anlage:** Ballsaal, Speisesaal, Musiksaal, Terrasse • **Kreditkarten:** MC, V • **Behinderte:** nicht geeignet • **Tiere:** nicht erlaubt **Geschlossen:** nie • **Besitzer:** Nicholas Arnita

VENEDIG

CANNAREGIO

Club Cristal
~ Stadthotel ~

Kontakt über: Liz Heavenstone, 188 Regent's Park Road,
London NW1 8XP Tel (0044)207 722 5060 Fax (0044) 207 586 3004
E-mail info@sancassiano.it **Website** www.sancassiano.it

Für Gäste, die das ruhigere Venedig bevorzugen, könnte die Lage des Club Cristal kaum besser sein: Das luftige, prunkvolle Haus steht an einem von Bäumen eingesäumten Hof und einem kleinen Kanal in einem ruhigen Wohngebiet des Cannaregio und ist dennoch nur fünf Minuten von der Ca'd'Oro entfernt. Das Haus gehört der Familie der Engländerin Susan Schiavon, die seit vielen Jahren in Venedig lebt und jetzt fünf der Zimmer an ausgewählte Besucher vermietet, denen sie viel Wissenswertes über die Stadt erzählen kann.

Eine elegante weiße Marmortreppe führt zum *piano nobile* und einem hohen Aufenthaltsraum mit Büchern, gemütlichen Sofas und Sesseln. Auf der pflanzenüberwucherten Terrasse dahinter wird ein perfektes Frühstück serviert. Die Zimmer mit ihren familiären Möbeln, den bequemen Betten und dem gestärkten Leinen haben alle ihren eigenen Charakter. Das Abendessen wird nach Vereinbarung von Susan höchstpersönlich serviert – Sie sollten ihre gehobene Hausmannskost mindestens einmal probieren. Das Club Cristal ist alles in allem weniger ein Hotel als vielmehr ein Zuhause; Paare kehren oft hierher zurück, und allein reisende Frauen fühlen sich hier besonders wohl.

~

Umgebung: Gesuiti-Kirche; Ca' d'Oro; Rialto • **Lage:** an kleinem Kanal zwischen Ca' d'Oro und Gesuiti • **Vaporetto:** Ca' d'Oro, Fondamente Nuove
Mahlzeiten: Frühstück, Abendessen nach Vereinbarung • **Preise:** €–€€
Zimmer: 5; 4 Doppelzimmer, 1 Einzelzimmer, alle mit Bad oder Dusche; alle Zimmer mit Fön • **Anlage:** Aufenthaltsraum, Speiseraum, Terrasse • **Kreditkarten:** AE, D • **Behinderte:** nicht geeignet • **Tiere:** nicht erlaubt • **Geschlossen:** nie
Besitzerin: Susan Schiavon

VENEDIG

CANNAREGIO

Giorgione
~ Stadthotel ~

Santi Apostoli, Cannaregio 4587, 30131 Venezia
Tel 041 5225810 **Fax** 041 5239092
E-mail info@hotelgiorgione.com **Website** www.hotelgiorgione.com

Für Familien mit Kindern im Alter zwischen 10 und 20 ist dieses bequeme 4-Sterne-Hotel eine ausgezeichnete Wahl. Wenn die Stadtbesichtigung langweilig wird, können sie sich an den Poolbillardtisch oder in den gut ausgerüsteten Spieleraum zurückziehen. Im Gegensatz zu vielen anderen Hotels in Venedig gibt es viele Sitzecken, eine gemütliche Bar und einen großen, abgeschirmten Garten mit einem Teich und reichlich Tischen und Stühlen. Gelegentlich erinnert eine Säule, ein Bogen oder ein Balken daran, dass das ein Hotel ein Palazzo aus dem 15. Jahrhundert ist, obwohl die nüchterne Dekoration dies nicht immer besonders hervorhebt. In den Aufenthaltsräumen gibt es zwar seidene Vorhänge, gepolsterte Sofas und Stühle, die meisten Zimmer wirken jedoch eher geziert und altmodisch.

Die Standarddoppelzimmer sind recht bescheiden. Für ein paar Euro mehr bekommt man ein Zimmer der gehobenen Kategorie oder – noch etwas teurer – eine der »Loft-Suiten«, die zwischen Dachvorsprüngen eine eigene Terrasse haben.

Das reichhaltige Frühstücksbuffet besteht aus Obst, Brötchen, Salami und Eiern, die in einem großen weißen Raum mit schlechten Deckengemälden serviert werden.

Umgebung: Santi Apostoli; Santa Maria dei Miracoli; Ca' d'Oro • **Lage:** nördlich des Campo Santi Apostoli • **Vaporetto:** Ca' d'Oro • **Mahlzeiten:** Frühstück **Preise:** €€€€€ • **Zimmer:** 76; 66 Doppel- (z.T. mit zwei Betten) und Einzelzimmer, 10 Suiten; alle mit Bad, Telefon, TV, Klimaanlage, Minibar, Safe, Fön • **Anlage:** Sitzecken, Frühstücksraum, Spieleraum, Bar, Aufzug, Garten • **Kreditkarten:** AE, DC, MC, V • **Behinderte:** Zugang möglich • **Tiere:** nicht erlaubt • **Geschlossen:** nie **Geschäftsführer:** Signor Zanolin

VENEDIG

Locanda Ai Santi Apostoli
~ Stadthotel ~

Strada Nova, Cannaregio 4391, 30131 Venezia
Tel 041 5212612 **Fax** 041 5212611
E-mail aisantia@tin.it **Website** www.locandasantiapostoli.com

Ein paar hübsche dunkelgrüne Türen kündigen den versteckten Eingang dieses Palazzos an. Dahinter liegt ein verwahrloster Innenhof und ein etwas eigenwilliger Aufzug, der Sie zum dritten Stock bringt. Was Sie dann finden werden, haben Sie gewiss nicht erwartet: Die Familie Bianchi Michiel hat den alten Palazzo in ein elegantes, wenn auch teures Bed & Breakfast-Appartement umgewandelt. In dem stilvollen Wohnzimmer hängen Ölgemälde an apricotfarbenen Wänden; auf antiken Tischchen stehen schwere Lampen, und die Sofas und Stühle sind mit Chintz oder Kattun bezogen. Im hinteren Ende des Raumes kann man durch ein dreigeteiltes Fenster mit Holzrahmen auf den Canal Grande blicken. Zufällig verstreute Bücher geben der Locanda einen gemütlichen, familiären Anstrich. Die großen, erst vor einiger Zeit renovierten Zimmer sind in glänzendem Chintz und starken Farben eingerichtet. Auch hier stehen überall hübsche Antiquitäten und andere Kleinigkeiten herum. Die zwei zum Kanal hinausgehenden Zimmer sind erheblich teurer als die anderen. Stefano gehört auch ein Ein-Zimmer-Apartment im zweiten Stock, das zwar keinen Kanalblick, dafür aber eine sonnige Dachterrasse hat.

~

Umgebung: Ca' d'Oro; Santi Apostoli; Santa Maria dei Miracoli • **Lage:** östlich des Campo Santi Apostoli • **Vaporetto:** Ca' d'Oro • **Mahlzeiten:** Frühstück
Preise: €€€€; Apartmentpreise auf Anfrage • **Zimmer:** 11 Doppel- und Zweibettzimmer; 6 davon mit Bad, 4 mit Dusche; alle Zimmer mit Telefon, TV, Klimaanlage, Minibar, Fön • **Anlage:** Frühstücks- und Aufenthaltsraum, Aufzug
Kreditkarten: AE, DC, MC, V • **Behinderte:** nicht geeignet • **Tiere:** erlaubt
Geschlossen: Januar bis Mitte Februar, 2 bis 3 Wochen im August, manchmal 2 Wochen im Dezember • **Besitzer:** Stefano Bianchi Michiel

VENEDIG

CANNAREGIO

Locanda Antico Doge
∼ Stadthotel ∼

Campo SS Apostoli, Cannaregio 5043, 30131 Venezia
Tel 041 2411570 **Fax** 041 2443660
E-mail info@anticodoge.com **Website:** www.anticodoge.com

Lassen Sie sich in der Locanda Antico Doge nicht vom ersten Eindruck täuschen. Ihr Eingangsbereich entspricht sicher nicht jedermanns Geschmack, der lange pfirsichfarbene Gang mit weißen Lampen aus Muranoglas und protzigen Bildern Venedigs läßt jedoch keine Rückschlüsse auf das zu, was die Gäste im ersten Stock erwartet. Gehen Sie also ruhig zur Rezeption, wo Sie freundlich und professionell aufgenommen werden, und anschließend die Treppe hinauf in den Piano Nobile dieses altehrwürdigen Palazzo in Privatbesitz. Der zentrale Salone, der sowohl als Frühstückszimmer als auch als Bar fungiert, erstrahlt in goldenem Glanz mit Vasen voller Blumen. In den Schlafzimmern werden Wände, Fenster und Betten von Seide, Brokat und Damast beherrscht. Riesige Kronleuchter, vergoldete Spiegel, antike Möbelstücke und schöne Teppiche auf dem Parkettboden vervollständigen die Einrichtung. In einer Suite findet sich ein Porträt des Dogen Marin Falier, der einst den Palazzo bewohnte.

Das Antico Doge liegt in der Nähe des Rialto in einer schönen und wasserreichen Wohngegend von Cannaregio, gleich bei der Locanda Ai Santi Apostoli (siehe Seite 87) und der Locanda Leon Bianco (siehe rechts), und ragt wie diese beiden aus der Menge ähnlicher Bed&Breakfast-Unterkünfte deutlich hervor.

Umgebung: Santi Apostoli, Miracoli, Rialto • **Lage:** über eine kleine Brücke von der Westseite des Campo Santi Apostoli • **Vaporettos:** Ca' d'Oro • **Mahlzeiten:** Frühstück • **Preise:** €€€€ • **Zimmer:** 15 Doppel- oder Zweibettzimmer, 7 mit Dusche, 6 mit Bad; alle Zimmer mit Telefon, TV, Klimaanlage, Minibar, Safe, Fön
Anlage: Bar, Frühstückszimmer • **Kreditkarten:** AE, MC, V • **Behinderte:** Zugang möglich, Treppenlift • **Tiere:** nicht gestattet • **Geschlossen:** nie • **Eigentümerin:** Mariella Bazzetta

VENEDIG

CANNAREGIO

Locanda Leon Bianco
◁ Stadthotel ▷

Corte Leon Bianco, Cannaregio 5629, 30131 Venezia
Tel 041 5233572 **Fax** 041 2416392
E-mail info@leonbianco.it **Website** www.leonbianco.it

Wer eine Unterkunft mit Blick auf den Canal Grande sucht, aber nur über ein schmales Budget verfügt, ist hier (oder im La Galleria, Seite 75) genau richtig. Das Leon Bianco liegt versteckt in einem abgeschlossenen Innenhof, hinter einer massiven Tür in der Mauer und wird über eine Steintreppe erreicht, die zu einem höhlenartigen Treppenschacht führt. Die geräumigen, einfachen Zimmer besitzen verzierte Mahagonibetten, große alte Schränke, durchgebogene Fußböden und eindrucksvolle Holztüren. Drei davon gehen auf den Canale Grande und bieten einen herrlichen Blick auf die Rialto-Märkte und die Traghetti, die über den Kanal fahren. Ein viertes Zimmer hat keine solche Aussicht, ist aber mit seinem dramatischen Fresco, das Mauren mit Kamelen darstellt und einem Gemälde von Veronese entliehen ist, genauso romantisch gestaltet. Die Locanda ist erst wenige Jahre alt, wirkt aber nicht so; sie wurde in einer Etage eines alten Palazzo untergebracht und besitzt neben dem Empfangsbereich sieben große, attraktive Gästezimmer mit kleinen, modernen Badezimmern. Zwar kann man hier nicht die Einrichtungen und Dienste der mondänen Hotels am Canale Grande erwarten, die mäßigen Preise der Locanda sind aber auch ein unschlagbares Argument. Dennoch sei eine kleine Warnung angebracht: eine Besucherin schrieb uns, dass ihre Reservierung kurzerhand annulliert wurde und die Rezeption bei der Suche nach einem Ausweichquartier auch wenig hilfreich gewesen sei. Wir freuen uns auf weitere Berichte.

◁

Umgebung: Santi Apostoli, Miracoli, Rialto • **Lage:** in einem Hof zwischen den Kanälen Santi Apostoli und Santa Giovanni Crisostomo • **Vaporetto:** Ca' d'Oro, Rialto • **Mahlzeiten:** Frühstück • **Preise:** €€€ • **Zimmer:** 7; 6 Doppel- und Zweibettzimmer mit Dusche, 1 Familienzimmer mit Bad; alle Zimmer mit Telefon **Anlage:** keine • **Kreditkarten:** AE, DC, MC, V • **Behinderte:** nicht geeignet • **Tiere:** nicht gestattet • **Geschlossen:** nie • **Eigentümer:** Familie Spellanzon

VENEDIG

CANNAREGIO

Locanda del Ghetto
~ Stadthotel ~

Campo del Ghetto Nuovo, Cannaregio 2892, 30131 Venezia
Tel 041 2759292 **Fax** 041 2757987
E-mail ghetto@veneziahotels.com **Website:** www.veneziahotels.com

Der von allen Seiten von Wasser umgebene Campo del Ghetto Nuovo bildet das geschichtsträchtige und melancholische Herz des weltweit ersten jüdischen Ghettos. Der ruhige und kontemplative Platz liegt nur fünf Minuten zu Fuß von der Lista de Spagna entfernt am Rande der friedlichen Kanäle von Cannaregio. Die stilvolle Locanda mit ihren neun Gästezimmern wurde 2002 in einem Gebäude eröffnet, das aus dem 15. Jahrhundert stammt. Einige der Zimmer besitzen noch ihre originalen bemalten Holzdecken.

Vom Campo her kommend erblickt man gleich den attraktiven Empfangsbereich hinter großen Fenstern unter einem kleinen Säulengang. Im Erdgeschoss befindet sich ein kleiner Frühstücksraum mit Blick auf den Kanal, im ersten Stock liegen die hellen und luftigen Zimmer. Sie variieren in Größe und Schnitt, sind aber im gleichen eleganten Stil gehalten: pastellfarbene Wände, honigfarbene Parkettböden, blassgoldene Bettdecken und Vorhänge, ausgewähltes Mobiliar, Armaturen aus Messing und indirekte Beleuchtung. Zwei der Zimmer haben einen Balkon auf den Campo hinaus, während das kleinste zwei originale gotische Fenster und einen antiken Kamin besitzt. Die Badezimmer sind besonders elegant und sogar mit Telefon ausgestattet.

~

Umgebung: Bahnhof, Madonna dell Orto, jüdisches Museum • **Lage:** am Campo del Ghetto Nuovo, 10 Minuten zu Fuß vom Bahnhof • **Vaporetto:** Ponte Guglie, San Marcuola • **Mahlzeiten:** Frühstück • **Preise:** €€€€ • **Zimmer:** 9 Doppel- und Zweibettzimmer, alle mit Bad; alle Zimmer mit Telefon, TV, Klimaanlage, Minibar, Safe • **Anlage:** Frühstückszimmer, Aufenthaltsraum • **Kreditkarten:** AE, MC, V
Behinderte: ein geeignetes Zimmer im Erdgeschoss • **Tiere:** nicht gestattet
Geschlossen: nie • **Eigentümerin:** Alessandra Maschato

VENEDIG

Locanda di Orsaria
~ Stadthotel ~

Calle Priuli, Cannaregio 103, 30121 Venezia
Tel 041 715524 **Fax** 041 715433
E-mail info@locandaorsaria.com **Website** www.locandaorsaria.com

In dieser Straße mit zahlreichen Hotels ist die Locanda di Orsario bei weitem das kleinste, aber auch das bezauberndste. Die Eingangstür, flankiert von Lorbeerbäumen, führt direkt zu einem Bereich, der zwar winzig ist, aber dennoch die Rezeption beherbergt und morgens für das Frühstückbüfett mit zwölf Sitzplätzen genutzt wird. Holzmöbel, frische Blumen und ein Wandteppich vermitteln ein Gefühl von Landleben, das sich einen Stock höher in den einfach, aber geschmackvoll möblierten Hotelzimmern fortsetzt. Deren Größe ist im Vergleich zum beengten Erdgeschoss eine echte Überraschung. Die Fenster sind ebenfalls groß und nach Aussage des Besitzers die einzigen in Venedigs Hotels, die alle mit Fliegengittern versehen sind. Terrakottabóden und weiß gestrichene Wände auf beiden Etagen, leichte Tagesdecken aus Chintz und schöne Holzmöbel (uns gefielen die Kleiderschränke besonders gut) verweisen eher auf einen toskanischen als venezianischen Einrichtungsstil.

Seit Renato Polesel, der über lange Jahre dieses kleine Schmuckstück der Gastlichkeit geführt hatte, in Ruhestand gegangen ist, leitet sein genauso freundlicher und hilfsbereiter Sohn Pietro dieses Hotel.

~

Umgebung: Stazione Santa Lucia; Palazzo Labia; San Geremia • **Lage:** nahe dem Bahnhof • **Vaporetto** Ferrovia • **Mahlzeiten:** Frühstück • **Preise:** €€€ • **Zimmer:** 8; 5 Doppel-oder Zweibett-, 3 Dreibettzimmer; alle Zimmer mit Telefon, TV, Klimaanlage, Minibar, Fön, Safe • **Anlage:** Frühstückszimmer • **Kreditkarten:** AE, DC, MC, V • **Behinderte:** ein geeignetes Zimmer im Erdgeschoss • **Tiere:** erlaubt **Geschlossen:** 3 Wochen Anfang Dezember • **Eigentümer:** Pietro Polesel

VENEDIG

CANNAREGIO

Palazzo Abadessa
~ Stadthotel ~

Calle Priuli, Cannaregio 4011, 30131 Venezia
Tel 041 2413784 **Fax** 041 5212236
E-mail info@abadessa.com **Website:** www.abadessa.com

Das Abadessa wird nicht alle bezaubern, aber bei manchen auch Bewunderung auslösen. Der schmale Durchgang gegenüber der Ca' d'Oro, vorbei am örtlichen Büro der Kommunistischen Partei, ist zwar friedlich und sicher, mag aber Frauen ohne Begleitung abschrecken. Dann ist ein Wassertaxi – besser noch eine Gondel – vorzuziehen, um Abadessas kleinen Privathafen am Rio Santa Sofia anzusteuern. Beim Eintreffen werden Sie mit Musik aus dem 18. Jahrhundert begrüßt, und die überschwängliche Signora Maria-Luise Rossi, die das Gebäude vor ungefähr 20 Jahren erworben hat, empfängt Sie mit großem Enthusiasmus. Wenn gerade früher Abend sein sollte, werden Sie eingeladen, sich bei einem oder zwei Gläsern Prosecco auf Kosten des Hauses zu den anderen Gästen zu gesellen, die sich hier leicht miteinander anzufreunden scheinen. Es gibt 12 Zimmer, von denen ein oder zwei, die mit dunklem, porösem Seidendamast behangen wurden, etwas düster wirken. Aber alle haben bemalte, jahrhundertealte Balken, Deckenfresken und Trompe l'œil-Wände, wurden mit passenden Antiquitäten möbliert und bestechen durch opulente Verwendung von Gold, Samt und Seide. Es gibt kein Restaurant, aber das Frühstück ist auffallend gut, und in dem schönen Garten mit großer Rasenfläche spüren Sie Weite und Ruhe. Das Abadessa, eine *residenza d'epoca* (denkmalgeschütztes Gebäude) gibt Ihnen das Gefühl, in einen Palast zu wohnen – selbst die Gemeinschaftsräume sind palastartig. Und dann ist da auch noch Signora Rossi.

~

Umgebung: Ca' d'Oro; Strada Nova • **Lage:** nahe der Strada Nova, gegenüber der Vaporetto-Haltestelle Ca'd'Oro • **Vaporetto:** Ca' d'Oro • **Mahlzeiten:** Frühstück **Preise:** €€€€€ • **Zimmer:** 12 Doppelzimmer, davon 4 mit Bad, 8 mit Dusche; alle Zimmer mit Telefon, TV, Klimaanlage, Minibar, Fön • **Anlage:** Frühstückszimmer **Kreditkarten:** AE, DC, MC, V • **Behinderte:** nicht geeignet • **Tiere:** erlaubt **Geschlossen:** nie • **Eigentümer:** Ehepaar Rossi

VENEDIG

Abbazia
Stadthotel

Calle Priuli dei Cavaletti,
Cannaregio 68, 30121 Venezia
Tel 041 717333
Fax 041 717949
E-mail info@abbaziahotel.com
Website www.abbaziahotel.com
Mahlzeiten: Frühstück
Preise: €€€€
Geschlossen: nie
Geschäftsführer: Franco de Rossi

Wenn Sie die Ursprünge des Hotels nicht schon an seinem Namen erkannt haben, dient Ihnen das Innere des Gebäudes sicherlich als Hinweis. Zellenartige Zimmer gehen von hohen Korridoren ab, und das Refektorium der früheren Abtei wurde in einen Aufenthaltsraum riesigen Ausmaßes umgewandelt, wobei die Holztäfelung, ein bemerkenswerter Steinfußboden und die alte Kanzel erhalten geblieben sind. Selbst das Empfangspersonal scheint sich dem strengen Stil des Hauses anzupassen. Wir empfehlen die geräumigen Zimmer Nummer 302 und 303, die über große Fenster und begehbare Schränke verfügen. Das schönste am Hotel ist sein üppiger Garten.

VENEDIG

Ca' del Borgo
~ Dorfhotel, Lido ~

Piazza delle Erbe, Malamocco, Lido, 30126 Venezia
Tel 041 770749 **Fax** 041 770799
E-mail info@cadelborgo.com **Website** www.cadelborgo.com

Die Ca' del Borgo eignet sich vorzüglich, wenn Sie einen ruhigen und kultivierten Ort suchen, an den Sie sich mit ein paar Freunden zurückziehen möchten, denn sie ist nicht nur ein gewöhnliches Hotel, man kann dort auch private Feste feiern.

Die Ca' del Borgo liegt in einer breiten und ruhigen Straße in Malamocco. Früher war es ein privates Stadthaus, erst vor ein paar Jahren wurde es aufwändig renoviert zu einem Hotel gemacht. Die acht geräumigen, bequemen und wunderschön eingerichteten Zimmer haben große Terrassen und einen kleinen Garten, in dem ein steinerner Brunnen steht. Die großartige Eingangshalle mit ihren Deckenbalken und Orientteppichen bestimmt den Stil des gesamten Hauses. Die ebenfalls mit Teppichen ausgelegten Zimmer verfügen über ausgezeichnete Betten, dunkelroten Seidendamast an den Wänden und sind teilweise in Gelb und Blau gehalten. Die marmornen Badezimmer zeichnen sich durch funktionale Duschen aus. Der Service ist tadellos und unaufdringlich.

Da das Hotel etwas abseits liegt, kann ein Auto von Nutzen sein. Damit könnten Sie auch den Ca' del Moro-Sport- und Fitnessclub und den Strand des Hotels Excelsior erreichen, die Sie mitbenutzen dürfen. Fahrräder werden kostenlos zur Verfügung gestellt.

~

Umgebung: Venedig; Laguneninseln • **Lage:** in dem Dorf Malamocco, 6 km südwestlich von Santa Maria Elisabetta; Parkplatz • **Vaporetto:** Santa Maria Elisabetta, dann weiter mit dem Taxi oder Hotelminibus, oder mit dem Wassertaxi des Hotels • **Mahlzeiten:** Frühstück • **Preise:** €€€ • **Zimmer:** 8 Doppel- und Zweibettzimmer; 3 mit Bad (2 mit Jacuzzi), 5 mit Dusche; alle Zimmer mit Telefon, TV, Klimaanlage, Minibar, Fön, Safe • **Anlage:** Aufenthaltsraum, Frühstücksraum, Terrasse, Möglichkeiten zur Selbstversorgung • **Kreditkarten:** AE, DC, MC, V
Behinderte: 1 speziell eingerichtetes Zimmer im Erdgeschoss • **Tiere:** erlaubt
Geschlossen: Dezember und Januar • **Besitzer:** Fabrizio Decol

Venedig

Locanda Cipriani
~ Restaurant mit Gästezimmern, Torcello ~

Torcello, 30012 Burano, Venezia
Tel 041 730150 **Fax** 041 735433
E-mail info@locandacipriani.com **Website** www.locandacipriani.com

Obwohl Torcello die Wiege der venezianischen Kultur darstellt, haben davon nur zwei wunderschöne Sakralbauten die Zeiten überdauert: die Kirche Santa Fosca und die Kathedrale mit ihrem beeindruckenden byzantinischen Madonnenmosaik. Wenn die Touristenmassen Torcello am Abend verlassen, wird erst der Charme der Insel deutlich. Das Privileg, diesen zu genießen, haben die wenigen Bewohner und die Gäste der Locanda Cipriani, die 1934 von Giuseppe Cipriani eröffnet wurde (heute führt sein Enkel das Haus). Unter ihren Gästen befanden sich Ernest Hemingway, Charlie Chaplin und Paul Newman; die gesamte britische Königsfamilie hat hier zumindest schon gespeist. Die sechs Gästezimmer sind einfach, aber trotzdem elegant eingerichtet: mit glänzenden Holzböden, attraktiven Gemälden an weißen Wänden, Schreibtischen, *objects d'art*, komfortablen Sofas und Sesseln. Sie haben Klimaanlagen und moderne Badezimmer, aber kein TV.
Der eigentliche Anziehungspunkt der Locanda Cipriani war aber immer das Restaurant. Es ist ein beeindruckendes Erlebnis, hier zu speisen: entweder im rustikalen Speisesaal oder auf der bezaubernden Terrasse mit Blick auf die Kathedrale. Romantik ist garantiert, allerdings zu gepfefferten Preisen, die mehr das Renommee als die Qualität der Küche repräsentieren.

~

Umgebung: Venedig (40 Min.); Laguneninseln • **Lage:** im Zentrum der Insel, in der Nähe der Kathedrale • **Vaporetto:** Torcello • **Mahlzeiten:** Frühstück, Mittag- und Abendessen • **Preise:** €€€€ • **Zimmer:** 6; 3 Doppelzimmer mit Wohnzimmer, 3 Einzelzimmer, alle mit Bad; alle Zimmer mit Telefon • **Anlage:** Aufenthaltsraum, Speiseraum, Bar, Terrasse, Garten • **Kreditkarten:** AE, MC, V • **Behinderte:** nicht geeignet • **Tiere:** erlaubt • **Geschlossen:** Januar bis Mitte Februar
Besitzer: Bonifacio Brass

VENEDIG

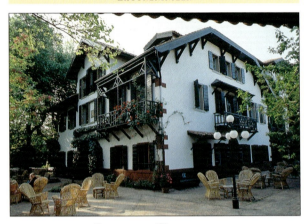

Quattro Fontane
〜 Hotel am Meer, Lido 〜

Via Quattro Fontane 16, 30126 Lido, Venezia
Tel 041 5260227 **Fax** 041 5260726
E-mail info@quattrofontane.com **Website** www.quattrofontane.com

Je länger wir uns im Quattro Fontane aufhielten, desto besser gefiel es uns. Zunächst erschien uns das 150 Jahre alte Gebäude im Stil Südtiroler Häuser etwas düster und vorstädtisch; dann überzeugten uns schon die einladenden Empfangsräume vom Charme des Hotels. An den Wänden und in den Regalen befinden sich überall kleine Reiseandenken des Hotelbesitzers: holzgeschnitzte Figuren, bemalte Muscheln, Schiffsmodelle, Porzellan und eine Sammlung seltener sizilianischer Hinterglasbilder. Im prunkvollen Speisesaal mit seinem mächtigen Kamin und gewagten roten Stühlen führt ein – wie das restliche Personal – schon lange hier tätiger Oberkellner Regie. Die beiden Schwestern, denen das Hotel (ihr Elternhaus) gehört, wohnen auf dem Grundstück.

Die Zimmer im Hauptgebäude sind individuell eingerichtet und geschmackvoll dekoriert. Diejenigen im Anbau aus den 1960er-Jahren sind nicht ganz so attraktiv, aber auch individuell und gemütlich gestaltet. Sie haben gekachelte Bäder. Bei schönem Wetter kann man auf der großen Terrasse, die das Hotel umgibt, essen.

〜

Umgebung: Venedig; Laguneninseln • **Lage:** nicht direkt am Meer am südlichen Ende des Lido, in der Nähe des Casinos • **Vaporetto:** Santa Maria Elisabetta
Mahlzeiten: Frühstück, Mittag- und Abendessen • **Preise:** €€€€
Zimmer: 58; 54 Doppelzimmer, 4 Einzelzimmer, 35 mit Bad, 23 mit Dusche; alle Zimmer mit Telefon, TV, Klimaanlage, Fön, Safe • **Anlage:** Aufenthaltsraum, Schreibzimmer, Speiseraum, Bar; Tennisplatz und Strandkabinen stehen ebenfalls zur Verfügung • **Kreditkarten:** AE, DC, MC, V • **Behinderte:** Zugang schwierig
Tiere: erlaubt • **Geschlossen:** November bis Ostern • **Besitzer:** Bente und Pia Bevilacqua

VENEDIG

Al Raspo de Ua

◇ Restaurant mit Gästezimmern, Burano ◇

Via Galuppi 560, 30012 Burano, Venezia
Tel 041 730095 **Fax** 041 730397

Das Al Raspo de Ua ist vor allem dann interessant, wenn Sie eine außergewöhnliche Erfahrung, Lokalkolorit und ein Hotel mit gutem Preis-Leistungs-Verhältnis suchen. Es befindet sich auf der Laguneninsel Burano (auf dem Foto sehen Sie den Hafen der Insel) und ist nur 40 Minuten mit dem Vaporetto von Venedig entfernt. Eigentlich ist das Al Raspo nur ein Restaurant mit Übernachtungsmöglichkeit; es liegt jedoch wunderschön direkt an einem Kanal in der Fußgängerzone im Herzen der Insel. Um ehrlich zu sein, wird es von Souvenirshops und Postkartenläden eingerahmt, aber das Restaurant selbst ist sehr gepflegt. Es gehört zu den beliebtesten der Insel und ist in der Mittagszeit ausgesprochen gut besucht.
Wenn die Dämmerung hereinbricht und die Tagestouristen die Insel verlassen, kann man Buranos Charme erst richtig genießen. Trotz der Schlichtheit des kleinen Hotels sind die Zimmer fröhlich, sauber und recht modern eingerichtet. Es gibt einen Seiteneingang nur für Gäste des Hotels und ein Gemeinschaftsbadezimmer. Bis jetzt hat sich der Charme des Al Raspo noch nicht allzu weit herumgesprochen – frühzeitiges Buchen empfiehlt sich dennoch.

◇

Umgebung: Venedig; Laguneninseln • **Lage:** im Zentrum der Insel, in der Fußgängerzone, 5 Minuten zu Fuß vom Bootsanlegeplatz • **Vaporetto:** Burano
Mahlzeiten: Frühstück, Mittag- und Abendessen • **Preise:** €
Zimmer: 5 Doppelzimmer, 1 Gemeinschaftsbadezimmer nur mit Dusche, 1 zusätzliches WC • **Anlage:** Restaurant, Sitzecke • **Kreditkarten:** AE, DC, MC, V
Behinderte: nicht geeignet • **Tiere:** erlaubt • **Geschlossen:** Januar; das Restaurant ist mittwochs geschlossen • **Besitzer:** Mario Bruzzese und Giuliano Padouan

VENEDIG

LAGUNENINSELN

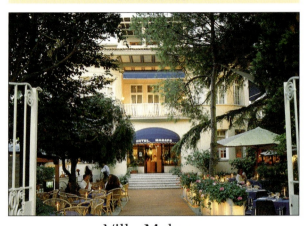

Villa Mabapa
～ Hotel am Meer, Lido ～

Riviera San Nicolò 16, Lido, 30126 Venezia
Tel 041 5260590 **Fax** 041 5269441
E-mail info@villamabapa.it **Website** www.villamabapa.it

Die Villa Mabapa liegt in einem ruhigen Garten mit Blick auf die Lagune und zählt zu den beliebtesten Hotels am Lido. Ein Gast, der das Hotel kürzlich für uns besuchte, zeigte sich jedoch wenig begeistert: Das Personal am Empfang und die Geschäftsleitung seien kühl und herablassend, der Einrichtung fehle es an Eleganz, das Essen sei banal. (Das Hotel ist Teil der Best Western-Kette, die im Allgemeinen für einen hohen Standard garantiert.)
Die Villa ist in den 1930er Jahren als Familiensitz erbaut worden und verfügt über einen hohen Gemeinschaftsraum und einige Zimmer im traditionellen Stil. Die besten befinden sich im ersten Stock. Das Zimmer unseres Gastes war zwar sehr hübsch, mit großen Fenstern und Blick auf die Lagune, aber dennoch lieblos eingerichtet und etwas karg. Die neun Zimmer im Anbau sind zwar erst vor kurzem renoviert worden, aber ebenfalls langweilig. Seit einiger Zeit gehört auch die Villa nebenan zum Hotel; dort stehen weitere neun Zimmer zur Verfügung. Auf der Rückseite des Hauptgebäudes befindet sich ein Garten, in den man vom Speiseraum aus blickt; am besten isst man jedoch auf der Terrasse, auf der man die wunderschönen Sonnenuntergänge beobachten kann. Der Name des Hotels setzt sich aus den ersten Silben der Wörter *mamma*, *bambino* und *papà* zusammen.

～

Umgebung: Venedig; Laguneninseln • **Lage:** auf der Lagunenseite des Lido, 15 Minuten zu Fuß vom Anlegeplatz Santa Maria Elisabetta, in Gärten gelegen, mit Parkplatz • **Vaporetto:** San Nicolò (hält nicht immer!), Santa Maria Elisabetta oder Wassertaxi • **Mahlzeiten:** Frühstück, Mittag- und Abendessen • **Preise:** €€€€ **Zimmer:** 69; 53 Doppel- und Zweibettzimmer, 15 Einzelzimmer, 1 Suite, alle mit Bad oder Dusche; alle Zimmer mit Telefon, TV, Klimaanlage, Fön, Safe • **Anlage:** Aufenthaltsraum, Frühstücksraum, Speiseraum, Bar, Aufzug, Terrasse, Garten **Kreditkarten:** AE, DC, MC, V • **Behinderte:** einige Zimmer im Erdgeschoss geeignet **Tiere:** erlaubt • **Geschlossen:** nie • **Besitzer:** Signor Vianello

Venedig

Cipriani
Resorthotel, Giudecca

Giudecca 10, 30133 Venezia
Tel 041 5207744
Fax 041 5207745
E-mail info@hotelcipriani..com
Website www.hotelcipriani.com
Mahlzeiten: Frühstück, Mittag-
und Abendessen • **Preise:** €€€€€€
Geschlossen: nie
Geschäftsführer: Natale Rusconi

Über das weltberühmte Cipriani und seine beiden Nebengebäude, den Palazzo Vendramin und den neuen Palazzetto, in denen Suiten mit Butlerservice untergebracht sind, kursieren verschiedene Meinungen. Unserer Meinung nach ist es auf jeden Fall wesentlich überteuert; wenn Ihnen das nichts ausmacht, können Sie sich in diesem Hotel jedoch bestimmt entspannen und seine ruhige Lage und den fantastischen Swimmingpool genießen. Über den Pool erzählte uns ein Gast vor einiger Zeit: »An einem heißen Sommertag haben wir im Cipriani zu Mittag gegessen und – ganz nebenbei – auch eine Menge bezahlt. Als wir fragten, ob unsere kleine Tochter in dem völlig verlassenen Pool schwimmen dürfe, bekamen wir zur Antwort, dass dies verboten sei.«

Des Bains
Hotel am Strand, Lido

Lungomare Marconi 17, Lido,
30126 Venezia
Tel 041 5265921
Fax 041 5260113
E-mail desbains@sheraton.com
Website
www.sheraton.com/desbains
Mahlzeiten: Frühstück, Mittag-
und Abendessen • **Preise:**
€€€€€€ • **Geschlossen:** nie
Geschäftsführer: Giulio Polegato

Obwohl das Hotel streng genommen für diesen Führer zu groß ist, haben wir es dennoch aufgenommen: Das aus der Zeit um 1900 stammende Des Bains ist einfach das beste Hotel am Lido. Die Anlage mit dem blumenübersäten Garten, dem Swimmingpool, der Speiseterrasse und dem Strand mit Bambushütten sucht ihresgleichen. Die Preise sind zwar ausgesprochen hoch; es gibt jedoch auch Sonderangebote, bei denen man bis zu einem Drittel sparen kann. Die eleganten Salons erinnern mit ihren Kronleuchtern und Parkettböden an Viscontis Verfilmung von Thomas Manns Novelle »Tod in Venedig«, die hier entstanden ist. Die vornehme Fin-de-siècle-Atmosphäre blieb erfreulicherweise auch noch nach der Übernahme durch die Sheraton-Kette erhalten.

VENEDIG

Hungaria
Stadthotel, Lido

Gran Viale, Santa Maria Elisabetta 28, 30126 Venezia
Tel 041 2420060 • **Fax** 041 526
4111 • **E-mail** villaparco@
hotelsvenice.com • **Website**
www.hotelvillaparco.com
Mahlzeiten: Frühstück
Preise: €€€€€
Geschlossen: nie
Geschäftsführerin: Signor Bonetto

Nicht nur für Liebhaber des Art-déco-Stils ist das außergewöhnliche Hotel an der Hauptstraße des Lido, des Gran Viale Santa Maria
Elisabetta, empfehlenswert. Im Jahre 1905 erbaut, weist das Gebäude im Neorenaissancestil eine mit bunten Majolikakacheln be-
deckte Fassade auf. Die Zimmer sind überraschenderweise mit Ori-
ginalebenholzmöbeln des berühmten italienischen Designers
Eugenio Quarti ausgestattet. Sie wurden behutsam modernisiert
und mit Klimaanlage, TV, Telefon, Minibar und modernen Bädern
ausgestattet. Dank Signor Bonetto, der kürzlich vom Hotel Metropole (siehe Seite 64) ins Hungaria wechselte, wird hier sicher bald
ein frischer Wind wehen.

La Meridiana
Stadthotel, Lido

Via Lepanto 45, Lido,
30126 Venezia
Tel 041 5260343
Fax 041 5269240
E-mail info@lameridiana.com
Website www.lameridiana.com
Mahlzeiten: Frühstück
Preise: €€€
Geschlossen: Anfang November
bis zum Karneval
Besitzer: Gianluca Regazzo

Obwohl das La Meridiana nicht direkt am Strand liegt, besitzt es
dennoch die gesetzte und angenehm altmodische Atmosphäre eines
Hotels am Meer; es wurde in den 1930er Jahren in rustikalem Stil erbaut, und seitdem hat es sich wenig verändert. Venezianische Marmorfußböden und dunkle, zu drei Vierteln getäfelte Wände sorgen
im Sommer im Erdgeschoss für eine erfrischende Kühle. Im Winter
wirkt es hingegen wesentlich antiquierter. Die Zimmer im Hauptgebäude sind groß und renoviert. Zahlreiche Flügelfenster machen
sie hell und luftig; manche verfügen auch über große Türen, die auf
die Terrasse hinausführen. Neun weitere Zimmer befinden sich in
einem angrenzenden Nebengebäude.

VENEDIG

LAGUNENINSELN

Villa Parco
Stadthotel, Lido

Via Rodi 1, Lido, 30126 Venezia
Tel 041 5260015
Fax 041 5267620
E-mail
villaparco@hotelsvenice.com
Website
www.hotelvillaparco.com
Mahlzeiten: Frühstück, Snacks
Preise: €€€ • **Geschlossen:** nie
Geschäftsführerin: Lea Zollino

Die Villa aus dem 19. Jahrhundert liegt etwas abseits in einem romantischen wilden Garten voller Pappeln, Oleander und Statuen hinter schmiedeeisernen Toren. Trotz ihres bröckelnden Anstrichs sieht sie immer noch beeindruckend aus. Das umliegende Wohngebiet ist nur wenige Minuten zu Fuß von der Uferpromenade entfernt. Die Villa selbst ist im Jugendstil gehalten; die Einrichtung ist größtenteils modern. Die geräumigen Zimmer sind nach Meinung eines Gastes »sauber und bequem«; das Personal fand er »sehr hilfsbereit«. Das Frühstück wird in einem kleinen Raum im Keller und von Mai bis September unter einem Baldachin in dem hübschen Garten serviert.

VENETO

Al Sole
~ Stadthotel ~

Via Collegio 33, 31011 Asolo, Treviso
Tel 0423 951332 **Fax** 0423 951007
E-mail info@albergoalsole.com **Website** www.albergoalsole.com

Die Villa aus dem 16. Jahrhundert genießt eine einmalige Lage auf einem kleinen Hügel an der Piazza Maggiore, der zu einer massiven Festung *(rocca)* führt. Vom Al Sole aus hat man einen wunderschönen Blick auf die mittelalterliche Stadt mit ihren vielen geschäftigen Sträßchen. Die reizvolle originale Fassade des Gebäudes erstrahlt in dunklem Rosa; im Gegensatz dazu hat die dynamische junge Besitzerin Silvia de Checchi das Innere des Hotels äußerst modern eingerichtet.

In fast jedem Zimmer befinden sich weiße, roh verputzte Wände und warme Holzböden, die durch die gewagten Farbkombinationen der Stoffe und Möbel noch besonders hervorgehoben werden. Trotz des kühlen modernen Stils sind auch hier einige Antiquitäten zu finden. Die Zimmer sind individuell eingerichtet und erinnern mit Namen wie »Eleonora Duse« und »Gabriele d'Annunzio« an einige besonders helle Sterne am Firmament Asolos. Das »Eleonora Duse« ist mit bemalten Möbeln eingerichtet, das »Gabriele d'Annunzio« mit verzierten Möbelstücken, die an die Ausstattung einer Kirche erinnern. Die Badezimmer sind teilweise sehr groß und manchmal mit Massageduschen ausgestattet, die nur eine der vielen »4-Sterne-Annehmlichkeiten« darstellen. Seit kurzem gibt es im Hotel ein Restaurant, das »La Terrazza«.

~

Umgebung: Palladiovillen, Possagno (10 km) • **Lage:** an der Piazza Maggiore, privater Parkplatz • **Mahlzeiten:** Frühstück, Abendessen • **Preise:** €€€ • **Zimmer:** 23; 14 Doppel- und Zweibettzimmer, 2 mit Bad, 12 mit Dusche, 8 Einzelzimmer, 2 mit Bad, 6 mit Dusche, 1 Suite mit Bad; alle Zimmer mit Telefon, TV, Klimaanlage, Minibar, Fön, Safe • **Anlage:** Frühstücksraum, Aufenthaltsraum, Speisesaal, Bar, Fitnesscentre, Aufzug, Terrasse • **Kreditkarten:** AE, MC, V • **Behinderte:** 2 speziell ausgestattete Zimmer • **Tiere:** erlaubt • **Geschlossen:** nie • **Besitzerin:** Silvia de Checchi

Veneto

Asolo

Villa Cipriani
~ Ländliche Villa ~

Via Canova 298, 31011 Asolo, Treviso
Tel 0423 523411 **Fax** 0423 952095
E-mail villacipriani@sheraton.com **Website** www.sheraton.com/villacipriani

Das hübsche mittelalterliche Städtchen Asolo ist sicher eines der Juwele des Veneto. Das warme, ockerfarbene Gebäude der Villa Cipriani, eines der besten Hotels der Sheraton-Gruppe, liegt am Rande des Dorfes. Sein täuschend einfacher Eingang führt zu einem einladenden Empfangsbereich, der sofort das Gefühl eines Hotels mit Herz vermittelt. Es verfügt über einen der schönsten Rosengärten der Gegend; das Essen wird auf der Terrasse oder im über dem Tal gelegenen Restaurant serviert. Was die eleganten und bequemen Zimmer angeht, so sollten Sie sich für ein mit »exclusive« bezeichnetes Doppelzimmer mit Aussicht entscheiden. Die mit »superiore« bezeichneten Zimmer sind wenig geräumig und ohne Sitzecken. Zwei der »exklusiven« Doppelzimmer sind mit einer Terrasse ausgestattet.
Die Villa Cipriani ist ein ländliches Hotel, in dem man sich gut entspannen kann: Die Aussicht, der Komfort, der friedvolle Garten und das gute Essen machen es besonders attraktiv. Einige Besucher empfanden das Preis-Leistungs-Verhältnis allerdings als nicht stimmig und fühlten sich von lauten Hochzeitsgesellschaften und anderen, etwas aufdringlichen Gästen in ihrer Ruhe gestört.

~

Umgebung: Palladiovillen; Possagno (10 km) • **Lage:** im Nordwesten des Dorfes; mit Garage • **Mahlzeiten:** Frühstück, Mittag- und Abendessen • **Preise:** €€€€€€ **Zimmer:** 31; 29 Doppel- und Zweibettzimmer, 2 Einzelzimmer, alle mit Bad; alle Zimmer mit Telefon, TV, Klimaanlage, Minibar, Fön • **Anlage:** Aufenthaltsraum, Speiseraum, Bar, Tagungsraum, Aufzug, Terrasse, Garten • **Kreditkarten:** AE, DC, MC, V • **Behinderte:** Zugang schwierig • **Tiere:** erlaubt **Geschlossen:** nie **Besitzer:** Hermann Gatti

Veneto

Il Castello
~ Agriturismo ~

Via Castello 6, 36021 Barbarano, Vicenza
Tel 0444 886055 **Fax** 0444 777140
E-mail castellomarinoni@tin.it **Website** www.castellomarinoni.it

Das »Castello« verdankt seinen Namen der hübschen Villa Godi-Marinoni aus dem 17. Jahrhundert, die auf den Ruinen einer alten Burg gebaut worden ist, die oberhalb des mittelalterlichen Dorfes Barbarano liegt. Das Anwesen umfasst einen Garten aus der Renaissance und einen Zitronengarten, in dem die Zitronenbäume in einer Reihe von Terrakottatöpfen stehen. Im Süden schließt sich der Weinberg der Familie an; auch Grappa, Olivenöl und Honig werden in eigener Produktion hergestellt.

Betritt man das Castello durch das steinerne Tor und den mit Kopfsteinpflaster bedeckten Weg, befindet sich die Villa der Familie auf der rechten Seite und das Gästehaus geradeaus, gegenüber einem großen Innenhof. In der angrenzenden umgebauten Scheune finden Konzerte, Ausstellungen und Hochzeitsgesellschaften statt; auch die Gäste können sich dort treffen und ein gemütliches Schwätzchen halten.

Es gibt vier separate Appartements, die man jeweils nur wochenweise mieten kann und in denen bis zu fünf Personen wohnen können (mindestens aber zwei). Jedes Appartement verfügt über eine voll ausgestattete Küche und ein Bad. Die hellen und luftigen Zimmer mit ihren marmornen Fußböden wirken trotz der alten Familienmöbelstücke ein wenig spartanisch.

~

Umgebung: Vicenza (22 km); Padua (32 km); Verona (34 km) • **Lage:** im Süden Barbaranos, im Dorf als »Il Castello« ausgeschildert; eigene Anlage mit sicherem Parkplatz • **Mahlzeiten:** keine • **Preise:** € • **Zimmer:** 4 Appartements mit Küche und Bad für bis zu 5 Personen • **Anlage:** Garten, Laden mit Waren aus eigener Produktion • **Kreditkarten:** keine • **Behinderte:** Zugang möglich • **Tiere:** nicht erlaubt • **Geschlossen:** nie • **Besitzer:** Lorenzo Marinoni und Familie

VENETO

FOLLINA

Villa Abbazia
◈ Stadthotel ◈

Via Martiri della Libertà, 31051 Follina, Treviso
Tel 0438 971277 **Fax** 0438 970001
E-mail info@hotelabbazia.it **Website** www.hotelabbazia.it

Das Hotel besteht aus zwei Gebäuden: einem Palazzo aus dem 17. Jh. und einer angrenzenden bezaubernden kleinen Jugendstil-Villa. Einrichtungsstandard und Komfort sind in beiden Gebäuden außergewöhnlich hoch – selten haben wir Hotelbesitzer (ein Geschwisterpaar) getroffen, die sich mehr um ihre Gäste gekümmert haben. Heute ist das Abbazia ein Relais-&-Châteaux-Hotel. Die Lobby und der Frühstücksraum mögen mit ihren bonbonfarbenen, rosenübersäten Wänden, den dekorierten Tischen und dem Porzellan mit Blumenmuster ja etwas überladen sein – die Zimmer werden Sie aber auf keinen Fall enttäuschen. Jedes ist individuell mit viel Eleganz und Liebe eingerichtet. Die Zimmer haben eigene Balkons (ohne Aufpreis). Am schönsten ist jedoch die Villa mit ihrem Säulenportikus, den Verzierungen an der Fassade und der eleganten Treppe. Die Zimmer sind mit wunderschönem Parkett und Stilmöbeln ausgestattet. Das Restaurant des Hotels, das »La Corte«, ist mit seinen Steinwänden und Säulen ebenfalls schön eingerichtet. Ein Wandgemälde zeigt die landschaftlichen Höhepunkte der Umgebung. Zu allem Überfluss gibt es ein gutes Restaurant in der Nähe: das »Da Gigetto« in Miane, das über einen ausgezeichneten Weinkeller verfügt. Die Zanons haben mittlerweile ein zweites Hotel eröffnet, das »Dei Chostri« gleich gegenüber (siehe Seite 106).

◈

Umgebung: Kloster aus dem 11. Jh.; Palladiovillen; Asolo (20 km) • **Lage:** im Zentrum der Stadt, gegenüber dem Kloster; mit Parkplatz • **Mahlzeiten:** Frühstück, Mittagessen, Abendessen, Zimmerservice • **Preise:** €€€ • **Zimmer:** 18; 11 Doppel- und Zweibettzimmer, 7 Suiten, alle mit Dusche, Bad oder Jacuzzi; alle Zimmer mit Telefon, TV, Fön und Safe; 12 mit Klimaanlage • **Anlage:** Frühstücksraum, Aufenthaltsraum, Speiseraum, Teesalon, Terrasse, Garten, Garage, Fahrräder **Kreditkarten:** AE, DC, MC, V • **Behinderte:** nicht geeignet • **Tiere:** erlaubt **Geschlossen:** Januar **Besitzer:** Familie Zanon

Veneto

Hotel dei Chiostri
~ Stadthotel ~

Piazza del Municipio 20, 31051 Follina, Treviso
Tel 0438 971805 **Fax** 0438 974217
E-mail info@hoteldeichiostri.com **Website** www.hoteldeichiostri.com

Nachdem Giovanni Zanon und seine Schwestern ihr bezauberndes Hotel Villa Abazzia (siehe Seite 105) von Grund auf neu gestaltet hatten, eröffneten sie nun direkt gegenüber ein zweites Haus in dieser ruhigen, von Weinbergen umgebenen Stadt auf einem Hügel. Es ist ein ungewöhnlicher Standort für zwei Luxushotels, und die Besucher sind hin und her gerissen angesichts dieser Wahlmöglichkeiten. Beide Hotels sind elegant und werden mit freundlicher Professionalität geführt, aber während das Abazzia verspielt-feminin wirkt, ist das auf den Ruinen eines Klosters erbaute und direkt neben einer Abtei aus dem 11. Jahrhundert gelegene Hotel dei Chiostri bedeutend sachlicher eingerichtet und zieht Geschäftsleute ebenso an wie Touristen.

Egal, welche Wahl Sie treffen, Sie bekommen auf jeden Fall ein ausgezeichnetes Preis-/Leistungsverhältnis. Die 15 Hotelzimmer wurden sehr geschmackvoll ausgestattet von Ivana, die wirklich einen Blick für Farben und Details hat. Obwohl die Zimmer unterschiedlich sind, finden sich überall kühne Farbzusammenstellungen, breite Schreibtische, große, bequeme Betten, hübsche Badezimmer und modernste Technik. Im Chiostri gibt es nur Frühstück, das in einem schönen, in Gelb gehaltenen Raum im Erdgeschoss serviert wird; Mittag- und Abendessen können in dem eleganten Restaurant des Abazzia, »Il Corte«, eingenommen werden. Unterhalb des Hotels befindet sich eine überwachte Parkgarage für die Autos der Gäste.

Umgebung: Abtei aus dem 11. Jahrhundert; Palladio-Villen; Asolo (20 km) • **Lage:** im Stadtzentrum neben der Abtei; Parkgarage • **Mahlzeiten:** Frühstück; Zimmerservice • **Preise:** €€€ • **Zimmer:** 15; 8 Doppelzimmer mit Bad, 7 Juniorsuiten mit Whirlpool; alle Zimmer mit Telefon, TV, Klimaanlage, Minibar, Fön, Safe • **Anlage:** Frühstücksraum, Lift, Garage • **Kreditkarten:** AE, DC, MC, V • **Behinderte:** Zugang möglich • **Tiere:** nicht erlaubt • **Geschlossen:** nie • **Besitzer:** Familie Zanon

Veneto

Foresteria Serègo Alighieri

~ Appartements in ländlicher Villa ~

37020 Gargagnago di Valpolicella, Verona
Tel 045 7703622 **Fax** 045 7703523
E-mail serego@seregoalighieri.it **Website** www.seregoalighieri.it

1353 kaufte der Sohn des berühmten Dichters Dante Alighieri, der in Verona im Exil lebte, die Casal dei Ronchi, in der seine direkten Nachkommen fortan lebten. Heute produziert das blühende Anwesen, das von Conte Pieralvise Serego Alighieri geführt wird, hauptsächlich Valpolicellaweine, deren Ruf sich in den letzten Jahren deutlich gebessert hat, Olivenöl, Balsamicoessig, Honig, Konfitüren und Reis. Der Familiensitz ist ein hübsches ockerfarbenes Gebäude, dessen streng angelegte vordere Gärten die Weinhänge überblicken. Dahinter liegen die ehemaligen Stallungen, die in acht wunderschöne Appartements umgewandelt worden sind, in denen zwei bis vier Personen übernachten können. Jedes Appartement verfügt über eine glänzende Chromküche, Möbel im Landhausstil und marmorne Bäder. Appartement Nummer 8 liegt in einem schlanken Turm; Das winzige Wohnzimmer, die kleine Küche und die Schlafzimmer sind alle durch Treppen miteinander verbunden. Hinter einem Holzverschlag am Bett ist ein kleines Fenster versteckt. Appartement Nummer 1 mit seinem großen Esstisch und den eleganten Stühlen ist das geräumigste. Im Frühstücksraum im Erdgeschoss hängen alte Familienfotos. Ab acht Personen können Weinverkostungen arrangiert werden. In der Nähe gibt es einige gute Restaurants.

~

Umgebung: Verona (18 km); Gardasee (14 km) • **Lage:** an der Straße von Pedemonte nach San Ambrogio, ausgeschildert; 18 km nordöstlich von Verona; in eigener großzügiger Anlage mit großem Parkplatz • **Mahlzeiten:** Frühstück
Preise: Appartements (2 bis 4 Personen): €€€ pro Nacht; wochenweises Mieten möglich • **Zimmer:** 8 Appartements für 2, 3 oder 4 Personen; alle mit Küche, Bad mit Dusche, Telefon, TV, Klimaanlage • **Anlage:** Rezeption, Frühstücksraum, Terrasse, Tagungsraum, Laden, der Produkte aus eigener Herstellung verkauft
Kreditkarten: AE, DC, MC, V • **Behinderte:** nicht geeignet • **Tiere:** erlaubt
Geschlossen: Januar • **Besitzer:** Conte Pieralvise Serego Alighieri

Veneto

Alla Grotta

~ Gästehaus in der Stadt ~

Via Fontana 8, 37017 Lazise, Verona
Tel & Fax 045 7580035

Das hübsche und bunte Fischerdorf Lazise ist ein idealer Ausgangspunkt, um den nahe gelegenen Gardasee und Verona zu erkunden.
Weniger bekannt als Sirmione, hat es aufgrund seiner Fischrestau-
rants dennoch einen ausgezeichneten Ruf. Eines der Restaurants ist
das Alla Grotta, ein ockerfarbenes Gebäude, das wunderschön an
einem kleinen Hafen liegt, von dem aus man Fahrten auf dem See
unternehmen kann.
In dem reizvollen geräumigen Speiseraum mit seinen rustikalen
Steinwänden und dem *forno al legno,* auf dem frischer Fisch gegrillt
wird, kann man gegrillte Sardinen, Seebarsch und ausgezeichnete Salate genießen. Das Restaurant macht den Hauptbestandteil des Alla
Grotta aus, das sich in Familienbesitz befindet und von Mitgliedern
der Familie Barato geführt wird. Im ersten Stock gibt es jedoch auch
14 hübsche, gepflegte Zimmer, die in der Hochsaison sehr gefragt
sind (frühzeitiges Buchen empfiehlt sich). Es sind Standardhotel-
zimmer ordentlicher Größe, die mit ein wenig Phantasie und hier
und da einem Möbelstück im Landhausstil eingerichtet sind. Die
zwei Suiten sind erheblich aufwändiger eingerichtet und verfügen
über einen Blick über den Gardasee. Leider gibt es keinen Aufenthaltsraum für die Gäste. Über Berichte würden wir uns freuen.

Umgebung: Sirmione (11 km); Peschiera del Garda (8 km); Verona (22 km) • **Lage:**
im Zentrum der Stadt, am Hafen • **Mahlzeiten:** Frühstück, Mittag- und Abendessen • **Preise:** € • **Zimmer:** 14; 12 Doppelzimmer, 2 Suiten, alle mit Dusche oder
Bad; alle Zimmer mit Telefon, TV • **Anlage:** Speiseraum, Terrasse, Bar • **Kreditkarten:** MC, V • **Behinderte:** Zugang schwierig • **Tiere:** nicht erlaubt • **Geschlossen:**
Mitte Dezember bis Mitte Februar; Restaurant dienstags • **Besitzer:** Familie Barato

VENETO

LEVADA

Gargan
～ Agriturismo ～

Via Marco Polo 2, Levada di Piombino Dese, Padova
Tel 049 9350308 **Fax** 049 9350016
E-mail gargan@gargan.it **Website** www.gargan.it

Das typische, abseits gelegene Bauernhaus ist von außen nicht besonders anziehend. Im Garten macht sich ein Esel lautstark bemerkbar. Als wir das Gargan betraten, ahnten wir nicht, welche außergewöhnliche Eleganz uns im Inneren erwartet. Im Erdgeschoss befindet sich ein Gang mit kühlen weißen Wänden und Deckenbalken in blassem Grün sowie fünf miteinander verbundene Speisezimmer. Die Räume mit ihren zarten Spitzenvorhängen, den Balkendecken und Gemälden sind ausschließlich mit Antiquitäten ausgestattet. Als wir an einem Sonntag eintrafen, gab es gerade Mittagessen, und jeder Tisch war tadellos mit einem weißen Tischtuch, feinem Porzellan und glänzendem Silber gedeckt; im Kamin prasselte ein offenes Feuer.

Zum Kochen benutzt man fast ausschließlich Zutaten aus eigener Herstellung. Um das Essen kümmert sich Signora Calzavara, die auch ein echt amerikanisches Frühstück und andere Gerichte auf Wunsch serviert. Die sechs Zimmer sind ausgesprochen reizvoll. Auf den Böden liegen Läufer, die Bettgestelle sind aus Schmiedeeisen und die Möbel aus feinem Walnussholz. Wenn Sie kein Italienisch sprechen, sollten Sie lieber per E-mail oder Fax buchen.

～

Umgebung: Palladiovillen; Venedig (20 km); Padua (26 km) • **Lage:** 20 km nördlich von Venedig; in Levada die Via Carducci gegenüber der Kirche nehmen und links in die Via Marco Polo einbiegen; mit eigenem Garten und großem Parkplatz
Mahlzeiten: Frühstück, Mittag- und Abendessen • **Preise:** € • **Zimmer:** 6; 4 Doppel- und Zweibettzimmer, 2 Familienzimmer, alle mit Dusche; alle Zimmer mit TV
Anlage: Speiseräume, Sitzecken, Garten • **Kreditkarten:** keine **Behinderte:** Zugang schwierig • **Tiere:** nicht erlaubt • **Geschlossen:** Januar, August • **Besitzer:** Familie Calzavara

VENETO

MALCESINE

Bellevue San Lorenzo

〜 Hotel am See 〜

Loc. Dosde Feri, 37018 Malcesine, Lago di Garda, Brescia
Tel 0457 401598 **Fax** 0457 401055
E-mail info@bellevue-sanlorenzo.it **Website** www.bellevue-sanlorenzo.it

Ein begeisterter Stammgast des Bellevue San Lorenzo machte uns auf dieses Hotel am Gardasee aufmerksam; über die große Anzahl an Zimmern und Pauschalreisenden sollten wir hinwegsehen und uns stattdessen auf die Qualitäten des Seehotels konzentrieren.

Das Hotel liegt an der Hauptstraße vor Malcesine (etwas fußgängerunfreundlich, da kein Bürgersteig vorhanden ist) und verfügt über einen eigenen Zugang zum Lungolago. Es besteht aus der Hauptvilla mit den Gemeinschaftsräumen und – in einem Nebengebäude – dem neueren Restaurant mit weiteren Zimmern. Zusätzliche, weniger ansprechende Zimmer sind auf die Villen in den üppigen Gärten mit modernen Skulpturen verteilt. Die Zimmer sind komfortabel, wenn auch unauffällig. Sowohl in den älteren als auch in den neueren Gebäuden ist zeitgenössische Kunst ausgestellt.

Besonders gut hat uns jedoch die Freundlichkeit des Personals gefallen; tief beeindruckt waren wir von den Mitarbeitern an der Rezeption, die mehrere Sprachen sprechen und alles tun, damit der Gast sich wohl fühlt. Das Anwesen ist sehr hübsch, auf der Sonnenterrasse am Pool vergeht die Zeit wie im Fluge. Das Essen ist von wechselhafter Qualität, kann jedoch sehr gut sein. Und schließlich spricht die Rechnung, die man am Ende seines Aufenthalts bekommt, eindeutig für das Hotel.

〜

Umgebung: Fähren zu den Orten rund um den Gardasee • **Lage:** auf einem Hügel, 1 km von Malcesine entfernt • **Mahlzeiten:** Frühstück, Mittagessen, Abendessen **Preise:** €€ • **Zimmer:** 50; 46 Doppel- und Zweibettzimmer, 1 Suite, 3 Juniorsuiten, alle mit Bad; alle Zimmer mit Telefon, TV, Klimaanlage, Minibar, Safe, Fön **Anlage:** Aufenthaltsraum, Speiseraum, Bar, Aufzug, Terrasse, Garten, Swimmingpool, Wellnesscentre, Enothek • **Kreditkarten:** AE, DC, MC, V • **Behinderte:** keine entsprechenden Einrichtungen • **Tiere:** nicht erlaubt • **Geschlossen:** November bis April • **Besitzer:** Ruggiero Togni

VENETO

MIRA PORTE

Villa Franceschi
≈ Ländliches Hotel in Villa ≈

Via Don Minzoni 28, 30034 Mira Porte, Venezia
Tel 041 4266531 **Fax** 041 5608996
E-mail info@dalcorsohotellerie.com **Website** www.dalcorsohotellerie.com

Das Villa Franceschi ist der neueste Betrieb der geschäftigen Familie Dal Corso, deren anderes Hotel in Mira Porte, Villa Margherita (siehe Seite 113), von jeher einen Stammplatz in diesem Führer hat. Luxuriöser und romantischer als das ältere, besteht dieses Hotel aus zwei Gebäuden aus dem 16. Jahrhundert, die über viele Jahre von der Familie mit größter Sorgfalt restauriert wurden und in einem reizvoll gestalteten Garten liegen. Im Hauptgebäude »Barchessa« sind Rezeption, Frühstücksraum und Tagungsräume sowie 16 Hotelzimmer untergebracht, und gegenüber dem »Campiello«, der Terrasse, die im Sommer einen lebhaften Treffpunkt bildet, liegt das »Padronale«, eine kleine, hinreißende Palladio-Villa mit neun Zimmern. Hinter den mehrere Meter hohen Doppeltüren beeindrucken die Proportionen der Diele, und die davon abgehenden hohen Räume sind ähnlich prachtvoll.

Obwohl es etwas weniger Flair hat, ist das Hauptgebäude ausgesprochen komfortabel. Einladende Sessel und Sofas füllen die große Lounge an der Rezeption, wo aktuelle Tageszeitungen in mehreren Sprachen für die Gäste bereit liegen. Neben dem lichtdurchfluteten Frühstücksraum befindet sich hier auch ein Tagungsraum für bis zu 100 Personen (da regelmäßig Seminare stattfinden, rufen Sie besser vorher an, wenn Sie diese Termine umgehen wollen). Das Restaurant der Familie, das »Margherita«, ist ganz in der Nähe.

≈

Umgebung: Venedig (10 km); Padua (20 km) • **Lage:** am Ufer der Brenta in Mira Porte am östlichen Ortsende; mit eigenem großem Parkplatz • **Mahlzeiten:** Frühstück; Mittag- und Abendessen im Ristorante »Margherita« **Preise:** €€ • **Zimmer:** 25; 19 Doppel- und Zweibettzimmer, 6 Suiten, 22 mit Bad, 3 mit Dusche; alle Zimmer mit Telefon, TV, Klimaanlage, Minibar, Fön, Safe • **Anlage:** Aufenthaltsraum, Bar, Frühstücksraum, Restaurant (1 km entfernt), Lift, Terrasse, Garten • **Kreditkarten:** AE, DC, MC, V • **Behinderte:** 2 Zimmer mit besonderen Einrichtungen **Tiere:** erlaubt • **Geschlossen:** nie • **Besitzer:** Familie Dal Corso

VENETO

MOGLIANO

Villa Condulmer
∾ Villa auf dem Land ∾

Via Preganziol 1, 31020 Mogliano Veneto, Treviso
Tel 041 5972700 **Fax** 041 5972777
E-mail info@hotelvillacondulmer.com **Website** www.hotelvillacondulmer.com

Eine Übernachtung in dieser eindrucksvollen Villa aus dem 18. Jahrhundert kostet nicht mehr als eine Nacht in einem Drei-Sterne-Hotel im 20 Minuten entfernten Venedig.

Die quadratische Villa Condulmer wird von Nebengebäuden flankiert und liegt in einem von Sebatoni entworfenen Miniaturpark. Beim Betreten des Gebäudes wird man von der Vielfalt der Zimmer und Einrichtungsgegenstände fast erschlagen. Die riesige Eingangshalle ist mit barockem Stuck in unaufdringlichen Farben und mit Wandgemälden verziert. Zwei ungewöhnlich große Muranoglas-Kronleuchter hängen von der hohen Decke, doch bequeme Sessel laden hier nicht nur zum Bewundern, sondern auch zum Ausruhen ein. Zwei Flügel zeugen von Verdis Besuchen in der Villa; der etwas baufälligere gehörte ihm selbst, der andere ist eine Kopie. Der Speiseraum (»köstliches Essen«) ist in beruhigendem Blassgrün und Weiß gehalten, auch die gemütliche kleine Bar ist stuckverziert. Am exotischsten und teuersten sind die Suiten im Obergeschoss; die Doppelzimmer in der Hauptvilla sind mit leuchtendem Seidendamast ausgestattet. Am besten haben uns jedoch die etwas zurückhaltenderen Zimmer im Nebengebäude gefallen; dort garantieren die Ruhe und der Frieden, die bequemen Betten und die schweren Leinendecken einen erholsamen Schlaf.

Umgebung: Palladio-Villen; Venedig (18 km) • **Lage:** 12 km südlich von Treviso, nördlich der Straße nach Mogliano Veneto; eigenes Grundstück mit großem Parkplatz • **Mahlzeiten:** Frühstück, Abendessen • **Preise:** €€€€ • **Zimmer:** 43 Doppel-, Zweibett-, Einzelzimmer und Juniorsuiten, 8 Appartements, alle mit Bad oder Dusche; alle Zimmer mit Telefon, TV, Klimaanlage, Minibar, Fön • **Anlage:** Frühstücksraum, Bar, Aufenthaltsräume, Tagungsraum, Fernsehraum, Speiseräume, Garten, Swimmingpool, Tennisplätze, 9- und 18-Loch-Golfplatz • **Kreditkarten:** AE, DC, MC, V • **Behinderte:** Zugang schwierig • **Tiere:** erlaubt • **Geschlossen:** nie
Besitzer: Davide Zuin

VENETO

MIRA PORTE

Villa Margherita
≈ Villenhotel ≈

Via Nazionale 416, 30034 Mira Porte, Venezia
Tel 041 4265800 **Fax** 041 4265838
E-mail info@dalcorsohotellerie.com **Website** www.dalcorsohotellerie.com

Die ländliche Villa liegt im Hinterland Venedigs an den Ufern der Brenta gegenüber eines flachen Industriegebiets; doch sie bietet Ruhe, Abgeschiedenheit, viel Platz und stellt einen idealen Ausgangspunkt für Ausflüge nach Venedig dar, das nur zehn Kilometer entfernt ist.

Die Villa Margherita wurde im 17. Jahrhundert als Adelslandsitz gebaut und ist seit 1987 ein Hotel der Romantik-Gruppe. Die meisten Besucher sind beeindruckt vom Standard der Möblierung und vom Service: »Nicht billig, aber sein Geld wert«, wie uns ein Gast schrieb. Der Frühstücksraum in Gelb und Blau ist wunderbar hell; seine französischen Türen öffnen sich zum Garten hin. Das Wohnzimmer ist mit Wandgemälden geschmückt (eines stellt in der Brenta badende Nymphen dar), verfügt über einen offenen Kamin sowie einige wunderschöne Lampen, Vasen und Uhren. Auf den unglaublich gemütlichen Zimmern stehen jeden Tag frisches Obst und frische Blumen; die schönsten Zimmer gehen direkt zur Frühstücksterrasse hinaus. Die treibende Kraft hinter dem Hotel und dem renommierten Restaurant (200 Meter entfernt, an einer Furcht erregenden Straße, auf Meeresfrüchte spezialisiert), ist zweifelsohne die Familie Dal Corso; vor kurzem hat sie ganz in der Nähe ein neues Deluxe-Hotel (Villa Francheschi, siehe Seite 111) eröffnet.

≈

Umgebung: Venedig (10 km); Padua (20 km) • **Lage:** an den Ufern der Brenta bei Mira Porte am östlichen Ende von Mira; eigenes Grundstück mit großem Parkplatz • **Mahlzeiten:** Frühstück; Mittag- und Abendessen im »Margherita« **Preise:** €€€ • **Zimmer:** 19; 18 Doppel- und Zweibettzimmer, 3 mit Bad, 15 mit Dusche, 1 Einzelzimmer mit Dusche; alle Zimmer mit Telefon, TV, Klimaanlage, Minibar, Fön **Anlage:** Frühstücksraum, Aufenthaltsraum, Bar, Restaurant (200 m entfernt), Terrasse, Garten, Joggingstrecke • **Kreditkarten:** AE, DC, MC, V • **Behinderte:** mehrere Zimmer im Erdgeschoss geeignet • **Tiere:** erlaubt • **Geschlossen:** nie • **Besitzer:** Familie Dal Corso

VENETO

MODOLO

Fulcio Miari Fulcis
∽ Agriturismo ∽

Località Modolo, 32124 Castion, Belluno
Tel & Fax 0437 927198
E-mail miari@dolomiti.com **Website** www.dolomiti.com/miari

Das Dörfchen Modolo ist hauptsächlich wegen der wunderschönen Villa Miari aus dem 16. Jahrhundert bekannt, die man in dieser ländlichen Gegend gar nicht erwartet hätte. Ganz in der Nähe der Villa wohnt Fulcio Miari Fulcis, der Neffe des jetzigen Besitzers der Villa. Das Fulcio Miari Fulcis ist ein Zuhause wie aus dem Bilderbuch: Im Winter stapelt sich draußen das Feuerholz, im Sommer hängt bunte Bettwäsche in den Fenstern zum Lüften, und überall sind Kinder und Haustiere zu sehen. Es gibt einen Flipperautomaten und einen Platz zum Grillen. Fulcio ist als Skilehrer im nahe gelegenen Nevegàl tätig, besitzt auch Pferde und organisiert Reitausflüge für seine Gäste.

Das hübsche Bauernhaus ist typisch für die Gegend: Das zweistöckige Hauptgebäude wird von einem breiten, dreistöckigen Turm überragt, der für die Gäste reserviert ist. Die Zimmer mit ihren vielen Sesseln, Ottomanen und fröhlich gemusterten Bezügen sind sehr gemütlich. Die Chancen, ein riesiges handgeschnitztes Pfostenbett aus Thailand zu bekommen, stehen sechs zu eins. Die Zimmer sind mit rustikalen Deckenbalken, Holzböden und alten Türen ausgestattet. Große, holzgerahmte Fenster geben den Blick auf die umliegenden Berge frei.

∽

Umgebung: Belluno (7 km); Nevegàl-Skigebiet (10 km) • **Lage:** Folgen Sie von Belluno aus den Schildern nach Nevegàl; biegen Sie hinter Castion nach Modolo ab; das Haus befindet sich rechter Hand • **Mahlzeiten:** Frühstück • **Preise:** €
Zimmer: 6; 4 Doppel- und Zweibettzimmer, 2 Familienzimmer, 3 Gemeinschaftsbäder • **Anlage:** Frühstücksraum, Aufenthaltsraum, Sauna, Grill, Garten, Reitmöglichkeit • **Kreditkarten:** keine • **Kinder:** willkommen • **Behinderte:** nicht geeignet
Tiere: erlaubt • **Geschlossen:** nie • **Besitzer:** Fulcio Miari Fulcis

VENETO

OSPEDALETTO DI PESCANTINA

Villa Quaranta
~ Ländliche Villa ~

Via Brennero, 37026 Ospedaletto di Pescantina, Verona
Tel 045 6767300 **Fax** 045 6767301
E-mail info@villaquaranta.com **Website** www.villaquaranta.com

Ospedaletto verdankt seinen Namen einer kleinen Haltestation auf dem Weg vom und zum Brennerpass; in der aus dem 13. Jahrhundert stammenden Kapelle Santa Maria di Mezza Campagna mit ihren Fresken von Ligozzi stiegen öfter Reisende ab. Die Kapelle steht heute auf der einen Seite des hübschen Innenhofes der Villa Quaranta; die restlichen Gebäude stammen aus dem 17. Jahrhundert. Im Restaurant gibt es eine riesige steinerne Treppe, beeindruckende Fresken an den Wänden, Türen mit Steinbögen und geflieste Böden; trotzdem ist das Ambiente entspannt und das Essen ausgezeichnet.

Das Hotel gehört mittlerweile zur Best Western-Kette, und seit es erstmals in unserem Italienführer erwähnt wurde, hat sich dort viel getan. Einige Zimmer sind hinzugekommen; die neuen sind sehr geräumig, wenn auch gleichförmig, mit luxuriösen Badezimmern, geschmackvollen Möbeln, Messingverzierungen und dicken, flauschigen Teppichen. Es gibt eine Pianobar, einen Swimmingpool, eine Verandabar, einen Schönheits- und Fitnessraum und eine Disko. Letztere trübte den angenehmen Eindruck, den wir von dem Hotel gewonnen hatten, doch ein wenig: Das Brüllen der Motoren der abfahrenden Diskobesucher hielt bis in die frühen Morgenstunden an.

~

Umgebung: Verona (9 km; Minibus zur Arena); Gardasee (12 km) • **Lage:** an der SS12, 15 km nordwestlich von Verona, in eigener Anlage mit großem Parkplatz **Mahlzeiten:** Frühstück, Mittag- und Abendessen • **Preise:** €€€ • **Zimmer:** 70; 59 Einzel-, Doppel- und Zweibettzimmer, 11 Suiten, alle mit Bad; alle Zimmer mit Telefon, TV, Klimaanlage, Minibar, Fön • **Anlage:** Aufenthaltsraum, Speiseraum, Bar, Fernsehzimmer, Swimmingpool, 2 Tennisplätze (1 Hallenplatz), Fitness- und Beautyraum, Tagungsraum, Park mit See • **Kreditkarten:** AE, DC, MC, V • **Behinderte:** Zugang möglich • **Tiere:** nicht erlaubt • **Geschlossen:** das Hotel nie; das Restaurant montags • **Geschäftsführerin:** Michaela Tommasi

Veneto

Pedemonte

Villa del Quar
～ Ländliche Villa ～

Via Quar 12, 37020 Pedemonte, Verona
Tel 045 6800681 **Fax** 045 6800604
E-mail info@villadelquar **Website** www.villadelquar.it

Dieses typische Patrizierhaus liegt im fruchtbaren Valpolicellatal, ist seit einigen Jahren ein Luxushotel und Mitglied der »Relais et Châteaux«-Kette. Besonders beeindruckend sind die Gemeinschaftsräume. Das Wohnzimmer, in dem sich arkadenartige Deckenbalken befinden, ist erfreulich hell, geräumig und elegant. Das Restaurant (mit Michelin-Stern) umfasst zwei Speiseräume mit Spiegeln, venezianischen Leuchten, riesigen Kronleuchtern aus Muranoglas, cremefarbenen, seidenen Tischtüchern und stilvollen Stühlen – ein Ort, an dem man gerne speist. Die Zimmer sind etwas zurückhaltender eingerichtet; in einigen befinden sich hübsche alte Schranktüren. Die geradezu luxuriösen Badezimmer bestehen aus farbenprächtigem Marmor. Wenn Sie eine Suite mieten, sollten Sie diejenige mit eigener Terrasse nehmen, die auch nicht teurer als die anderen Suiten ist.
Im Sommer bedeckt eine weiße Markise die Terrasse, und der makellos saubere Swimmingpool glitzert einladend. Die Lage der Villa ist zwar ruhig, durch die umliegenden Weinberge allerdings nicht sonderlich idyllisch.

～

Umgebung: Verona (11 km); Gardasee (20 km) • **Lage:** Folgen Sie in Pedemonte den Schildern nach Verona und dem Hotel an den Ampeln; nach ca. 1,5 km biegen Sie rechts zum Hotel ab; eigene Anlage mit Parkplatz • **Mahlzeiten:** Frühstück, Mittag- und Abendessen; Zimmerservice • **Preise:** €€€€€ • **Zimmer:** 27; 18 Doppel- und Zweibettzimmer, 9 Suiten, alle mit Bad; alle Zimmer mit Telefon, TV, Klimaanlage, Minibar, Fön, Safe • **Anlage:** Aufenthaltsraum, Restaurant, Frühstücksraum, Bar, Terrasse, Swimmingpool, kleiner Fitnessraum, Tagungsraum **Kreditkarten:** AE, DC, MC, V • **Behinderte:** Zimmer im Erdgeschoss geeignet **Tiere:** erlaubt • **Geschlossen:** Mitte Januar bis Mitte März • **Besitzer:** Evelina Acampora und Leopoldo Montresor

VENETO

PIEVE D'ALPAGO

Dolada
∽ Restaurant mit Gästezimmern ∽

Via Dolada 21, Plois, 32010 Pieve d'Alpago, Belluno
Tel 0437 479141 **Fax** 0437 478068
E-mail dolada@tin.it **Website** www.dolada.it

Vom Alpagotal windet sich eine Straße nach Pieve d'Alpago hinauf und von dort aus immer weiter zu dem Dörfchen Plois. Das Dolada ist ein hübsches Gebäude mit verblichenen apricotfarbenen Wänden, grünen Fensterläden und einem kleinen Garten, von dem aus man die schneebedeckten Berge, den Santa-Croce-See und das gleichnamige Tal sehen kann. Unser Tester fand allein schon das Essen den Weg von Belluno her wert, obwohl er froh war, im Hotel übernachten zu können und die gefährlichen Kurven nach Einbruch der Dunkelheit nicht mehr fahren zu müssen.

Das Dolada ist 1923 erbaut worden und wird seit vier Generationen von der Familie De Prà als Gasthof geführt. Der hochgerühmten Küche (ein Michelin-Stern, ein zweiter ist in der Diskussion) stehen Enzo De Prà und sein Sohn Riccardo vor; seine Frau Rossana, eine professionelle Sommelière, und ihre Tochter Benedetta, deren Mann im Cipriani in Venedig als Barmann arbeitet, kümmern sich vorwiegend um das Hotel und die Gäste. Die modernen Zimmer sind nach dem jeweils dominierenden Farbschema benannt; das rosafarbene ist am Morgen nach einem ausgiebigen Gelage im Restaurant vielleicht etwas anstrengend, aber nach einem langen Spaziergang in den Hügeln mit der wunderbaren Aussicht auf die Umgebung sollte sich das rasch gelegt haben.

∽

Umgebung: Belluno (20 km); Nevegàl-Skigebiet (18 km) • **Lage:** in dem Dorf Plois, ausgeschildert ab Pieve d'Alpago; Parkplatz • **Mahlzeiten:** Frühstück, Mittag- und Abendessen • **Preise:** €€ • **Zimmer:** 7 Doppel und Zweibettzimmer, alle mit Dusche; alle Zimmer mit Telefon, TV • **Anlage:** Speiseraum, Terrasse, Garten **Kreditkarten:** AE, DC, MC, V • **Behinderte:** Zugang zu den Zimmern schwierig **Tiere:** erlaubt • **Geschlossen:** Restaurant montags und Dienstagmittag • **Besitzer:** Familie De Pra

VENETO

SAN VIGILIO

San Vigilio
～ Hotel am See ～

San Vigilio, 37016 Garda, Verona
Tel 045 7256688 **Fax** 045 7256551
E-mail info@punta-sanvigilio.it **Website** www.punta-sanvigilio.it

Das Anwesen befindet sich im Besitz des Conte Agostino Guarienti, der in dem Hauptgebäude, einer Villa aus dem 16. Jh., lebt. Die *locanda* wird von einer Atmosphäre diskreter, jedoch nicht angestaubter Exklusivität bestimmt; unter den Stammgästen befinden sich zahlreiche gekrönte Häupter. Von den Gemeinschaftsräumen hat uns am besten der elegante Speiseraum gefallen, der direkt am See liegt und über einen wunderbar knarzenden Holzboden verfügt. In einer Ecke des Raums steht ein Kachelofen; auf Regalen an den Wänden stehen Teller und Flaschen. Man kann auf der kleinen, überdachten Veranda oder unter großen weißen Sonnenschirmen auf der Terrasse essen. Gleich nebenan befindet sich ein gemütliches kleines Wohnzimmer.

Die sieben Zimmer im Hauptgebäude sind unterschiedlich eingerichtet, obwohl sie alle über wunderschöne Antiquitäten und Stoffbezüge verfügen. Nur eines hat keine Aussicht. Die Zimmer – eigentlich eher Suiten – in den Nebengebäuden sind etwas rustikaler. Am Abend erwacht der Ort zu einem ganz anderen Leben: Die Tagestouristen sind verschwunden, und die Hotelgäste können ungestört auf der Halbinsel spazieren gehen oder gemütlich in einer der mit Weinlaub geschmückten Tavernen sitzen.

～

Umgebung: Garda (2 km); Verona (45 km); Fährservice (4 km) • **Lage:** 2 km westlich von Garda, auf einer Landzunge; Parkplatz 150 m entfernt • **Mahlzeiten:** Frühstück, Mittag- und Abendessen • **Preise:** €€€€€ • **Zimmer:** 14; 11 Doppel- und Zweibettzimmer, 3 Suiten, alle mit Bad oder Dusche; alle Zimmer mit Telefon, TV, Klimaanlage, Minibar, Fön; die meisten Zimmer haben einen Safe
Anlage: Aufenthaltsraum, Speiseraum, Bar, Terrasse, Garten • **Kreditkarten:** AE, DC, MC, V • **Behinderte:** nicht geeignet • **Tiere:** erlaubt • **Geschlossen:** November bis kurz vor Ostern • **Besitzer:** Conte Agostino Guarienti

Veneto

Scorzè

Villa Soranzo Conestabile
∼ Stadtvilla ∼

Via Roma 1, 30037 Scorzè, Venezia
Tel 041 445027 **Fax** 041 5840088
E-mail info@villasoranzo.it **Webiste** www.villasoranzo.it

Die Adelsvilla, die im Zentrum des arbeitsamen Städtchens Scorzè steht, stammt zwar aus dem 16. Jh., ist im 18. Jh. jedoch im klassizistischen Stil umgebaut worden. Aus der ersten Bauphase sind vor allem in Zimmer Nummer 1 noch Freskofragmente der großartigen Veroneser Schule zu sehen. Es gibt wunderschöne Decken und Böden, eine eindrucksvolle doppelläufige Treppe und einen Park im romantischen englischen Stil des frühen 19. Jhs. Die geräumigen Zimmer im ersten Stock sind zwar etwas zu streng, haben jedoch Charakter und erinnern mit ihren großzügigen Proportionen und Stuckmarmorwänden an das 19. Jh. Die Zimmer im zweiten Stock, vormals die Quartiere der Dienerschaft, sind einfacher, aber ebenso geräumig und ganz unterschiedlich eingerichtet.
Als unsere Testerin das Hotel besuchte, war sie zwar mutterseelenallein in dem großen Speisesaal, wurde aber vom familiären Ambiente des Raumes getröstet: Von den Decken hängen kupferne Pfannen, auf den antiken Anrichten stehen Weinflaschen, die Speisekarte ist einfach, aber die angebotenen Gerichte sind köstlich. Andere, zufriedenere Gäste berichteten von einem weitaus freundlicheren Personal.

∼

Umgebung: Riviera del Brenta; Venedig (24 km); Padua (30 km) • **Lage:** in Scorzè, 24 km nordwestlich von Venedig; eigene Anlage mit großem Parkplatz
Mahlzeiten: Frühstück, Abendessen • **Preise:** €€ • **Zimmer:** 20; 14 Doppel- und Zweibettzimmer, 3 Einzelzimmer, alle mit Bad oder Dusche; 3 Suiten; alle Zimmer mit Telefon, TV • **Anlage:** Aufenthaltsraum, Speiseraum, Bar, Frühstücksraum, Konferenzraum, Terrasse, Garten • **Kreditkarten:** AE, DC, MC, V
Behinderte: nicht geeignet • **Tiere:** erlaubt • **Geschlossen:** das Restaurant Samstag und Sonntag • **Besitzer:** Familie Martinelli

Veneto

Gardesana
~ Hotel am See ~

Piazza Calderini 20, 37010 Torri del Benaco, Verona
Tel 045 7225411 **Fax** 045 7225771
E-mail info@hotel-gardesana.com **Website** www.hotel-gardesana.com

Torri del Benaco ist eines der Vorzeige-Fischerdörfchen, die es überall am Ufer des Gardasees gibt, und das Gardesana, das ehemalige
Büro der Hafenmeisterei, ist die Rosine im Kuchen. Es ist ein Genuss, die Fischsuppe auf der wunderschönen Speiseterrasse im ersten Stock zu probieren, von der aus man einen herrlichen Blick auf
die Piazza, die Burg aus dem 14. Jh. und den geschäftigen Hafen hat.
Die schmiedeeiserne Balustrade ist mit einer wahren Flut von Geranien geschmückt, die Tische sind elegant gedeckt, die Kellner tragen
hübsche Uniformen, und das Essen – vor allem der Fisch – ist
einwandfrei. Von diesem Logenplatz aus kann man die Schiffe kommen und gehen sehen und beobachten, wie sich die Farbe des Sees
bei wechselndem Tageslicht verändert.
Wie das Äußere des Hotels mit seinen Steinbögen und Stuckwänden
bereits vermuten lässt, hat das Gebäude eine lange Geschichte. Das
Innere wurde in den letzten Jahren jedoch clever renoviert. Die in
Grün und Weiß gehaltenen Zimmer sind fast alle gleich: sie verfügen über Holzmöbel, weiche Bezüge und eine Menge kleiner Extras.
Wenn möglich, buchen Sie eines der Eckzimmer, die sowohl auf den
See als auch auf die Piazza hinausgehen.

~

Umgebung: Bardolino (11 km); Malcesine (21 km); Gardasee • **Lage:** im Zentrum
der Stadt, am See, in der Fußgängerzone; Hotelparkplatz 150 m entfernt
Mahlzeiten: Frühstück, Abendessen • **Preise:** € • **Zimmer:** 34; 31 Doppelzimmer,
3 Einzelzimmer, alle mit Dusche; alle Zimmer mit Telefon, TV, Klimaanlage (Juli und
August) • **Anlage:** Speiseraum, Bar, Aufzug, Terrasse • **Kreditkarten:** AE, DC,
MC, V • **Behinderte:** keine besonderen Einrichtungen • **Tiere:** nicht erlaubt
Geschlossen: November und Dezember • **Besitzer:** Guiseppe Lorenzini

VENETO

Relais Ca' Masieri

~ Landgasthof mit Gästezimmern ~

Località Masieri, Via Masieri, 36070 Trissino, Vicenza
Tel 0445 490122 **Fax** 0445 490455
E-mail info@camasieri.com **Website** www.camasieri.com

Die Landschaft um das Industriestädtchen Arzignano ist zwar eher langweilig, wird aber immer schöner, je näher man Masieri und seinen weidengesäumten Wiesen kommt. Der Anblick der Ca'Masieri selbst, die sich durch schmiedeeiserne Tore am Ende einer langen Auffahrt als schöne alte Villa mit Fensterläden, Swimmingpool und einer schattigen Terrasse präsentiert, hebt die Stimmung weiter. In unserem Falle sank die Stimmung danach jedoch wieder merklich, als wir feststellen mussten, dass wir zu spät zum Essen gekommen waren. Der Anblick des hübschen kleinen Restaurants mit seinen Fresken aus dem 18. Jh. verstärkte unsere Enttäuschung noch. Wären wir pünktlich gewesen, hätten wir vielleicht den Flusskrebssalat, danach den Kräuterrisotto und dann die Taubenkasserole kosten können …

Die Zimmer befinden sich im angrenzenden Gebäude, das zwar noch seine alten Deckenbalken hat, ansonsten aber modern eingerichtet ist. In zwei Zimmern führt eine Wendeltreppe vom Wohnzimmer zu den Betten im Zwischengeschoss. Alle Zimmer sind mit hübschen Bettbezügen mit William-Morris-Muster, modernen Tischchen und eleganten Badezimmern mit aluminiumfarbenen Wänden ausgestattet.

~

Umgebung: Vicenza (21 km); Verona (49 km) • **Lage:** ab Trissino ist Masieri ausgeschildert, private Zufahrt von der Via Masieri zur Ca' Masieri; großer Parkplatz
Mahlzeiten: Frühstück, Mittag- und Abendessen • **Preise:** €€ • **Zimmer:** 12;
5 Doppelzimmer, 2 Einzelzimmer, 5 Appartements, alle mit Dusche; alle Zimmer mit Telefon, TV, Minibar, Klimaanlage • **Anlage:** Aufenthaltsraum, Bar, Frühstücksraum, Speiseraum, Terrasse, Swimmingpool • **Kreditkarten:** AE, MC, V
Behinderte: nicht geeignet • **Tiere:** erlaubt • **Geschlossen:** nie; Restaurant sonntags, Montagmittag • **Besitzer:** Angelo Vassena

VENETO

VERONA

Gabbia d'Oro

∼ Stadthotel ∼

Corso Portoni Borsari 4a, 37121 Verona
Tel 045 8003060 **Fax** 045 590293
E-mail gabbiadoro@easyasp.it **Website** www.hotelgabbiadoro.it

Dieser Palazzo aus dem 17. Jh. ist heute ein stilvolles und luxuriöses, aber nie pompöses Hotel, das sich einer Liebe zum Detail rühmen kann, die heute nur noch selten anzutreffen ist. Bei Ihrer Ankunft erwartet Sie ein kleines, hübsch verpacktes Geschenk, und das Personal ist so herzlich und tadellos wie das Hotel selbst. Die Gemeinschaftsräume, die man durch massive, goldverzierte Holztüren betritt, sind gleichzeitig bequem und elegant: Es gibt viele Ecken, in denen man sitzen und sich entspannen kann, und die Sofas sind groß und gemütlich. Kleine Lampen tauchen die getäfelte Bar in ein angenehmes Licht, und in der neuen, in Grün und Weiß gehaltenen Orangerie mit Blick zur Terrasse kann man sich gut ausruhen.
Die restaurierten oder den Originalen nachempfundenen Fresken wiederholen sich in den Friesen im Empfangsbereich und in den Zimmern. In fast allen gibt es alte seidene Bettbezüge. Das in Dunkelrot eingerichtete Zimmer Nummer 404 ist mit seinen schrägen Wänden, den Deckenbalken und verwinkelten Nischen so romantisch, dass es normalerweise von Flitterwöchnern bevorzugt wird. Die Preise sind zwar hoch, aber durchaus gerechtfertigt.

∼

Umgebung: Piazza delle Erbe; Loggia del Consiglio; Arena • **Lage:** im mittelalterlichen Zentrum der Stadt, südlich der Porta Borsari; Garagenparkplatz möglich
Mahlzeiten: Frühstück • **Preise:** €€€€€€ • **Zimmer:** 27; 8 Doppel- und Zweibettzimmer, 19 Suiten, alle mit Bad oder Dusche; alle Zimmer mit Telefon, TV, Klimaanlage, Minibar, Fön, Safe • **Anlage:** Frühstücksraum, Aufenthaltsraum, Orangerie, Bar, Tagungsraum, Aufzug, Terrasse • **Kreditkarten:** AE, DC, MC, V
Behinderte: Zugang schwierig • **Tiere:** erlaubt • **Geschlossen:** nie
Besitzerin: Camilla Balzarro

VENETO

VERONA

Torcolo
~ Stadthotel ~

Vicolo Listone 3, 37121 Verona
Tel 045 8007512 **Fax** 045 8004058
E-mail hoteltorcolo@virgilio.it **Website** www.hoteltorcolo.it

Das Torcolo ist ein preisgünstiges Hotel in ausgezeichneter Lage im Herzen des lebhaften Verona. Ein Hotelgast schrieb uns kürzlich: »Seine hervorstechendsten Qualitäten sind die Wärme und Freundlichkeit, mit der man willkommen geheißen wird, und die Hilfsbereitschaft des Personals.« Jedes Zimmer ist individuell im italienischen Stil des 18. Jhs., im Jugendstil oder modern eingerichtet und wesentlich frischer und reizvoller als die meisten Zimmer dieser Preiskategorie. Das unsere war komplett mit Möbeln im Stil des 18. Jhs. bestückt; die weißen Leinenvorhänge und farbenfrohen Patchwork-Tagesdecken bildeten einen hübschen Kontrast dazu. Die keramikgefliesten Badezimmer wirken etwas beengt. Die Zimmer sind zwar doppelt verglast, um den beträchtlichen Straßenlärm (der Menschen, nicht der Autos!) abzuhalten, können aber trotz der Klimaanlagen besonders im Sommer stickig werden. Das Frühstück besteht aus frisch gepresstem Orangensaft, einer guten Auswahl an Brot, Croissants und Joghurt und kann auf dem Zimmer eingenommen werden, was dem beengten kleinen Frühstücksraum auf jeden Fall vorzuziehen ist. Im Sommer wird das Frühstück in dem kleinen Innenhof neben der Straße serviert.

~

Umgebung: Arena; Via Mazzini; Piazza delle Erbe • **Lage:** ganz in der Nähe der Piazza Brà; öffentlicher Parkplatz an der Piazza Cittadella • **Mahlzeiten:** Frühstück **Preise:** €€ • **Zimmer:** 19; 13 Doppel- und Zweibettzimmer, 4 Einzelzimmer, 2 Familienzimmer, 1 mit Bad, 18 mit Dusche; alle Zimmer mit Telefon, TV, Klimaanlage, Fön, Minibar und Safe • **Anlage:** Aufenthaltsraum, Frühstücksraum, Innenhof, Aufzug • **Kreditkarten:** AE, DC, MC, V • **Behinderte:** Zugang schwierig **Tiere:** erlaubt • **Geschlossen:** Ende Januar bis Mitte Februar • **Besitzerinnen:** Silvia Pommari und Diana Castellani

VENETO

Villa Michelangelo
Hotel auf dem Land

Via Sacco 19, 36057 Arcugnano, Vicenza
Tel 0444 550300 • **Fax** 0444 550490 **E-mail** reception@ hotelvillamichelangelo.com
Website www.hotelvillamichelangelo.com
Mahlzeiten: Frühstück, Mittag- und Abendessen • **Preise:** €€€
Geschlossen: nie • **Managerin:** Alessandra Dalla Fontana

Die Villa aus dem 18. Jahrhundert in ruhiger Lage mit weiten Ausblicken und einem Pool mit Schiebeglasdach war früher ein Kapuzinerkolleg, was sich heute noch in dem schlichten Einrichtungsstil zeigt. Den eleganten Speisesaal mit weißen Wänden schmücken eine Balkendecke und funkelnde weiße Muranoglaskronleuchter. Glastüren führen auf die Terrasse, die große Vasen mit duftenden Blumen schmücken. Die Küche bietet fantasiereiche italienische Gerichte. Die Zimmer sind komfortabel, aber wenig spektakulär eingerichtet. Die Badezimmer sind mit großen Marmorwaschbecken ausgestattet. Ein Tunnel verbindet das Hotel mit Konferenzcenter, Pool und Pianobar.

Duse
Stadthotel

Via R. Browning 190, 31011 Asolo, Treviso
Tel 0423 55241
Fax 0423 950404
E-mail info@hotelduse.com
Website www.hotelduse.com
Mahlzeiten: Frühstück
Preise: €€
Geschlossen: manchmal 2 bis 3 Wochen im November
Besitzer: Alessandro Zavattiero

Seinen Namen verdankt das Hotel einer der berühmtesten Einwohnerinnen Asolos, der Schauspielerin und Geliebten D'Annunzios, Eleonora Duse. Das gemütliche kleine Hotel ist fast ausschließlich in Blau und Gelb gehalten und verfügt über eine Wendeltreppe und einen winzigen Frühstücksraum im ersten Stock. Dunkle Holzmöbel, gestreifte Vorhänge und blaue Bettbezüge gehören zur Standardaustattung der Zimmer (bei Drucklegung wurden sie gerade nach und nach renoviert). Die besten Räume sind die Doppelzimmer im vorderen Teil des Gebäudes, die auch über Sitzecken verfügen. Das Geläut des nahe gelegenen Domes kann einem allerdings den frühmorgendlichen Schlaf rauben. Vor einiger Zeit fand ein Besitzerwechsel statt; Berichte sind willkommen.

VENETO

CASTELFRANCO VENETO

Al Moretto
Stadthotel

Via San Pio X 10, 31033 Castel-
franco Veneto, Treviso
Tel 0423 721313
Fax 0423 721066
E-mail albergo.al.moretto@apf.it
Website
www.albergoalmoretto.it
Mahlzeiten: Frühstück
Preise: €€ • **Geschlossen:** nie
Besitzerin: Signora Rigato

Bewunderer des rätselhaf-
ten Künstlers Giorgione werden um seinen Geburtsort Castelfranco Veneto wohl nicht herumkommen. Im Dom hängt Giorgio-
nes Madonna mit Kind, das trotz seiner Beschädigung noch eine
magische Wirkung auf den Betrachter ausübt. Das Al Moretto sieht
zwar modern aus, ist aber die älteste Unterkunft in der ganzen Stadt
und befindet sich seit Generationen in den Händen der gleichen
Familie. Vor einigen Jahren wurde es vergrößert und renoviert; die
Renovierung ist geschmackvoll, aber leider etwas stromlinien-
förmig-komfortabel. In den gut ausgestatteten, in sanften Farben
gestrichenen Zimmern werden Sie sich ebenso wie beim reichhalti-
gen Frühstücksbuffet gut erholen und wohl fühlen.

CAVASO DEL TOMBA

Locanda Alla Posta
Gasthaus in der Stadt

Piazza XIII Martiri 13,
31034 Cavaso del Tomba, Treviso
Tel und **Fax** 0423 543112
Mahlzeiten: Frühstück, Mittag-
und Abendessen
Preise: €
Geschlossen: die ersten zwei Juli-
wochen; Restaurant dienstags,
Mittwochabend
Besitzer: Remo Visentin

Cavaso del Tomba ist ein
weitläufiges Dorf in der Nähe von Possagno, in dem Canova geboren wurde und in dem heute noch seine Gipsoteca (Sammlung von
Gipsmodellen) und sein bizarrer Tempel stehen. Das Alla Posta ist
ein hübsches Gebäude, das irgendwie einem Saloon aus dem Wilden
Westen ähnelt. Es gibt eine Bar, in der sich viele Einheimische treffen, und ein einfaches Restaurant mit überraschend gutem Essen. In
den oberen Stockwerken führen weite und schön dekorierte Trep-
penabsätze zu den Zimmern, die einfach, aber hell, geräumig und
preisgünstig sind. Einige sind modern und praktisch eingerichtet,
andere – besonders Nummer 4 und 6 – sind interessanter mit Möbeln aus dem 18. Jahrhundert ausgestattet.

Veneto

Cortina d'Ampezzo

Menardi
Stadthotel

Via Majon 110, 32043 Cortina
d'Ampezzo, Belluno
Tel 0436 2400
Fax 0436 862183
E-mail info@hotelmenardi.it
Website www.hotelmenardi.it
Mahlzeiten: Frühstück, Mittag-
und Abendessen • **Preise:** €€€
Geschlossen: Oktober bis Mitte
Dezember; April bis Mitte Mai
Besitzer: Familie Menardi

Alte Fotografien zeugen davon, wie sich dieses Hotel im Norden
Cortinas entwickelt hat. Als es 1836 an der Verbindungsstraße zum
Habsburger Kaiserreich gebaut wurde und die Familie Menardi
damit begann, müden Reisenden eine Unterkunft zur Verfügung zu
stellen, wurde das private Gebäude zunächst zur Kutschenstation.
Heute schmücken grüne Holzbalkons und Geranien das weiße,
langgestreckte Haus; es gibt zusätzliche Zimmer unter dem Dach
und ein separates Annexgebäude. Das Ambiente ist von familiärer
Wärme geprägt, und der Service ist tadellos. Der versteckt gelegene
große Garten ist besonders schön.

Costermano

Locanda San Verolo
Landhotel

Località San Verolo,
37010 Costermano, Verona
Tel 045 7200930
Fax 045 6201166
E-mail info@sanverolo.it
Website www.sanverolo.it
Mahlzeiten: Frühstück, Mittag-
und Abendessen
Preise: €€€€€ • **Geschlossen:**
Anfang November bis Februar/
März • **Managerin:** Dagmar Gufler

Dieses Landgut aus dem 18. Jahrhundert liegt sechs Kilometer von
Garda entfernt und war einst im Besitz der Adelsfamilie Pellegrini.
Das Hotel ist die elegantere jüngere Schwester des San Vigilio (siehe
Seite 118), dessen Einrichtungen die Gäste ebenfalls in Anspruch
nehmen können. Zunächst eine simple *osteria*, beschloss der Besitzer vor vier Jahren den Umbau. Das viel gerühmte, stets nicht nur
von den Hotelgästen gut besuchte Restaurant hat pinke Wände, einladende Stühle und einen mit Holz zu beheizenden Ofen. Die Ta-
gesgerichte werden mit Kreide auf eine Tafel geschrieben. Die Zimmer (sechs im Haupt-, sechs in Nebengebäuden) sind mit Sorgfalt
in verschiedenen Farben gestaltet. Es gibt einen Frühstücksraum,
eine Terrasse und einen Pool.

Veneto

Aldo Moro
Restaurant mit Gästezimmern

Via Marconi 27,
35044 Montagnana, Padova
Tel 0429 81351
Fax 0429 82842
E-mail info@hotelaldomoro.com
Website
www.hotelaldomoro.com
Mahlzeiten: Frühstück, Mittag-
und Abendessen • **Preise:** €€
Geschlossen: 2 Wochen im Ja-
nuar, 2 Wochen im August; Re-
staurant montags geschlossen
Besitzer: Sergio Moro

Montagnana ist eine der schönsten Städte im Veneto; die arkaden-
überdachten Straßen werden von einem beeindruckenden mittelalterlichen Wall mit Wassergraben eingeschlossen. Das Aldo Moro
wurde 1940 vom Vater des jetzigen Besitzers eröffnet (nicht der er-
mordete Politiker) und eignet sich sehr gut für einen kurzen Aufenthalt. Die Zimmer mischen Altes und Neues etwas unharmonisch
miteinander, z. B. glänzende schwarze Kopfenden der Betten und
grellrote Sessel. Einige Badezimmer sind groß und mit einladenden
Duschkabinen versehen. Das Restaurant erstreckt sich über mehrere Räume und glänzt mit poliertem Glas und hübschen Servietten.

Villa Giustinian
Ländliche Villa

Via Giustiniani 11,
31019 Portobuffolé, Treviso
Tel 0422 850244
Fax 0422 850260
E-mail info@villagiustinian.it
Website www.villagiustinian.it
Mahlzeiten: Frühstück, Mittag-
und Abendessen • **Preise:** €€€
Geschlossen: 2 Wochen im Ja-
nuar • **Besitzer:** Familie Berto

Das rechteckige weiße Ge-
bäude ist bekrönt von zwei Kaminen, die wie Kerzen in einem Ge-
burtstagskuchen wirken. Es liegt in einem von einer hohen Hecke
umgebenen Park mit Rasenflächen und Statuen. Die Zimmer sind
riesig, deshalb zwar beeindruckend, aber wenig anheimelnd; ebenso
die mit Stuckdecken und Fresken geschmückten Gemeinschaftsräume. Ein Treppe führt auf eine große Galerie, die vom Boden bis
zur Decke freskiert ist. Es gibt acht Suiten im Hauptgebäude und
balkenverzierte Zimmer in den ehemaligen Stallungen. Hier befindet sich auch das Restaurant, in dem exzellente Fischgerichte serviert werden, und die *enoteca,* in der Sie ausgezeichnete Weine ver-
kosten und Snacks einnehmen können.

Veneto

Valle Verde
Agriturismo

Via Fagnini 13, 36020 Pozzolo di
Villaga, Vicenza
Tel 0444 868047/868242
E-mail agrivalverde@libero.it
Website www.
agriturismovalverde.it
Mahlzeiten: Frühstück, Mittag-
und Abendessen • **Preise:** €
Geschlossen: Restaurant mon-
tags • **Besitzer:** Familie Donello

Das Valle Verde liegt in
einem friedvollen Tal und verfügt über fünf bescheidene Zimmer
mit moderner Ausstattung. Das eigentliche Highlight ist jedoch sein
geschäftiges Restaurant mit der großen Veranda, auf der man die
Mahlzeiten im Freien einnehmen kann. Eine Speisekarte gibt es
nicht – mamma Evelina kocht selbst, und zwar ganz nach Lust und
Laune: Pasta, gebratenes Fleisch und andere einfache, ländliche Gerichte. Das Restaurant ist mit rüschengepolsterten Stühlen eingerichtet; die Tische sind mit tadellos weißen Leinentischtüchern gedeckt. Riesige halbrunde Glastüren führen auf die Terrasse hinaus,
hinter der es einen Spielplatz mitten in den Weinhängen gibt. Agri-
turismo-Unterkunft weit über dem Durchschnitt!

Relais Villabella
Landhotel

Località Villabella,
37047 San Bonifacio, Verona
Tel 0456 101777
Fax 0456 101799
E-mail info@relaisvillabella.com
Website www.relaisvillabella.it
Mahlzeiten: Frühstück, Mittag-
und Abendessen • **Preise:** €€€
Geschlossen: Restaurant So, Mo;
Pianobar Mo • **Manager:**
Francesco Puliese

Lassen Sie sich von dem
versteckten Schild am Portikus der Terrakottafassade nicht abschrecken. Im Inneren macht das Relais Villabella seinem Namen
alle Ehre. Von der ehemaligen Funktion als Reismühle zeugen heute
noch die Steinböden und Balkendecken. Das intelligent in ein stilvolles Hotel umgebaute Gebäude weist einige elegante Aufenthaltsräume und zehn ebensolche Zimmer auf, die mit luxuriösen Badezimmern ausgestattet sind. Die zwei Speisesäle dokumentieren,
dass hier viel Wert auf das Essen gelegt wird. Auf der ausgezeichneten Speisekarte stehen vor allem regionale Spezialitäten: Pasta, Risotto und Polenta. Die Pianobar weicht mit ihren um eine Tanzfläche gruppierten schwarzen Bambustischen und -stühlen
stilistisch vom Rest des Gebäudes ab.

Veneto

Locanda da Lino
Restaurant mit Zimmern

Via Brandolini 31,
31050 Solighetto, Treviso
Tel 0438 842377 • **Fax** 0438
980577 • **E-mail** dalino@tmn.it
Website www.locandadalino.it
Mahlzeiten: Frühstück, Mittag-
und Abendessen • **Preise:** €
Geschlossen: Restaurant Montag,
Juli, 24. Dezember
Besitzer: Marco Toffolin

Aufgrund der kreativen
Einfälle seines Küchenchefs Lino Toffolin ist das Restaurant (Tel.
0438 821 50) bereits eine Institution. Unter dem Mäzenatentum der
Diva Toti da Monte kochte der junge Lino bald für die Reichen und
Schönen und zählte u.a. Marcello Mastroiannni zu seinen Stammgästen. Lino ist vor ein paar Jahren gestorben und sein Andenken
wird nun unter der Leitung seiner Familie gepflegt. Ein langer,
schmaler Raum, von dem Seitenräume abgehen, bietet an einer Tafel
bis zu 400 Personen Platz. An der Decke hängen Hunderte von
Kupfertöpfen. Die Zimmer befinden sich in Anbauten und reichen
von komfortablen Doppelzimmern bis zu extravaganten Suiten.

Villa Marinotti
Chaletgästehaus

Via Manzago 21,
32040 Tai di Cadore, Belluno
Tel 0435 32231/33335
E-mail villa.marinotti@libero.it
Website www.villamarinotti.com
Mahlzeiten: Frühstück, Abendessen • **Preise:** €€ • **Geschlossen:** nie • **Besitzer:** Laura und Giorgio Marinotti

Tai di Cadore liegt direkt
an der Straße von Pieve di
Cadore, dem Geburtsort Tizians und der größten Stadt in dieser
bergigen und bewaldeten Gegend. Die Villa Marinotti liegt – ganz
typisch für die Gegend – zwischen Berggipfeln in einem dunklen
Wald.
Die Besitzer des modernen, weiß gestrichenen Chalets aus Stein und
Holz, das nur im Sommer geöffnet ist, haben die Villa in fünf gerä-
mige und komfortable Suiten mit eigenem kleinem Wohnzimmer
unterteilt, in denen jeweils bis zu vier Personen übernachten können. Seit kurzem gibt es außerdem zwei Chalets mit jeweils nur
einem Schlafzimmer. Im Speiseraum wird gute Hausmannskost serviert, und die weiträumige Anlage verfügt zusätzlich über eine
Sauna und einen Tennisplatz.

Veneto

Albergo Campeol
Restaurant mit Gästezimmern

Piazza Ancilotto 10,
31100 Treviso
Tel und **Fax** 0422 56601
E-mail info@albergocampeol.it
Website www.albergocampeol.it
Mahlzeiten: Frühstück, Mittag-
und Abendessen • **Preise:** €
Geschlossen: Restaurant Sonn-
tagabend, montags, im August
Besitzer: Signor Campeol

Das Campeol ist ein un-
prätentiöses, familiengeführtes Restaurant im Herzen der Altstadt
von Treviso. »Das Essen ist ausgezeichnet und nicht zu teuer«,
schrieb uns ein Gast vor kurzem. Andere wiederum loben die wür-
devolle, altmodische Atmosphäre dieses hübschen alten Gebäudes
im venezianischen Stil. Gegenüber liegt das Albergo Campeol, das
sich in den Händen desselben Besitzers befindet und über einfache
Zimmer mit großen Betten, moderner Einrichtung und geräumigen
Garderoben verfügt. Die Zimmer sind teilweise mit riesigen Duschen und gnadenlos effektiver Spiegelbeleuchtung ausgestattet und
haben einen Blick auf den Kanal. Machen Sie sich auf einen grum-
meligen und kurz angebundenen Empfang des Hausherrn gefasst.

Villa Pisani
Gästehaus in der Stadt

Via Roma 19,
35040 Vescovana, Padua
Tel 0425 920016
Fax 0425 450811
E-mail info@villapisani.it
Website www.villapisani.it
Mahlzeiten: Frühstück; auf
Wunsch Mittag- und Abendessen
Preise: €€€ • **Geschlossen:** nie;
im Winter Mindestbuchung von
2 Nächten und 2 Zimmern
Besitzerin: Mariella Bolognesi
Scalabran

Vescovana ist eher ein einfaches Dorf als eine Stadt; deshalb über-
rascht es umso mehr, was für ein Juwel sich hinter hohen Mauern
mitten in seinem Zentrum befindet. Die Villa Pisani ist ein großer,
wunderschön restaurierter Bischofspalast aus dem 16. Jh., umgeben
von formal gestalteten, bezaubernden Gärten. Im Inneren des Gebäudes staunt der Besucher über ein Fresko nach dem anderen, über
Antiquitäten, Erbstücke und Kunstsammlungen. Die Villa ist der
Öffentlichkeit zugänglich, und wäre da nicht die Herzlichkeit der
Gastgeberin, fühlte man sich vom vornehmen Ambiente wahrscheinlich etwas eingeschüchtert. Die Zimmer sind natürlich sehr
geräumig und reich geschmückt. Nur für Kinder eignet sich die Villa
Pisani nicht wirklich.

VENETO

Albergo San Raffaele

Gästehaus am Stadtrand

Viale X Giugno 10, Località
Monte Berico, 36057 Vicenza
Tel 0444 545767 • **Fax** 0444
542259 • **E-mail** info@
albergosanraffaele.it • **Website**
www.albergosanraffaele.it
Mahlzeiten: Frühstück
Preise: €€ • **Geschlossen:** nie
Besitzer: Fam. Matiello

Das familiengeführte Hotel am Monte Berico bietet ein ausgezeichnetes Preis-Leistungsverhältnis. Die Lage – nur einen Kilometer
vom Stadtzentrum Vicenzas entfernt und in Reichweite zweier Palladio-Villen, außerdem nur 40 Autominuten von Verona – ist ein
weiterer Pluspunkt. Die Gemeinschaftsräume sind gut mit bequemen Sitzgelegenheiten, die kleinen Zimmer im toskanischen Stil
ausgestattet: weiße Wände, dunkle Eichenmöbel und angenehme
Beleuchtung. Das stets freundliche Personal hält das Hotel gut in
Schuss. Einzige Mängel sind die harten Betten und die gelegentlich
stattfindenden Konferenzen, dann sollte man das Hotel meiden.

LOMBARDEI

ALZATE BRIANZA

Villa Odescalchi
～ Ländliche Villa ～

Via Anzani 12, 22040 Alzate Brianza, Como
Tel 031 630822 **Fax** 031 632079
E-mail info@villaodescalchi.it **Website** www.villaodescalchi.it

Die großartige Villa im Herzen Brianzas ist zu Beginn des 17. Jhs.
von der Familie Odescalchi erbaut worden. Später fand Papst Inno-
zenz XI einen solchen Gefallen an der entspannenden Atmosphäre
— oder vielleicht auch an der kleinen Privatkapelle –, dass er selbst
einzog. Das 30 ha große Gebiet umfasst wunderschön gestaltete
Gärten und 32 Appartements. Die Villa, die mit einer Zwischenge-
schossgalerie in der riesengroßen Eingangshalle beeindruckt, hat
sich ihren altertümlichen Charakter bewahrt, ohne dabei auf die Annehmlichkeiten eines modernen Hotels zu verzichten: Tennisplätze
mit Flutlicht, Swimmingpools drinnen und draußen, ein Fitnessraum, ein Whirlpool, ein türkisches Bad, Konferenzräume und die
allerdings eher durchschnittlichen Zimmer.
Das attraktive tonnenüberwölbte Restaurant liegt in der ursprünglichen Villa und bietet eine gelungene Mischung aus internationalen
und lokalen Gerichten an. Besonders gut sind die optische Präsen-
tation der Speisen, der ausgezeichnete Service und die Weinkarte.
Das großartige Frühstück vereint verschiedene Käsesorten, kalten
Braten, Obst und Joghurt. Como und Lecco liegen nur jeweils
20 Minuten entfernt; nach Mailand fährt man mit dem Auto nur
etwa 40 Minuten.

～

Umgebung: Comer See und Lago di Lecco; Mailand (50 km) • **Lage:** 10 km südöst-
lich von Como; Garage • **Mahlzeiten:** Frühstück, Mittagessen, Abendessen
Preise: €€€ • **Zimmer:** 45; 39 Doppel- und Zweibettzimmer, 37 mit Bad, 7 mit
Dusche, 6 Einzelzimmer mit Dusche; alle Zimmer mit Telefon, TV, Minibar, Fön;
einige Zimmer mit Klimaanlage, Safe • **Anlage:** Restaurant, Bar, Konferenzräume,
Fitnesscentre, Hallenbad und Swimmingpool, Terrasse, Garten, Tennisplatz
Kreditkarten: AE, DC, MC, V • **Behinderte:** 2 speziell eingerichtete Zimmer
Tiere: kleinere Hunde erlaubt • **Geschlossen:** Anfang Dezember bis Mitte Januar
Geschäftsführer: Pierre Taillandier

LOMBARDEI

BELLAGIO

Florence
~ Hotel am See ~

Piazza Mazzini, 22021 Bellagio, Como
Tel 031 950342 **Fax** 031 951722
E-mail hotflore@tin.it **Website** www.bellagio.co.nz

Bellagio ist die Perle des Comer Sees. Es liegt auf einem Vorgebirge, das den See in zwei Hälften teilt, und von allen Häusern, Villen und Gärten bietet sich eine wundervolle Aussicht. Das Florence, ein schönes Gebäude aus dem 18. Jh., beherrscht den Hauptplatz mit Blick auf den See. Auf der arkadenüberspannten Terrasse am Hoteleingang werden Drinks und kleine Gerichte serviert. Ebenso reizvoll wirkt das Innere. Weiß getünchte Wände, hohe Deckengewölbe und Gebälk kennzeichnen das kühle, ansprechende Foyer. Auf der einen Seite gruppieren sich elegante, leicht verblichene Sessel um einen alten Steinkamin. Auch der überwölbte Speiseraum strahlt einen rustikalen, altmodischen Charme aus.

Anheimelnd wie die Gemeinschaftsräume sind auch die mit antiken Kirschholzmöbeln und hübschen Stoffen eingerichteten Zimmer, am begehrtesten sind natürlich die mit Balkon und Seeblick. Die Mahlzeiten kann man auf einer von Bäumen beschatteten Uferterrasse auf der gegenüberliegenden Straßenseite einnehmen und dabei die das Wasser durchpflügenden Boote beobachten. Das Hotel, das seit 150 Jahren im Besitz derselben Familie ist, wird heute von den Geschwistern Ronald und Roberta Ketzlar geführt, die beide gut Englisch sprechen und seit kurzem über ein Gourmetrestaurant und zwei neue Suiten verfügen. Samstags gibt es Jazz-Sessions in der Bar.

~

Umgebung: Villa Serbelloni; Madonna dei Ghisallo (37 km) • **Lage:** am Hauptplatz am See; Garage • **Mahlzeiten:** Frühstück, Mittagessen, Abendessen • **Preise:** €€€ **Zimmer:** 34; 32 Doppel- und Zweibettzimmer, 2 Suiten, alle mit Bad; alle Zimmer mit Telefon, TV, Minibar, Fön, Safe • **Anlage:** Speiseraum, Bar, Lese-/Fernsehraum, Lift, Terrasse • **Kreditkarten:** AE, MC, V • **Behinderte:** nicht geeignet • **Tiere:** erlaubt • **Geschlossen:** Ende Oktober bis Mitte April • **Besitzer:** Familie Ketzlar

LOMBARDEI

BELLAGIO

Hotel du Lac
∼ Hotel am See ∼

Piazza Mazzini 32, 22021 Bellagio, Como
Tel 031 950320 **Fax** 031 951624
E-mail dulac@tin.it **Website** www.bellagiohoteldulac.com

Mitten an der Promenade von Bellagio gelegen, wird die atemberaubende Aussicht auf Como, die man vom Hotel du Lac aus hat, nur noch von den Besitzern, der Familie Leoni, übertroffen, die in jeder Hinsicht perfekt sind. Erbsenzähler könnten einwenden, dass ein oder zwei der Zimmer etwas klein sind oder dass die Einrichtung der Badezimmer etwas antiquiert ist, aber das wäre auch schon alles. Die hübsche Empfangshalle mit ihrem Marmorfußboden liegt an einer Arkade mit zahlreichen Cafés, von denen man einen ausgezeichneten Blick auf die promenierende Gesellschaft Bellagios hat. Die farbenfrohe und einladende Bar befindet sich ebenfalls im Erdgeschoss, aber das Personal wird Ihnen überall im Hotel gerne einen der beeindruckend vielen Cocktails bringen.

Im ersten Stock erstrecken sich die Fenster des unprätentiösen Restaurants über die gesamte Hotelfront, um das Panorama richtig zur Geltung zu bringen. Die einfallsreiche Speisekarte bietet eine breite Auswahl an ausgezeichneten Gerichten und dem dazu passenden Käse und Wein. Die tadellos gepflegten Zimmer sind einfach eingerichtet, die Betten sind bequem, und — beinahe selbstverständlich — bieten die besten Zimmer eine Aussicht auf den See. Einen weiteren Pluspunkt stellt die Dachterrasse dar, auf der Liegestühle zum Sonnenbaden und Markisen für diejenigen bereitstehen, die lieber im Schatten sitzen. Das Personal ist freundlich, professionell und hilfsbereit.

∼

Umgebung: Villa Serbelloni; Madonna dei Ghisallo (37 km) • **Lage:** am Hauptplatz am See; Parkplatz • **Mahlzeiten:** Frühstück, Mittagessen, Abendessen
Preise: €€€ • **Zimmer:** 47; 38 Doppel- und Zweibettzimmer, 9 Einzelzimmer, alle mit Bad oder Dusche; alle Zimmer mit Telefon, TV, Klimaanlage, Minibar, Fön
Anlage: Restaurant, Bar, Aufenthaltsräume, Konferenzzimmer, Terrasse • **Kreditkarten:** MC, V • **Behinderte:** nicht geeignet • **Tiere:** erlaubt • **Geschlossen:** November bis Ende März; Restaurant dienstags • **Besitzer:** Familie Leoni

LOMBARDEI

BELLAGIO

La Pergola
Hotel am See

Piazza del Porto 4, 22021 Bellagio, Como
Tel 031 950263 **Fax** 031 950253
E-mail info@lapergolabellagio.it **Website** www.lapergolabellagio.it

Das La Pergola bietet eine entspannte, informelle und alles in allem familiäre Atmosphäre. Wenn Sie in Sachen Einrichtung das Neueste vom Neuen suchen, sind Sie hier fehl am Platz. Der Vorteil des Hotels besteht vielmehr in seiner Lage an einer kleinen Bucht südwestlich von Bellagio: Fernab jeder Touristenmassen weist es die Ruhe und Beschaulichkeit eines kleinen Fischerdorfes auf. Das einfache Hotel hat seinen Namen von der Pergola, die die Gäste des bezaubernden Restaurants am See beschützt, das das Zentrum des gesamten Etablissements ausmacht. Seine Lage am See spiegelt sich auch auf der interessanten Speisekarte wider, die neben Fischgerichten jedoch auch Alternativen aus der Region und die dazu passenden Weine zu bieten hat.

Ein langer Gang, der mit ansprechenden schwarzen Steinen ausgekleidet und mit einer Sitzmöglichkeit sowie einigen Möbelstücken ausgestattet ist, verbindet die Terrasse des Restaurants mit der kleinen Hotelrezeption. Die geräumigen Zimmer erreicht man über eine große Treppe am Ende des Ganges. Sie sind einfach, aber sauber; die meisten verfügen über Fenster mit großartigem Seeblick, die besten haben einen Balkon. Es gibt zwar keine Klimaanlage, dafür in jedem Zimmer aber einen Deckenventilator. Nach Bellagio ist es nur ein kleiner Spaziergang, der geht aber über etliche steile Stufen.

Umgebung: Villa Serbelloni; Madonna dei Ghisallo (37 km) • **Lage:** in Pescallo, südwestlich von Bellagio, am See; öffentlicher Parkplatz • **Mahlzeiten:** Frühstück, Mittagessen, Abendessen • **Preise:** €€ • **Zimmer:** 11; 5 Doppel-, 4 Zweibettzimmer, 2 mit Bad, 7 mit Dusche, 2 Einzelzimmer mit Dusche; alle Zimmer mit Telefon, TV, Safe • **Anlage:** Restaurant, Terrasse • **Kreditkarten:** AE, DC, MC, V **Behinderte:** keine speziellen Einrichtungen • **Tiere:** erlaubt • **Geschlossen:** November bis März • **Besitzer:** Familie Mazzoni

LOMBARDEI

BERGAMO

Il Gourmet

~ Restaurant mit Gästezimmern ~

Via San Vigilio 1, 24100 Bergamo
Tel & Fax 035 4373004
E-mail il.gourmet@tiscali.it **Website** www.gourmet-bg.it

Bei den Gourmets ist Bergamo recht beliebt, und eingedenk der harten Konkurrenz im Zentrum der Stadt zeugt es schon von großer Zuversicht, ein Restaurant in der Altstadt »Gourmet« zu nennen. Obwohl sich das Wort offensichtlich auf das Essen bezieht, sind auch die Zimmer nicht zu verachten. Sie sind alle geräumig, außerordentlich gut gepflegt und — trotz größtenteils moderner Einrichtung — mit viel Holz und anheimelnd weichen Möbelstücken ausgestattet.

Der Eingang zum Ristorante ist luftig und großzügig, mit einem blass gefliesten Boden und einem kleinen Sitzbereich. Auf den ersten Blick wird deutlich, dass das Restaurant nicht vorwiegend saisonal tätig ist: Es gibt drinnen ebenso viel Platz wie draußen auf der großen, überdachten, aber nicht überfüllten Terrasse. Die Atmosphäre ist ungezwungen, mit einem fröhlichen Personal, das dem Besitzer des Restaurants aufs Stichwort folgt. Die Speisekarte stellt ein recht vornehmes Schriftstück dar, ist umfassend und kreativ, mit einer großen Auswahl an regionalen Spezialitäten und Weinen. Überall stehen üppige, gut gepflegte Pflanzen, und die Gäste dürfen den privaten Garten mitbenutzen, wenn sie das Bedürfnis nach wirklicher Abgeschiedenheit und Ruhe verspüren. Ein begeisterter Leser berichtete vom »Geist der Commedia dell'Arte«, der hier zu fühlen sei.

~

Umgebung: Brescia (48 km); Mailand (50 km); Comer See, Lago di Lecco und Lago d'Iseo • **Lage:** in der Città Alta; Parkplatz • **Mahlzeiten:** Frühstück, Mittagessen, Abendessen; Zimmerservice • **Preise:** €€ • **Zimmer:** 11; 2 Doppel-, 7 Zweibettzimmer, 3 mit Bad, 6 mit Dusche, 1 Einzelzimmer mit Dusche, 1 Suite mit Bad; alle Zimmer mit Telefon, TV, Klimaanlage, Minibar, Fön • **Anlage:** Restaurant, Bar, Terrasse, Garten • **Kreditkarten:** AE, DC, MC, V • **Behinderte:** keine speziellen Einrichtungen • **Tiere:** nicht erlaubt • **Geschlossen:** Ende Dezember bis Anfang Januar
Besitzer: Aldo Battista Beretta und Giovanni Cornacchia

LOMBARDEI

CANNERO RIVIERA

Cannero

~ Hotel am See ~

Lungo Lago 2, 28821 Cannero Riviera, Verbania
Tel 0323 788046/788113 (Winter) **Fax** 0323 788048
E-mail info@hotelcannero.com **Website** www.hotelcannero.com

Cannero ist einer der ruhigsten Urlaubsorte am Lago Maggiore, und seine schönsten Hotels liegen direkt am See. Nur der Landungssteg der Fähre und eine ruhige Sackgasse trennen das Cannero vom Wasser. Früher war das Gebäude ein Kloster, aber heute erinnern nur noch eine alte Steinsäule, einige überwölbte Gänge, ein stiller Innenhof und ein sehr gut erhaltener Brunnen aus dem 17. Jh. an die Vergangenheit des modernen Hauses. Man legt großen Wert auf Komfort, und die Atmosphäre ist entspannt und freundlich, was der Aufmerksamkeit von Signora Gallinotto und ihrer Familie zu verdanken ist. Das Erdgeschoss wird von großen Fenstern und Terrassen beherrscht. Vom Restaurant mit Terrasse blickt man auf den See. Die hellen, gepflegten Zimmer sind mit ordentlichen Bädern ausgestattet; im Gebäude nebenan, das vor kurzem restauriert worden ist, gibt es weitere 15 Zimmer und einige neue Appartements. Von den nach vorn gelegenen Zimmern (alle mit Balkon) hat man eine herrliche Aussicht auf den See und die Berge. Die Zimmer auf der Rückseite des Gebäudes sind ruhiger und öffnen sich gegen den Swimmingpool. Hier kann man tagsüber in Ruhe baden oder sich unter gelben und blauen Sonnenschirmen entspannen.

~

Umgebung: Borromäische Inseln; Ascona (21 km); Locarno (25 km) • **Lage:** im Urlaubsort am See; Parkplatz • **Mahlzeiten:** Frühstück, Mittagessen, Abendessen; Snacks am Pool • **Preise:** €€ • **Zimmer:** 55 Doppel-, Zweibett- und Einzelzimmer, alle mit Bad oder Dusche; alle Zimmer mit Telefon, TV, Klimaanlage, Fön, Safe; 10 Selbstversorgerappartements • **Anlage:** Aufenthaltsraum, Pianobar, Speiseraum, Bibliothek, Aufzug, Konferenzraum, 2 Terrassen am See, Garten, Swimmingpool, Tennisplatz Fahrräder • **Kreditkarten:** AE, DC, MC, V • **Behinderte:** 10 Zimmer geeignet • **Tiere:** erlaubt • **Geschlossen:** November bis Mitte März • **Besitzer:** Signora Gallinotto und ihre Söhne

LOMBARDEI

CERVESINA

Castello di San Gaudenzio

~ Umgebaute Burg ~

Loc. San Gaudenzio, 27050 Cervesina, Pavia
Tel 0383 3331 **Fax** 0383 333409
E-mail info@castellosangaudenzio.com **Website** www.castellosangaudenzio.com

Dieses geräumige und elegante Castello aus dem 15. Jh. liegt umgeben von schön gestalteten Gärten kaum 60 Kilometer von Mailand entfernt. Im Laufe der Jahre wechselte es mehrfach seinen Besitzer, was am Efeu, den Mauern, Türmen, Wegen, Statuen und anderen Verschönerungen zu erkennen ist. Die Zeiten haben sich geändert: In den Ställen befinden sich keine Pferde mehr, sondern ein Swimmingpool und ein Solarium, und ein beeindruckender tonnengewölbter Saal wurde in einen Konferenzraum umgewandelt. Ahnenportraits wachen über die antiken Möbel, und die Kamine aus rotem und schwarzem Marmor erinnern daran, dass man simples Holz auch sehr stilvoll verbrennen kann.

Die meisten der Zimmer sind brandneu mit passenden hübschen Badezimmern, fügen sich mit ihren blassen gestreiften Tapeten, den polierten Parkett- oder Steinböden, den getäfelten oder mit Fresken versehenen Decken und den leichten Möbeln aber elegant in die gut restaurierten älteren Bauteile ein. Fast alle Zimmer gehen auf den Garten hinaus. Es gibt drei Suiten, von denen die fürstlichste (und teuerste) zwei Stockwerke eines Turms beansprucht.

Das Restaurant bietet sowohl heimische als auch internationale Gerichte; die Weinkarte weist einige Weine auf, die speziell für das Castello abgefüllt worden sind. Das Personal ist professionell und hilfsbereit.

~

Umgebung: Voghera (6 km); Pavia (25 km); Mailand (56 km) ● **Lage:** 6 km nordwestlich von Voghera, Ausfahrt Casei Gerola von der »Autostrada dei Fiori«; Parkplatz ● **Mahlzeiten:** Frühstück, Mittagessen, Abendessen ● **Preise:** €€€
Zimmer: 45; 35 Doppel- und Zweibettzimmer, 7 Einzelzimmer, 3 Suiten, alle mit Bad oder Dusche; alle Zimmer mit Telefon, TV, Minibar, Safe, Fön; einige mit Klimaanlage ● **Anlage:** Aufenthaltsraum, Speiseraum, Konferenzräume, Hallenbad, Solarium, Garten ● **Kreditkarten:** AE, MC, V ● **Geschlossen:** Restaurant dienstags
Geschäftsführer: Pierangelo Bergaglio

LOMBARDEI

ERBUSCO

L'Albereta
~ Ländliche Villa ~

Via Vittorio Emanuele 11, 25030 Erbusco, Brescia
Tel 030 7760550 **Fax** 030 7760573
E-mail albereta@albereta.it **Website** www.terramoretti.it

Die alte Villa L'Albereta, die seit ihrer Renovierung ein ganz neues, elegantes und anspruchsvolles Flair hat, liegt inmitten der berühmten Weinberge von Francioforta. Sie ist auch heute noch Ansitz der Familie Moretti, und reist man nicht mit dem Flugzeug oder der Bahn, sondern mit dem Auto an, ist es schon ein erhebendes Gefühl, wenn man an dem eleganten Gebäude vorfährt. Das Personal ist nicht nur professionell, sondern auch ausgesprochen unprätentiös. Die Villa selbst bietet Marmor, Arkaden, Parkettböden, Schmiedeeisen, Chintz, Deckenbalken, Blumen und Weinberge so weit das Auge reicht. Im wahrsten Sinne des Wortes wurde hier alles auf das Wohlbefinden der Gäste ausgerichtet, darunter auch das Zwei-Sterne-Restaurant »Gaultiero Marchesis«, das die Aufmerksamkeit ebenso auf sich zieht wie die überwältigenden modernen Zimmer. Die Küche des Restaurants ist eine Symphonie aus rostfreiem Stahl, Kupfer und gestärkten weißen Kellneruniformen.
Sollten Sie das Bedürfnis verspüren, ein besonders gutes Abendessen wieder »abzuarbeiten«, empfehlen sich Tennisplatz, Whirlpool, Sauna und Solarium. Und falls Sie daran denken, mit dem Hubschrauber anzureisen, so können Sie dank des Leitsystems des L'Albereta punktgenau dort landen.

~

Umgebung: Brescia (20 km); Bergamo (30 km) ● **Lage:** 3 km nördlich der A4 Mailand-Venedig, Ausfahrt Rovato; Parkplatz ● **Mahlzeiten:** Frühstück, Mittagessen, Abendessen; Zimmerservice ● **Preise:** €€€€€ ● **Zimmer:** 41; 25 Doppel-, 10 Zweibettzimmer, 32 mit Bad, 3 mit Dusche, 3 Einzelzimmer mit Dusche, 3 Suiten mit Bad; alle Zimmer mit Telefon, TV, Klimaanlage, Minibar, Fön, Safe
Anlage: Aufenthaltsräume, Billardraum, Restaurant, Bars, Konferenzräume, Fitnesscentre, Hallenbad, Garten, Tennisplatz, kleiner Hubschrauberlandeplatz
Kreditkarten: AE, DC, MC, V ● **Behinderte:** nicht geeignet ● **Tiere:** nicht erlaubt
Geschlossen: Anfang Jan bis Mitte Februar; Restaurant Sonntag Abend und Montag ● **Besitzer:** Familie Moretti

LOMBARDEI

Dimora Bolsone

~ Bed-&-Breakfast auf dem Land ~

Via Panoramica 23, 25083 Gardone Riviera, Brescia
Tel 0365 21022 **Fax** 0365 63367
E-mail dimorabolsone@gardalake.it **Website** www.dimorabolsone.com

Diese außergewöhnliche, überraschend exquisite Unterkunft – am Ende eines holprigen Weges über der Stadt thronend – wird von Raffaele Bonaspetti, einem eleganten, geistreichen Mann, geführt. Er kaufte das Haus aus dem 15. Jahrhundert, damals eine Ruine, samt hügeligem Umland vor etwa 20 Jahren und verwandelte beides mit sehr viel Einfühlungsvermögen: Den Garten bepflanzte er neu mit Oliven- und Lorbeerbäumen sowie Zypressen. Die individuell eingerichteten Gästezimmer sind schön ausgestattet, z. B. mit glänzenden Mahagoniantiquitäten. Ein Raum weist rustikal-alpine Möbel auf, ein anderer bemerkenswerte bemalte, lackierte Betten. Raffaele ergänzte die Möbel aus dem Familienbesitz geschickt mit solchen, die er mit versiertem Auge in Antiquitätengeschäften und auf Märkten entdeckte. Aber seine eigentliche Liebe gilt dem etwa 10 Hektar großen, allen fünf Sinnen gewidmeten Garten mit Bäumen, Sträuchern, Kräuter, Blumen, Pfaden und Wasserfällen.

Raffaeles Frau Catia bemüht sich liebevoll um ihre Gäste und sorgt für ein köstliches Frühstücksbüfett mit frischen Produkten wie Eiern von den eigenen Hühnern. An warmen Tagen kann man auf der Terrasse mit wunderbarem Ausblick frühstücken, ansonsten in einem attraktiven gelben Raum mit knisterndem Feuer. Das Dimora Bolsone ist ein Nichtraucherhotel, außerdem sind Kinder unter 12 Jahren nicht erwünscht.

~

Umgebung: Vittoriale degli Italiani; Brescia (40 km); Sirmione (35 km) • **Lage:** an einem steilen Abhang, im Westen der Ortschaft; mit eigenem Parkplatz • **Mahlzeiten:** Frühstück, Mittagessen auf Anfrage; Getränke • **Preise:** €€€; 2 Nächte Mindestaufenthalt • **Zimmer:** 4 Doppel- und Zweibettzimmer mit Bad • **Anlage:** Aufenthalts-, Frühstücksraum, Terrasse, Garten • **Kreditkarten:** AE, DC, MC, V **Behinderte:** nicht geeignet • **Tiere:** nicht erlaubt • **Geschlossen:** Dezember bis März • **Besitzer:** Raffaele und Catia Bonaspetti

LOMBARDEI

GARDONE RIVIERA

Villa Fiordaliso

〜 Restaurant am See mit Gästezimmern 〜

Corso Zanardelli 132, 25083 Gardone Riviera, Brescia
Tel 0365 20158 **Fax** 0365 290011
E-mail info@villafiordaliso.it **Website** www.villafiordaliso.it

Die mit einem Michelinstern ausgezeichnete Villa Fiordaliso ist seit einigen Jahren als eines der besten Restaurants in Norditalien bekannt; sie ist jedoch auch ein schickes und romantisches kleines Hotel. In der 1902 erbauten, in blassem Rosa und Weiß gehaltenen Villa am See wohnte zunächst Gabriele d'Annunzio und später Claretta Petacci, die Geliebte Mussolinis. Im Inneren erinnern die kunstreichen Holzschnitzereien, die Marmorarbeiten an Wänden, Böden und Türen und die goldverzierten und mit Fresken versehenen Decken an ein anderes Zeitalter. Eine großartige marmorne Treppe im venezianischen Stil mit Säulen und feinem schmiedeeisernem Dekor führt von der Empfangshalle neben dem Garten zu dem familiären kleinen Restaurant im ersten Stock – dem Herz des Hauses, wo exquisites Essen serviert wird – und zu den sieben luxuriösen Zimmern. In drei Zimmern ist die ursprüngliche Einrichtung erhalten geblieben. Die Clarettasuite, ein Zimmer mit beeindruckenden Ausmaßen, Terrasse und Seeblick, verfügt über ein atemberaubendes Badezimmer. Die anderen Zimmer sind etwas heller und freundlicher mit frischen Tapeten und Stoffen eingerichtet. Der schattige Garten grenzt an den See und leider auch an die Hauptstraße und stellt eine wunderbare Kulisse für das elegante Sommerrestaurant dar, das tadellos in Terrakotta und Weiß geschmückt ist.

〜

Umgebung: Brescia (40 km); Sirmione (32 km) • **Lage:** an der SS572, 3 km nordöstlich von Salò; großer Parkplatz • **Mahlzeiten:** Frühstück, Mittagessen, Abendessen • **Preise:** €€€€ • **Zimmer:** 7; 6 Doppel- und Zweibettzimmer, 1 Suite, alle mit Bad oder Dusche; alle Zimmer mit Telefon, TV, Klimaanlage, Minibar
Anlage: Aufenthaltsraum, Speiseraum, Turm mit Bar, Terrassen, Garten
Kreditkarten: AE, DC, MC, V • **Behinderte:** keine besonderen Einrichtungen
Tiere: nicht erlaubt • **Geschlossen:** Mitte November bis Februar; Restaurant montags und Dienstagmittag • **Besitzer:** Familie Tosetti

LOMBARDEI

GARGNANO

Baia d'Oro
~ Hotel am See ~

Via Gamberera 13, 25084 Gargnano, Brescia
Tel 0365 71171 **Fax** 0365 72568
E-mail hotel-baiadoro@gardalake.it **Website** www.gardalake.it/hotel-baiadoro

Giambattista Terzi wurde in einer der beiden an das Hotel grenzenden Fischerhütten geboren, die 1780 am Seeufer erbaut worden sind. Seine Frau war die treibende Kraft hinter der Umwandlung der Hütten in Hotels in den 1960er Jahren. Seit dieser Zeit wurden die beiden Anlagen langsam auf den neuesten Stand gebracht. Um die Lage des Hotels würdigen zu können, empfiehlt es sich, mit dem Boot anzukommen.

Die romantische Speiseterrasse liegt so nah am See, dass man beinahe die Hand hineinstrecken könnte. Für die kühleren Abende gibt es einen hübschen Speiseraum – das Reich von Terzis Sohn Gabriele – im Inneren des Hotels mit Blick auf die Terrasse und den See.

Die Terzis haben die Zimmer in etwas zweifelhaften Pink- und Blauschattierungen mit bemalten Holzmöbeln, glänzenden Bezügen und verspiegelten Kopfenden der Betten neu eingerichtet. Die Einrichtung mag Geschmackssache sein; die Zimmer sind generell aber sehr bequem, verfügen über neue Badezimmer und Blick auf den See.

Im gemütlichen, niedrigen Aufenthaltsraum brennt ein Feuer im offenen Kamin, und an den Wänden hängen die Gemälde Giambattistas, die die umliegende Landschaft darstellen.

~

Umgebung: Gardone Riviera (12 km); Sirmione (44 km) • **Lage:** am Stadtrand, am See; eigener Parkplatz • **Mahlzeiten:** Frühstück, Mittag- und Abendessen
Preise: €€ • **Zimmer:** 14; 10 Doppel- und Zweibettzimmer, 2 mit Bad, 8 mit Dusche, 3 Einzelzimmer mit Dusche, 1 Suite mit Bad; alle Zimmer mit Telefon, TV, Minibar, Fön, Safe • **Anlage:** Aufenthaltsraum, Speiseraum, Bar, Terrasse, Sonnendach • **Kreditkarten:** keine • **Behinderte:** nicht geeignet • **Tiere:** erlaubt
Geschlossen: Oktober bis April • **Besitzer:** Familie Terzi

LOMBARDEI

GARGNANO

Villa Feltrinelli
~ Villa am See ~

Via Rimembranza 38-40, 25084 Gargnano, Brescia
Tel 0365 798000 **Fax** 0365 798001
E-mail grandhotel@villafeltrinelli.com **Website** www.villafeltrinelli.com

Die in Pink und Weiß gehaltene Jugendstilvilla wurde 1892 erbaut und war die Sommerresidenz der Feltrinellis, einer der reichsten Familien Italiens. Sie beherbergte während des 2. Weltkrieges Mussolini. Der amerikanische Hotelier Bob Burns hat bei der Restaurierung keine Kosten und Mühen gescheut und die Villa, deren Inneneinrichtung großteils original ist, in ein attraktives, luxuriöses Juwel verwandelt.

Die Suiten in der Villa oder in Gebäuden um den See sind prächtig ausgestattet: in sieben wurden die Decken von den Gebrüdern Lieti mit Fresken bemalt, alle sind mit Objekten wie silbergerahmten Fotografien, venezianischen Glaslampen und kostbar bedrucktem Briefpapier auf den Schreibtischen dekoriert. Die weißen gaufrierten Tagesdecken stammen von Pratesi und die Spitzenkopfkissen sind aus feiner ägyptischer Baumwolle. Auch an Technik mangelt es nicht: Jede Suite ist mit einer Hi-Fi-Anlage ausgestattet. Und die riesigen Badezimmer haben beheizte Marmorfußböden.

Unter den Gemeinschaftsräumen sticht besonders der Salon hervor: mit Fresken, einem Flügel und antiken Spiegeln, in denen sich der See spiegelt. Der Service ist makellos, das Personal stets freundlich. Das Hotel ist zwar teuer, aber seinen Preis wert.

~

Umgebung: Gardone Riviera (12 km); Salò (15 km); Sirmione (44 km) • **Lage:** am nördlichen Ortsrand, am See; mit eigenem Parkplatz • **Mahlzeiten:** Frühstück, Mittag- und Abendessen • **Preise:** €€€€€€; 2 Nächte Mindestaufenthalt • **Zimmer:** 20 Suiten mit Bad; alle Zimmer mit Telefon, TV, Klimaanlage, Minibar, Fön, Safe **Anlage:** Aufenthaltsräume, 2 Speiseräume, Bibliothek, Bar, Terrasse, Garten, Kroquet, Swimmingpool, Privatboot • **Kreditkarten:** AE, DC, MC, V • **Behinderte:** Zugang möglich • **Tiere:** erlaubt • **Geschlossen:** Mitte November bis Mitte März **Manager:** Markus Odermatt

LOMBARDEI

GARGNANO

Villa Giulia
～ Hotel am See ～

Viale Rimembranza 20, 25084 Gargnano, Lago di Garda, Brescia
Tel 0365 71022/71289 **Fax** 0365 72774
E-mail info@villagiulia.it **Website** www.villagiulia.it

Die schöne geräumige Villa Giulia wurde vor mehr als 100 Jahren im viktorianischen Stil mit gotischen Elementen errichtet. Seit 50 Jahren lebt die Familie Bombardelli hier; sie hat das Hotel nach und nach erweitert und verbessert, und heute ist es eines der reizvollsten Unterkünfte am Gardasee.
Zuerst fallen der hübsche Garten und die Terrassen ins Auge, die direkt an den See grenzen. Im Haus führen schöne Korridore zu den hellen, geräumigen Zimmern. Den prächtigen Speiseraum zieren Lüster aus Muranoglas, goldfarbene Wände und elegante Stühle. Im stattlichen Salon laden viktorianische Sessel zum Verweilen ein. Die Gästezimmer sind teils schlicht und modern eingerichtet, teils weisen sie Balkendecken, Antiquitäten und einen Balkon mit Blick auf Garten und See auf. Die Zimmer im rückwärtigen Anbau sind weniger ansprechend, hier fehlen die Aussicht und auch die Klimaanlage. Weitere Zimmer befinden sich in drei Gartenhäuschen. Ein zweiter, einfacher gehaltener Speiseraum öffnet sich auf eine großzügige Terrasse mit fantastischer Aussicht. Zu jeder Tageszeit kann man hier wunderbar unter Palmen entspannen und die Boote auf dem Gardasee vorbeiziehen sehen. Ein weiterer Pluspunkt ist der einladende Swimmingpool.

～

Umgebung: Fährverbindungen zu Orten und Städten rund um den Gardasee
Lage: 150 Meter vom Zentrum des Kurorts, mit Garten und Terrasse direkt am See; Parkplatz • **Mahlzeiten:** Frühstück, Mittagessen, Abendessen • **Preise:** €€€–€€€€
Zimmer: 23; 22 Doppel- und Zweibettzimmer, 1 Einzelzimmer, alle mit Bad oder Dusche; alle Zimmer mit Telefon, TV, Minibar, Safe, Fön; die meisten mit Klimaanlage • **Anlage:** Speiseraum, Veranda-Bar, Aufenthaltsraum, Fernsehraum, Bar, Terrasse, Strand, Swimmingpool, Sauna • **Kreditkarten:** AE, DC, MC, V • **Behinderte:** Zugang möglich • **Tiere:** gestattet • **Geschlossen:** Mitte Okt. bis April
Besitzer: Familie Bombardelli

LOMBARDEI

l Due Roccoli
⤳ Berggasthof ⤳

Via Silvio Bonomelli, 25049 Iseo, Brescia
Tel 030 9822977 **Fax** 030 9822980
E-mail relais@idueroccoli.com **Website** www.idueroccoli.com

Der Lago d'Iseo liegt im nebligen südlichsten Ausläufer der Alpen und ist jeweils ungefähr 90 Kilometer von der Schweiz und von Österreich entfernt. Die größte Insel des Sees, die Monte Isola, ist gleichzeitig die größte aller europäischen Seen und wird von etwa 2000 Menschen bewohnt. Zwischen der südlichen Spitze des Sees und der Autobahn, die Mailand mit Venedig verbindet, liegt die Region Franciacorta, die vor allem der Qualität ihrer Weine wegen geschätzt wird. Das elegante und ruhige I Due Roccoli befindet sich am Ende einer gewundenen Bergstraße südöstlich des Sees inmitten eines sorgfältig gepflegten Parks. Das Steingebäude mit seinem wunderschön dekorierten Inneren eignet sich hervorragend als Ort der Entspannung. Die schöne Aussicht als einzigen Pluspunkt des Hotels zu nennen, würde dem I Due Roccoli wahrlich nicht gerecht; wenn man erst einmal die Vasen voller frischer Rosen auf den Tischen der großartigen Terrasse wahrgenommen hat, weiß man, dass man an diesem Ort gut aufgehoben ist.

Auf der kleinen, aber ausgewogenen Speisekarte stehen frischer Fisch aus dem See, Produkte aus dem hoteleigenen Garten und selbst geräucherter Schinken an erster Stelle. Gespeist wird bei Kerzenlicht. Die geräumigen und tadellos sauberen Zimmer sind mit schönen Kunstdrucken an den Wänden im modernen Stil eingerichtet. Das Personal ist genauso reizend wie das Hotel selbst.

⤳

Umgebung: Brescia (20 km); Gardasee und Lago d'Idro • **Lage:** 4 km südöstlich von Iseo am Ende einer Bergstraße; Parkplatz • **Mahlzeiten:** Frühstück, Mittagessen, Abendessen • **Preise:** €€€ • **Zimmer:** 19; 15 Doppel- und Zweibettzimmer, 1 Einzelzimmer, 3 Suiten, alle mit Bad; alle Zimmer mit Telefon, TV, Minibar, Fön, Safe
Anlage: Aufenthaltsraum, Bar, Speiseraum, Garten, Swimmingpool, Tennisplatz
Kreditkarten: AE, DC, MC, V • **Behinderte:** nicht geeignet • **Tiere:** erlaubt
Geschlossen: November bis Mitte März • **Besitzer:** Guido Anessi

LOMBARDEI

ISOLA DEI PESCATORI

Verbano
~ Gästehaus am See ~

Via Ugo Ara 2, Isola dei Pescatori, 28838 Stresa, Novara
Tel 0323 30408/32534 **Fax** 0323 33129
E-mail hotelverbano@tin.it **Website** www.hotelverbano.it

Die Isola dei Pescatori (Fischerinsel) besitzt zwar nicht den Palazzo oder die kunstvoll angelegten Gärten der benachbarten Isola Bella (im Unterschied zu den anderen Borromäischen Inseln gehörte sie nie der reichen Familie Borromeo), hat aber mit den Cafés und den etwas schäbigen, bunt gestrichenen Fischerhäusern am Ufer einen ganz eigenen, pittoresken Charme, den auch die zeitweise einfallenden Touristenmassen nicht trüben können.

Vom Garten und den Terrassen des Verbano, eines großen, rostbraunen Gebäudes, blickt man über den Lago Maggiore auf die Isola Bella. Das Haus gibt nicht vor, ein Luxushotel zu sein, hat aber Atmosphäre und Lokalkolorit, und die Gastgeber sind freundlich. Die 12 Zimmer (11 mit Balkon) bieten eine herrliche Aussicht. Die meisten sind hübsch und passend mit altmodischen bemalten Möbeln ausgestattet; die abgewohnteren wurden neu hergerichtet. Weitere Renovierungen wurden seit dem Besitzerwechsel, der vor einiger Zeit stattgefunden hat, unternommen.

Hauptattraktion ist jedoch das Restaurant, dessen Spezialität hausgemachte Pasta ist. Wenn das Wetter für Mahlzeiten auf der Terrasse zu unfreundlich ist, kann man dennoch durch die großen Fenster des Speiseraums den Ausblick genießen. »Hervorragendes Essen, freundliche Bewirtung«, meint ein Besucher. Weitere Berichte erwünscht.

~

Umgebung: Isola Bella; Stresa; Pallanza; Baveno • **Lage:** auf einer winzigen Insel im Lago Maggiore; regelmäßiger Bootsverkehr von Stresa, wo es einen großen Parkplatz gibt • **Mahlzeiten:** Frühstück, Mittagessen, Abendessen • **Preise:** €€ **Zimmer:** 12 Doppel- und Zweibettzimmer, 8 mit Bad, 4 mit Dusche; alle Zimmer mit Telefon, Fön • **Anlage:** Aufenthaltsraum, Speiseraum, Bar, Terrasse **Kreditkarten:** AE, DC, MC, V • **Behinderte:** keine speziellen Einrichtungen **Tiere:** erlaubt • **Geschlossen:** Mitte Januar bis Mitte Februar • **Geschäftsführer:** Signor Gafforini

LOMBARDEI

LENNO

San Giorgio
~ Hotel am See ~

Via Regina 81, Lenno, 22019 Tremezzo Como
Tel 0344 40415 **Fax** 0344 41591
E-mail sangiorgio.it@libero.it

Die imposante Villa aus den 1920er Jahren erhebt sich am Comer See vor einem Hintergrund aus bewaldeten Hügeln und prächtigen Gärten, die sich bis zum Wasser hinunterziehen. Ein von Topfpflanzen gesäumter Weg führt durch gepflegte Rasenflächen zur Uferterrasse und einer niedrigen Steinmauer, die die Anlage vom Kiesstrand und vom See trennt. Es gibt Palmen, Laubengänge und Kübel voller blühender Geranien. Für einen Bootsausflug bietet sich die nahe Anlegestelle der Fähre an.

Auch das Innere des Hauses enttäuscht nicht. Die großen Gemeinschaftsräume zweigen von stattlichen Korridoren ab. Auf Schritt und Tritt stößt man auf Antiquitäten, hübsche Keramiktöpfe und Kupferkrüge, die von Blumen überquellen. Das entzückende, helle Restaurant bietet einen atemberaubenden Blick. Ebenso einladend wirkt der Salon mit reich verzierten Spiegeln, dem Kamin und den leicht verblichenen antiken Möbeln. Selbst im Tischtennisraum finden sich antike Stücke. Die Zimmer sind geräumig und angenehm altmodisch. Antiquitäten und eine schöne Aussicht sind auch hier selbstverständlich, aber sie haben nichts Prunkvolles oder Luxuriöses an sich – daher die annehmbaren Preise. Für einen unserer Leser ist dies sein Lieblingshotel – »traumhafte Lage, freundliche Bedienung, feste Matratze, großartige Handtücher«.

Umgebung: Tremezzo; Cadenabbia; Villa Carlotta (24 km); Bellagio • **Lage:** am See; Parkplatz und Garage • **Mahlzeiten:** Frühstück, Mittagessen, Abendessen
Preise: €€ • **Zimmer:** 29; 26 Doppelzimmer, 20 mit Bad, 6 mit Dusche, 3 Einzelzimmer; alle Zimmer mit Telefon, Fön, Safe • **Anlage:** Speiseraum, Leseraum, Tischtennis, Terrasse, Tennisplatz • **Kreditkarten:** MC, V • **Behinderte:** Zugang schwierig • **Tiere:** nicht erlaubt • **Geschlossen:** Oktober bis April • **Besitzerin:** Margherita Cappelletti

LOMBARDEI

MALEO

Sole

∽ Restaurant mit Gästezimmern ∽

Via Trabattoni 22, 26847 Maleo, Milano
Tel 0377 58142 **Fax** 0377 458058
E-mail solemaleo@interfree.it **Website** www.ilsolemaleo.it

Das Äußere dieser Kutschenstation aus dem 15. Jh. zeichnet sich einzig durch eine vergoldete schmiedeeiserne Sonne aus. Im Inneren sind die Wände weiß getüncht, die Decken mit Deckenbalken versehen und die gewölbten Zimmer sorgfältig mit antiken Möbeln, Kupfertöpfen und Keramiken ausgestattet. Es gibt drei Essbereiche: die alte Küche mit ihrem großen Tisch, dem offenen Feuer und den alten Gaskochstellen, auf denen gelegentlich die Gerichte vor den Augen der Gäste zubereitet werden; einen kleineren Speiseraum mit Einzeltischen und den Portikus, von dem aus man einen Ausblick auf den idyllischen Garten hat.

Der verstorbene Franco Colombani hat der regionalen Küche seinen ganz eigenen Charakter verliehen: reichhaltige und würzige Eintöpfe, gegrilltes Fleisch und gegrillter Fisch mit Gemüse aus dem Küchengarten und feine Weine aus dem schier unerschöpflichen Weinkeller. Heute wahren sein Sohn und seine Tochter die Tradition, die das Sole zu einem der besten Restaurants in Italien gemacht hat.

Die drei Zimmer über dem Restaurant sind traditionell und sehr persönlich eingerichtet – der ideale Platz, um sich nach einem üppigen Dinner ins Bett fallen zu lassen.

∽

Umgebung: Piacenza (20 km); Cremona (22 km) • **Lage:** hinter der Kirche an der Hauptpiazza mit eigenem Parkplatz • **Mahlzeiten:** Frühstück, Mittagessen, Abendessen • **Preise:** €€ • **Zimmer:** 3; 2 Doppel-, 1 Einzelzimmer mit Bad; alle Zimmer mit Telefon, TV, Klimaanlage, Minibar; 1 Appartement • **Anlage:** Aufenthaltsraum, 2 Speiseräume, Garten • **Kreditkarten:** MC, V • **Behinderte:** keine speziellen Einrichtungen • **Tiere:** erlaubt • **Geschlossen:** Januar, August; Restaurant Sonntagabend, montags • **Besitzer:** Mario und Francesca Colombani

LOMBARDEI

MANTUA

San Lorenzo
~ Stadthotel ~

Piazza Concordia 14, 46100 Mantova
Tel 0376 220500 **Fax** 0376 327194
E-mail hotel@hotelsanlorenzo.it **Website** www.hotelsanlorenzo.it

Das San Lorenzo ist hübsch, konservativ, technisch auf dem neuesten Stand und so zentral gelegen wie nur irgend möglich. Es ist buchstäblich von Perlen der geschichtsträchtigen Architektur Mantuas umgeben. Selbst wenn Sie im Hotel nur an einer Tagung teilnehmen, sollten Sie sich über den Empfangsbereich hinauswagen, auf die Dachterrasse gehen, sich umsehen und darüber wundern, wie einfach es ist, eine Zeitreise von ein paar Jahrhunderten zu machen (auch einige Zimmer haben Terrassen mit Blick auf die Altertümer der Stadt).

Das San Lorenzo ist ein Hotel, wie es im Buche steht. Hier erwarten Sie sicher nur schöne Überraschungen. Die Gemeinschaftsräume sind ruhig und mit frischen Blumen, eleganten Möbeln, wertvollen Gemälden, Porzellan und einer faszinierenden Sammlung von Messingopferstöcken aus dem 16. Jh. geschmückt.

Das Personal ist freundlich und professionell und kann Ihnen die — allerdings gekürzte — Geschichte Mantuas erzählen, es wird Ihnen dabei helfen, eine Stadtbesichtigungsroute zu wählen und Ihnen das Wichtigste zu den historisch bedeutsamen Orten und Gebäuden notieren. Die Zimmer sind geräumig und hell; jedes mischt auf seine Weise das Alte mit dem Modernen. Die Badezimmer sind tadellos sauber. Fazit: Gut geführte Unterkunft, beste Lage, vielleicht etwas wenig individuell.

~

Umgebung: Piazza dell'Erbe; Basilica di Sant'Andrea; Palazzo Ducale • **Lage:** im Stadtzentrum; Garage • **Mahlzeiten:** Frühstück • **Preise:** €€€ • **Zimmer:** 32; 23 Doppel- und Zweibettzimmer, 9 Suiten, 25 mit Bad, 7 mit Dusche; alle Zimmer mit Telefon, TV, Klimaanlage, Minibar, Fön • **Anlage:** Aufenthaltsraum, Konferenzräume, Bar, Terrasse • **Kreditkarten:** AE, DC, MC, V • **Behinderte:** 2 speziell eingerichtete Zimmer • **Tiere:** nicht erlaubt • **Geschlossen:** nie • **Besitzer:** Giuseppe und Ottorino Tosi

LOMBARDEI

MAILAND

Antica Locanda Leonardo
~ Stadthotel ~

Corso Magenta 78, 20123 Milano
Tel 02 48014197 **Fax** 02 48019012
E-mail info@anticalocandaleonardo.com **Website** www.leoloc.com

Kaum 30 Sekunden von der Kirche Santa Maria delle Grazie entfernt, die wegen Leonardos berühmtem Abendmahl für gewöhnlich von Touristen umschwärmt wird, macht die Antica Locanda Leonardo einen eher düsteren und leicht Unheil verkündenden Eindruck. Aber lassen Sie sich dadurch nicht abschrecken, denn sobald man über die Schwelle des Hotels in den Innenhof gelangt, betritt man auch eine andere Welt. Die helle und farbenfrohe Eingangshalle verfügt über einen kühlen, blassgrauen Mosaikboden; eine schöne Steintreppe führt in den ersten Stock hinauf. Hinter der Eingangshalle befindet sich ein in Hellgelb gehaltenes Wohnzimmer, das seinerseits auf eine kleine, friedvolle und von Bäumen umgebene Terrasse mit weiß gestrichenen schmiedeeisernen Tischen und Stühlen hinausführt.

Oben befinden sich eine kleine Rezeption, der Frühstücksraum und die Zimmer. Außer im Korridor bestehen alle polierten Böden und die Möbel aus Rosen- oder Kirschholz. Der Frühstücksraum ist heiter und elegant; durch die zwei großen Fenster strömt das Sonnenlicht. Das kontinentale Frühstück umfasst Müsli, frisches Obst und Joghurt von bester Qualität. Die tadellosen Zimmer sind zwar von bescheidener Größe, trotzdem nicht überfüllt. Einige verfügen über Terrassen, die auf den Innenhof hinausgehen. Die Bäder sind modern, funktional, makellos sauber und mit guten Handtüchern ausgestattet.

~

Umgebung: Palazzo delle Stelline; Teatro alla Scala; Duomo • **Lage:** im Stadtzentrum westlich des Doms; Parkplatz • **Mahlzeiten:** Frühstück; Zimmerservice **Preise:** €€€ • **Zimmer:** 23 Doppel- und Zweibettzimmer, 11 mit Bad, 12 mit Dusche; alle Zimmer mit Telefon, TV, Klimaanlage, Fön, Safe • **Anlage:** Aufenthaltsraum, Frühstücksraum, Garten • **Kreditkarten:** AE, DC, MC, V • **Behinderte:** nicht geeignet • **Tiere:** nicht erlaubt • **Geschlossen:** 3 Wochen im August, Ende Dezember bis Anfang Januar • **Besitzer:** Mario Frefel

LOMBARDEI

MAILAND

Spadari al Duomo
∽ Stadthotel ∽

Via Spadari 11, 20123 Milano
Tel 02 72002371 **Fax** 02 861184
E-mail reservation@spadarihotel.com **Website** www.spadarihotel.com

Die Bezeichnung »Hotel« trifft auf dieses schicke, ungewöhnliche Etablissement, das sich nur wenige Schritte vom Dom entfernt befindet, kaum zu. Während man zwar dort übernachten kann (und das zudem ausgesprochen komfortabel), teilt man sich die Unterkunft außerdem mit zeitgenössischer Kunst und Bildhauerei: die Leidenschaft der Besitzerin. Diese hat nicht nur dekorative Funktion, sondern stellt eine Sammlung an Arbeiten sowohl bekannter als auch aufstrebender junger Künstler dar. Die in Blau gehaltene Einrichtung präsentiert die Kunstwerke in ihrem besten Licht, und sogar die beeindruckenden Möbel sind speziell von Ugo La Pietra entworfen worden.

Im Erdgeschoss führen die Rezeption, ein Wohnzimmer und eine amerikanische Bar in die Sammlung ein. Der zentrale Punkt ist der Kamin mit einer Skulptur von Gio Pomodoro. Und dennoch ist das Interieur nicht nur elegant, sondern auch praktisch. Obwohl die Zimmer nicht besonders groß sind, wirken sie frisch, sind gut ausgestattet und erstklassig in Schuss. In jedem Zimmer stehen täglich frische Blumen und frisches Obst. Die qualitativ hochwertigen Teppiche, Vorhänge und Bettbezüge vervollständigen das Bild; die auffällig schönen Möbel und die Bäder, alle in Blau und Weiß gehalten, sind makellos. Es gibt zwar kein Restaurant, aber das freundliche Personal besorgt Ihnen gerne einen Snack, wenn Ihre Füße Sie nicht mehr in das nächste Restaurant tragen können.

∽

Umgebung: Galleria Vittorio Emanuele; Duomo • **Lage:** im Stadtzentrum südwestlich des Doms; hoteleigene Garage • **Mahlzeiten:** Frühstück, Snacks
Preise: €€€ • **Zimmer:** 39; 25 Doppel-, 10 Zweibettzimmer, 3 Einzelzimmer, 1 Suite, 27 mit Bad, 12 mit Dusche; alle Zimmer mit Telefon, TV, Klimaanlage, Minibar, Fön, Safe • **Anlage:** Aufenthaltsraum, Bar • **Kreditkarten:** AE, DC, MC, V
Behinderte: nicht geeignet • **Tiere:** nicht erlaubt • **Geschlossen:** Weihnachten
Besitzerin: Marida Martegani

Lombardei

Montichiari

Villa San Pietro
∼ Stadthotel ∼

Via San Pietro 25, 25018 Montichiari, Breschia
Tel 030 961232 **Fax** 030 9981098 **E-mail** villasanpietro@hotmail.com
Website art-with-attitude.com/villa/san_pietro.html

Die Besitzerin Anna Ducros beschreibt Stadt und Hotel folgendermaßen: »Wir leben in einer schönen Stadt, die sich gut als Ausgangspunkt für die Erkundung der Region eignet, aber sie ist nur wenigen Touristen bekannt. Wir sind weder in Verona noch in Venedig, deshalb müssen wir in unserer Unterkunft etwas Besonders bieten.« Also teilt sie ihr Heim mit ihren Gästen und macht sie zu einem Teil ihrer Familie.

Die Villa San Pietro, eine Oase der Ruhe mit großem Garten inmitten der Stadt, wird schon seit dem 17. Jahrhundert von Annas Familie bewohnt. Sie besitzt massive Eichenbalken, alte Steinböden und eine lange Loggia mit zum Innenhof geöffneten Räumen. Familienmöbel, verblasste Schwarz-Weiß-Fotografien und viele Erinnerungsstücke tragen zum Charme der Unterkunft ebenso bei wie die temperamentvolle Anna, ihr französischer Ehemann Jacques und Sohn Alexander. Wenn Sie sich den Genuss von Annas sorgfältig zubereitetem Fünf-Gänge-Menü gönnen, werden Sie beide antreffen und womöglich die anrührende Geschichte hören, wie sie sich kennen gelernt haben. Sie bezeichnen ihr Unternehmen als »Bed and Breakfast auf italienische Art« und ihnen sei jeglicher Erfolg damit gegönnt.

∼

Umgebung: Gardasee; Mantua (45 km); Flughafen in Breschia • **Lage:** in historischer Stadt, in einer Straße, die zum Domplatz führt; mit Privatparkplatz • **Mahlzeiten:** Frühstück, Abendessen auf Anfrage • **Preise:** € • **Zimmer:** 5 Doppel- oder Familienzimmer, alle mit Bad oder Dusche; alle Zimmer mit Kaffeemaschine und Teezubehör, Fön • **Anlage:** Aufenthalts-, Frühstücksraum, Loggia, Garten • **Kreditkarten:** MC, V • **Behinderte:** ein geeignetes Zimmer im Erdgeschoss • **Tiere:** nicht gestattet • **Geschlossen:** nie • **Eigentümer:** Anna und Jacques Ducros

LOMBARDEI

MONZA

Hotel de la Ville
~ Stadthotel ~

Viale Regina Margherita 15, 20052 Monza, Milano
Tel 039 382581 **Fax** 039 367647
E-mail info@hoteldelaville.com **Website** www.hoteldelaville.com

Auf den ersten Blick wirkt die düstere Fassade des Hotels wenig einladend, und Sie werden sich fragen, ob Sie die falsche Wahl getroffen haben. Tatsächlich trifft das Gegenteil zu: Innen präsentiert sich das Hotel in wohl dosierter opulenter Eleganz. Vasen mit frischen Blumen krönen das erlesene Dekor, überall im Haus finden sich seltene Stücke, die der Eigentümer des Hotels, ein passionierter Sammler, zusammengetragen hat. Die Korridore sind mit Silberschalen, erstklassig erhaltenen alten Gepäckstücken und mit Sammlungen von Porzellan, Glas, Uhren, Spazierstöcken und vielem mehr geschmückt. Persische Teppiche, alte Möbel, Töpfe, Pflanzen, Bilder in üppigen Rahmen und glänzender Marmor sind punktgenau mit Strahlern ausgeleuchtet und verleiten den Gast dazu, seine Sorgen wie einen Mantel abzustreifen.

Die makellosen Gästezimmer sind hübsch und individuell eingerichtet, die Badezimmer sind äußerst sauber. Die Küche des eleganten und zugleich gemütlichen Restaurants mit Holztäfelung ist ausgezeichnet. Eine weitere Überraschung bietet die angrenzende Villa aus der Zeit um 1900: Im Zuge der aufwändigen Restaurierung wurden sieben luxuriöse Zimmer und Suiten geschaffen, die mit Antiquitäten und feinsten Stoffen ausgestattet sind, während man die zahlreichen modernen Vorrichtungen kunstvoll versteckte.

~

Umgebung: Villa Reale; Dom; Mailand (15 km) • **Lage:** im Stadtzentrum, gegenüber der Villa Reale; Parkplatz • **Mahlzeiten:** Frühstück, Mittagessen, Abendessen
Preise: €€€€€ • **Zimmer:** 57; 16 Doppel- und Zweibettzimmer mit Bad oder Dusche, 39 Einzelzimmer, 2 Suiten, alle mit Dusche; alle Zimmer mit Telefon, TV, Klimaanlage, Minibar, Fön, Safe • **Anlage:** Restaurant, Bar, Konferenzräume; Billard, Sauna, Fitnessraum (nur für Gäste der Villa) • **Kreditkarten:** AE, DC, MC, V
Behinderte: ein speziell ausgestattetes Zimmer • **Tiere:** nicht gestattet
Geschlossen: Aug., Weihnachten • **Eigentümer:** Familie Nardi

LOMBARDEI

Sole

~ Restaurant mit Gästezimmern ~

Piazza Venezia 5, 21020 Ranco, Varese
Tel 0331 976507 **Fax** 0331 976620
E-mail ivanett@tin.it **Website** www.ilsolediranco.it

Betritt man das helle und geräumige Foyer des Hotels, wird man von der fünften oder sechsten Generation der Brovellis empfangen, da Davide seinem Vater Carlo in diesem alteingesessenen Familienbetrieb am Lago Maggiore mittlerweile tatkräftig zur Seite steht. Sie werden jedoch sofort bemerken, dass weder der Vater noch der Sohn den Fehler begangen haben, sich auf alten Lorbeeren (früher zeitweise zwei, momentan ein Michelin-Stern)auszuruhen. An diesem einladenden und freundlichen Ort verbindet sich das ausgezeichnete Restaurant mit einer großartigen Aussicht auf den See, wirklich schönen Zimmern und einem neuen Pool.

Trotz – oder gerade aufgrund – der gehobenen Erwartungen, die mit der prämierten Küche verbunden sind, sind die Brovellis ihrer Gegend treu geblieben und servieren viele köstliche Gerichte der Region. Die Tische des Restaurants sind normalerweise auf der hübschen Terrasse unter einer Pergola gedeckt; nur bei schlechtem Wetter stehen sie im Frühstücksraum. Die Zimmer sind wahre Perlen: in gehobenem ländlichem Stil eingerichtet, mit tiefen Teppichen und farblich zusammenpassenden Vorhängen, Bettbezügen und Malereien. Die leuchtend weißen Badezimmer hätten eigentlich eigene Sterne verdient; sie sind mit großen Wannen, noch größeren Handtüchern und ansprechenden Kosmetikproben ausgestattet.

~

Umgebung: Luganer und Comer See; Mailand (67 km) • **Lage:** an der Ostseite des Lago Maggiore, nördlich von Angera; Parkplatz • **Mahlzeiten:** Frühstück, Mittagessen, Abendessen • **Preise:** €€€ • **Zimmer:** 16; 3 Doppelzimmer, 4 Juniorsuiten, 8 Suiten, 1 Einzelzimmer; alle mit Bad; alle Zimmer mit Telefon, TV, Klimaanlage, Minibar, Fön, Safe • **Anlage:** Restaurant, Frühstücksraum, Garten • **Kreditkarten:** AE, DC, MC, V • **Behinderte:** 1 speziell geeignetes Zimmer • **Tiere:** kleinere Hunde erlaubt • **Geschlossen:** Ende November bis Ende Januar; Restaurant von November bis April am Montag und Dienstag • **Besitzer:** Familie Brovelli

LOMBARDEI

SAN FEDELE D'INTELVI

Villa Simplicitas
~ Ländliche Villa ~

22010 San Fedele d'Intelvi, Como
Tel 031 831132 **Fax** 031 830455
E-mail info@villasimplicitas.it **Website** www.villasimplicitas.it

Je weiter man sich auf der A9 fortbewegt, desto kleiner werden die Straßen und desto schneller erreicht der Blutdruck – durch den stressenden Verkehr angestiegen – wieder sein normales Niveau. Die letzten zwei Kilometer führen eine holprige Bergstraße hinauf. Wenn man die absolut unprätentiöse Villa aus dem 19. Jh. endlich erreicht hat, sollte man den Motor abstellen, die Wagentür öffnen und der wundervollen Stille lauschen. Das Gebäude ist mit Kuriositäten aus dem 19. Jh. gefüllt, darunter auch ein großartiger Billardtisch, und von einem Hauch rustikaler Vornehmheit umgeben. Die Mahlzeiten werden bei schönem Wetter auf der Terrasse eingenommen, und auf der Speisekarte erscheinen Gerichte, die hauptsächlich mit Zutaten aus eigener Produktion zubereitet werden. Pro Gang hat man drei bis vier Wahlmöglichkeiten, und auch die Weinkarte ist ausgezeichnet.

Die teilweise recht kleinen Zimmer haben fast alle eine herrliche Aussicht und erinnern eher an komfortable Gästezimmer in einer Privatunterkunft: Auf den Ankleidetischen stehen Potpourris, in der Ecke eines Zimmers befindet sich ein Schaukelstuhl und alles ist liebevoll mit Kleinigkeiten dekoriert. Mit Ausnahme des elektrischen Lichts hat das 20. Jh. hier kaum Spuren hinterlassen. Wenn Sie Ihre Batterie wieder aufgeladen haben, können Sie spazieren gehen, reiten, Tennis spielen oder eine Runde golfen.

~

Umgebung: Comer und Luganer See; Lago Maggiore; Como (20 km) • **Lage:** 2 km bergaufwärts von San Fedele d'Intelvi; Parkplatz • **Mahlzeiten:** Frühstück, Mittagessen, Abendessen • **Preise:** €€ • **Zimmer:** 16 Doppel- und Zweibettzimmer, alle mit Dusche; alle Zimmer mit Telefon • **Anlage:** Restaurant, Aufenthaltsraum, Billardraum, Garten, Tischtennis • **Kreditkarten:** AE, DC, MC, V • **Behinderte:** nicht geeignet • **Tiere:** erlaubt • **Geschlossen:** Mitte Oktober bis April • **Besitzerin:** Ulla Wagner

LOMBARDEI

SIRMIONE

Grifone
~ Restaurant am See mit Gästezimmern ~

Vicolo Bisse (Via Bocchio) 5, 25019 Sirmione, Brescia
Tel 030 916014 **Fax** 030 916548

Obwohl das Grifone eines der preiswertesten und einfachsten Hotels in diesem Führer ist, verfügt es über eine einmalige Lage und eignet sich hervorragend für ein bis zwei Übernachtungen. Im Wesentlichen ist es ein Restaurant, das sich auf Fischgerichte spezialisiert hat und eine Auswahl an Antipasti bietet, die einem das Wasser im Munde zusammenlaufen lässt. Von der reizvollen baumbewachsenen Terrasse aus hat man einen Blick auf den Gardasee und die Schutzwälle der Scaligerburg.

Der Eingang des Hotels findet sich in einer engen Gasse innerhalb der Stadtmauern. Ein kleiner Aufenthaltsraum, der mit einem Fernseher und Bambusmöbeln ausgestattet ist, führt zu einer Veranda, auf der das Frühstück serviert wird, und – ideal für Badefreunde – zu einem einladenden kleinen Strand. Die Zimmer im ersten Stock sind einfach möbliert, die Ventilatoren laut, aber alles ist tadellos sauber. Aus einigen Zimmern hat man einen direkten Blick auf die Burgmauern; die fünf Balkons sind üppig mit Blumen bepflanzt. Die Zimmer im obersten Stockwerk erfreuen sich der schönsten Aussicht: über die Dächer der Stadt, die Berge und den See. In der Fußgängerzone sind naturgemäß keine Verkehrsgeräusche zu hören – man kann höchstens durch die Kirchenglocken geweckt werden.

~

Umgebung: Gardasee; Brescia (39 km); Verona (35 km) • **Lage:** direkt an der Stadtmauer neben der Burg am See; gebührenfreier Parkplatz (50 m)
Mahlzeiten: Frühstück, Mittag- und Abendessen • **Preise:** € • **Zimmer:** 16; 12 Doppel-, Zweibett- und Dreibettzimmer, 4 mit Bad, 8 mit Dusche, 4 Einzelzimmer mit Dusche • **Anlage:** Aufenthaltsraum, Speiseraum, Aufzug, Terrassen, winziger Strand • **Kreditkarten:** keine • **Behinderte:** Zugang schwierig außer zum Restaurant • **Tiere:** nicht erlaubt • **Geschlossen:** November bis Ostern
Besitzer: Familie Marcolini

LOMBARDEI

SORGIVE

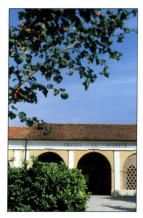

Tenuta Le Sorgive
~ Agriturismo ~

Località Sorgive, 46040 Solferino, Mantova
Tel 0376 854028 **Fax** 0376 855256
E-mail info@lesorgive.it **Website** www.lesorgive.it

Das Le Sorgive in ländlicher Umgebung mit Blick auf sanfte, an die Toskana erinnernde Hügel bietet sich als Alternative zum überlaufenen Gardasee 13 Kilometer nördlich an. Vittorio Serenelli, ein ehemaliger Judolehrer, wandelte das Gut seines Großvaters in einen ökologisch geführten *agriturismo*-Betrieb um., der mit Reitschule, Ställen, Landwirtschaft, Fitnesshalle und Swimmingpool ideal für aktive Familien und Freiluftfans ist. Die Zutaten für die unprätentiösen Gerichte im Restaurant »Le Volpi« (100 Meter Fußweg) kommen vom Gut, inklusive ökologisch angebautem Gemüse und Chianina-Rindfleisch für die berühmten *bistecce Fiorentina*. Die Bäume liefern das Material für den Holzofen, der die Gebäude beheizt.

Der Haupteingang führt in den Originalstall, einen höhlenartigen Raum mit schönem Steingewölbe, der nun als Frühstücksraum fungiert. Die einfachen Gästezimmer sind im Nachbargebäude untergebracht. Sie sind mit weißen Wänden, Balken, Steinböden und antiken Möbeln ausgestattet. Zwei haben erhöhte Schlafbereiche für Kinder. Es gibt zudem zwei Appartements, jedes mit zwei Doppelbettzimmern, einem Sofa und einer Küchenzeile im Wohnzimmer. Gutes Preis-Leistungsverhältnis für Familien.

~

Umgebung: Gardasee; Brescia (25 km); Verona (40 km) • **Lage:** 7 km östlich von Castiglione delle Stivieret; Abzweigung von der Straße nach Mantua (Schild »Azienda Agricola Le Volpi«; mit eigenem Parkplatz • **Mahlzeiten:** Frühstück, Abendessen • **Preise:** €€ • **Zimmer:** 8 Doppel-, Zwei-, Dreibett- und Familienzimmer, alle mit Dusche; 2 Appartements; alle Zimmer mit Telefon, TV, Fön; die Zimmer im zweiten Stock mit Klimaanlage • **Anlage:** Frühstücksraum, Gemeinschaftsraum, Restaurant »Le Volpi« (100 m entfernt), Fitnesshalle, Terrasse, Garten, Swimmingpool, Reitschule • **Kreditkarten:** AE, DC, MC, V • **Behinderte:** Zugang zu zwei Zimmern möglich • **Tiere:** erlaubt • **Geschlossen:** nie; Restaurant Montag, Dienstag Mittag, Januar • **Besitzer:** Vittorio Serenelli

LOMBARDEI

Villa Belvedere
Villa am See

Via Milano 8,
22010 Argegno, Como • **Tel** 031
821116 • **Fax** 031 821571
E-mail capp.family@tin.it
Website www.go.to/belvedere
Mahlzeiten: Frühstück
Preise: €€
Geschlossen: November bis April
Besitzer: Familie Cappelletti

Die familiengeführte Bed-
&-Breakfast-Unterkunft
(Achtung: Am Comer See gibt es vier Hotels mit dem Namen »Belvedere« !) hat eine treue Stammkundschaft. Giorgio, der sie in dritter Generation seit 1951 führt, teilt sich die Aufgaben mit seiner schottischen Frau Jane. Das Gebäude entstammt dem 18. Jahrhundert und wurde in den frühen 1920er-Jahren in ein Hotel umgewandelt. Es hat 16 Zimmer, aber nur 12 bieten einen Blick auf den See. An sonnigen Tagen und milden Abenden lädt die Terrasse zum Verweilen ein, ansonsten ein Raum mit Kamin und wunderschön freskierter Decke. Die Zimmer sind einfach und das Frühstück hervorragend, vor Ort gibt es mehrere Restaurants zur Auswahl.

Relais Mirabella
Villa am See

Via Mirabella 34,
25049 Clusane sul Lago, Brescia
Tel 030 9898051 • **Fax** 030
9898052 • **E-mail**
mirabella@relaismirabella. it
Website www.relaismirabella.it
Mahlzeiten: Frühstück, Mittag-
und Abendessen • **Preise:** €€
Geschlossen: nie • **Besitzer:**
Familie Anessi

Die in ein gepflegtes, gut
ausgestattetes Hotel umgewandelte Villa verzaubert mit ihrer Lage in einer von Wäldern umgebenen Ortschaft. Grünflächen führen hinunter zum Lago d'Iseo. Jedes der 20 großzügig geschnittenen Zimmer bietet einen Ausblick auf den See. Das in Gelb gehaltene Gebäude ist fast gänzlich von einer großen Terrasse umgeben. Im Innern ist sie mit alten Gemälden vollgestopft. Die Küche bietet regionale Gerichte. Die Gäste haben die Wahl zwischen dem Speisesaal im Hotel und dem stimmungsvollen, rustikalen »La Catilina« in einem umgewandelten Bauernhaus, das man nach einem kurzen Spaziergang durch die Wälder erreicht. Es gibt einen einladenden Swimmingpool in dem blumenübersäten Garten.

LOMBARDEI

Villa del Sogno
Villa am See

Via Zanardelli 107,
25083 Gardone Riviera, Brescia
Tel 0365 290181
Fax 0365 290230
E-mail info@villadelsogno.it
Website www.villadelsogno.it
Mahlzeiten: Frühstück, Mittag-
und Abendessen • **Preise:**
€€€€€ • **Geschlossen:** Ende
Oktober bis April
Besitzer: Familie Calderan

Im Jahre 1904 als Feriendomizil eines österreichischen Seidenfabri-
kanten erbaut, wurde die eindrucksvolle Villa inmitten eines exoti-
schen Parks 1938 in ein Hotel umgewandelt. Sie liegt über, trotzdem
nahe genug am Gardasee, um Teil der Uferszenerie zu sein. Ein
Anbau entstand in den 1980er-Jahren, er enthält einige durch-
schnittliche Zimmer und die Rezeption, durch die man die holzver-
täfelte Halle erreicht. Der riesige offene Kamin und die bemalten
Keramikfliesen, ein Hinweis auf das österreichische Erbe, korre-
spondieren mit den Steinbogen, griechischen Vasen und neoklassi-
zistischen Dekorationselementen. Das Hotel ist sehr gepflegt, doch
die Preise sind gepfeffert.

Hotel du Lac
Hotel am See

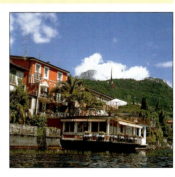

Via P. Colletta 21,
25084 Villa di Gargano, Brescia
Tel 0365 71107
Fax 0365 71055
E-mail info@hotel-dulac.it
Website www.hotel-dulac.it
Mahlzeiten: Frühstück, Mittag-
und Abendessen • **Preise:** €–€€
Geschlossen: Anfang November
bis Ende März • **Besitzer:** Familie
Arioso

Die Familie Arioso empfängt bereits seit 1959 Gäste in ihrem auf
charmante Weise altmodischen Hotel am Gardasee. Im Erdgeschoss
zieren Perserteppiche die Mosaik- oder Kachelböden und die
Wände zahlreiche Gemälde. Die Empfangsräume und Gästezimmer
sind mit Antiquitäten bestückt. Besonders empfehlenswert sind die
sechs Zimmer, die eine eigene Terrasse oder Balkon haben. In dem
großzügig geschnittenen Restaurant werden zum Plätschern des
Sees traditionelle italienische Gerichte serviert. Bei schönem Wetter
kann man auf der in den See ragenden Terrasse speisen. Abends wird
sie mit Laternen und Kerzen illuminiert. Das Hotel bietet ein ausgezeichnetes Preis-Leistungsverhältnis.

LOMBARDEI

MAILAND

Antica Locanda dei Mercanti
Stadthotel

Via San Tomaso 6, 20123 Milano
Tel 02 8054080
Fax 02 8054090
E-mail locanda@locanda.it
Website www.locanda.it
Mahlzeiten: Frühstück, Snacks
Preise: €€€
Geschlossen: nie
Besitzer: Alessandro Basta

In zentraler Lage in einer kleinen Seitenstraße der Via Dante findet sich dieses entzückend ausgestattete Hotel in einem Gebäude aus dem 17. Jahrhundert. Die Einrichtung jedes einzelnen Zimmers ist aufeinander abgestimmt, einige haben Himmelbetten oder schmiedeeiserne Betten, einige Bordüren mit Motiven wie Kletterrosen, alle schöne Bettbezüge und Vorhänge. Dass das Hotel bei den Gästen die unterschiedlichsten Reaktionen hervorruft, zeigen Leserkommentare, die von zufrieden bis verärgert über das unfreundliche Personal, die Badezimmergröße und -einrichtung, Probleme bei der Buchung und Bezahlung reichen.

MAILAND

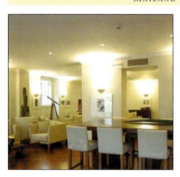

Milan Town House 31
Stadthotel

Via Goldoni 31, 20129 Milano
Tel 02 701561
Fax 02 713167 • **E-mail** townhouse31@townhouse.it
Website www.designhotels.com
Mahlzeiten: Frühstück
Preise: €€€€ • **Geschlossen:** 3 Wochen um Weihnachten und Neujahr sowie August • **Geschäftsführerin:** Ornella Borsato

Das Designerhotel mit 17 Zimmern wurde im Jahre 2002 in einem eleganten Gebäude aus der Zeit um 1900 eröffnet. Es liegt in einem Wohngebiet nahe der Porta Venezia. Die Inneneinrichtung im Stil von »Out of Africa« reflektiert die Liebe des Eigentümers zu diesem Kontinent, den er des Öfteren bereiste. Neutrale Farben lassen die exquisiten Antiquitäten, wunderschönen Stücke wie marokkanische Speere und Blumenarrangements bestens zur Geltung kommen. Die Cocktailbar auf der rückwärtigen Terrasse bevölkert nachts ein elegantes Publikum.
Das Hotel ist eine nützliche, wenn auch teure Adresse für jene, die diesen Einrichtungsstil und ein entspanntes Personal schätzen.

LOMBARDEI

POMPONESCO

Il Leone
Restaurant mit Gästezimmern

Piazza IV Martiri,
46030 Pomponesco, Mantova
Tel 0375 86077/86145
Fax 0375 86770
Mahlzeiten: Frühstück, Abend-
essen • **Preise:** €
Geschlossen: Januar; Restaurant
Sonntag Mittag, Montag
Besitzer: Signor Pasolini

Pomponesco war einst unter dem Mantuaner Herrschergeschlecht der Gonzaga eine florierende Stadt, was sich in der Altstadt noch heute zeigt. Das Leone in der Nähe der zentralen Piazza war im 16. Jahrhundert das Domizil eines Adeligen und ist heute in erster Linie ein Restaurant mit schönen Essbereichen. Das Hauptrestaurant weist eine getäfelte Decke und Friese auf. Doch auch die übrige Einrichtung ist elegant. Die Küche gehört zu den besten der Region und bietet außergewöhnliche Gerichte mit ungewohnter Zutatenkombination an. Vom Restaurant aus führt ein begrünter Innenhof zu den sieben um einen einladenden Pool angeordneten Gästezimmern. Sie sind modern eingerichtet und gepflegt.

SALÒ

Laurin
Hotel am Stadtrand

Viale Landi 9, 25087 Salò, Brescia
Tel 0365 22022
Fax 0365 22382
E-mail laurinbs@tin.it
Website www.laurinsalo.com
Mahlzeiten: Frühstück, Mittag-
und Abendessen
Preise: €€
Geschlossen: Dezember bis März
Besitzer: Familie Rossi

Eine der Attraktionen am Gardasee sind die vielen Jugendstilvillen, die als Feriendomizile reicher Italiener (und Österreicher, siehe die Villa del Sogno, Seite 159 oben) um das Jahr 1900 errichtet wurden. Das Laurin ist in einer der am besten erhaltenen Villen untergebracht. In dem tadellos gepflegten Park findet sich eine Terrasse und ein Swimmingpool. Die original erhaltene Innenausstattung weist Fresken, glänzende Fliesen- oder knarzende Parkettböden, Buntglasfenster, riesige Muranoglasleuchter sowie Möbel aus der Belle Epoche und Palmen in Töpfen auf. Nach all der Pracht sind die Gästezimmer eher enttäuschend. Die Villa ist immer noch im Besitz der Familie Rossi, die es in den 1960-er Jahren in ein Hotel umgewandelt hat.

LOMBARDEI

Casa Clelia
Agriturismo

Via Corna 1/3, 24039 Sotto il
Monte, Bergamo
Tel 035 799133
Fax 035 791788
E-mail info@casaclelia.com
Website www.casaclelia.com
Mahlzeiten: Frühstück, Mittag-
und Abendessen • **Preise:** €
Geschlossen: Hotel nie; Restau-
rant Montag
Besitzerin: Rosanna Minonzio

Ein Mönchskloster aus dem 11. Jahrhundert in schöner ländlicher
Umgebung wurde vorbildlich in einen *agriturismo*-Betrieb mit Einrichtungen aus Holz, Kaminen, Balken und Steinwänden umgewandelt. Der ökologischen Idee verpflichtet, dämmen in den Gästezimmern Geräte den Elektrosmog, ein Holzofen mit integrierten
Solarzellen liefert Wärme, und Kork, Jute und Lehmziegel sorgen
für die Schalldämmung. Sie sind zudem mit Antiquitäten ausgestattet, einige haben große Badewannen. Die betriebseigene ökolo-
gische Landwirtschaft liefert 80 Prozent der Produkte für die
Gerichte, die im Restaurant – mit Tonnengewölbe und Karotisch-
decken – serviert werden.

Trentino/Südtirol

Bad Dreikirchen
~ Berghotel ~

San Giacomo 6, 39040 Barbiano (Barbian), Bozen
Tel 0471 650055 **Fax** 0471 650044
E-mail info@baddreikirchen.it **Website** www.baddreikirchen.it

Seinen Namen hat dieses idyllisch gelegene Hotel, ein Chalet aus dem 14. Jahrhundert, von drei kleinen Kirchen in der näheren Umgebung, die noch aus dem Mittelalter stammen. Die Tatsache, dass man das Hotel nur per Taxi mit Vierradantrieb erreichen kann, macht es zu einem perfekten Zufluchtsort.

Das große alte Gebäude mit seinem schiefergedeckten Dach und seinen dunklen Holzbalkons bietet eine wunderschöne Aussicht auf die umliegenden Wiesen, Wälder und Berge. Es gibt sowohl im Inneren des Hotels mit seiner Kiefertäfelung und den geschnitzten Möbeln als auch außen viel Platz für die Gäste, und die Atmosphäre ist gemütlich-rustikal. In der kleinen Bibliothek findet man ruhige Ecken zum Lesen, und die einfachen, aber wohlschmeckenden Gerichte werden in dem hübschen Speiseraum oder auf der angrenzenden Veranda serviert, die über eine wunderschöne Aussicht verfügt. Die Zimmer im ursprünglich erhaltenen Teil des Gebäudes sind mit ihrer durchgehenden Holztäfelung besonders reizvoll.

Alles in allem treffen die Worte eines Gastes aus dem Jahr 1908 auch heute noch zu: »Ich blieb einige Tage … Das Wetter war anhaltend schön, die Lage großartig und das Essen gut.«

~

Umgebung: Brixen (17 km); Grödnertal (10 km) • **Lage:** 21 km nordöstlich von Bozen, Abfahrt Klausen von der Brennerautobahn, in südlicher Richtung nach Barbian (6 km); Hotelparkplatz auf der rechten Seite (auf Anfrage schickt das Hotel einen Jeep, um Sie vom Parkplatz abzuholen) • **Mahlzeiten:** Frühstück, Mittag- und Abendessen • **Preise:** €, Halbpension obligatorisch • **Zimmer:** 26; 16 Doppel- und Zweibett-, 8 Einzelzimmer, 2 Familienzimmer, alle mit Bad oder Dusche • **Anlage:** Aufenthaltsräume, Bar, Restaurant, Spieleraum, Bibliothek, Garten, Terrassen, Swimmingpool, Tischtennis, Tennisplatz (1 km) • **Kreditkarten:** MC, V **Behinderte:** Zugang schwierig • **Tiere:** erlaubt • **Geschlossen:** Ende Oktober bis Ende April • **Besitzer:** Familie Wodenegg

Trentino/Südtirol

BRESSANONE / BRIXEN

Dominik
〜 Stadthotel 〜

Via Terzo di Sotto 13, 39042 Bressanone (Brixen), Bozen
Tel 0472 830144 **Fax** 0472 836554
E-mail info@hoteldominik.com **Website** www.hoteldominik.com

Dieses unprätentiöse Relais-et-Châteaux-Hotel wurde in den 1970er Jahren erbaut und steht im ältesten Teil Brixens mit Blick auf die Berge und den Fluss Rienza. In den Fenstern stehen mit Geranien gefüllte Blumenkästen, und auf der ebenfalls mit Blumen übersäten Terrasse kann man gut zu Abend essen. Das Gebäude ist von Terrassen umgeben; das Erdgeschoss im Inneren ist großzügig und offen angelegt.

Im Aufenthaltsraum gibt es einen offenen Kamin, bequeme Stühle und Kaffeetische, auf denen sich Zeitschriften stapeln. Einer der beiden Speiseräume ist gemütlich und traditionell eingerichtet, während der andere eher modern ist. Die Zimmer sind ebenfalls modern, sehr bequem und in hellen Farben gestrichen. Bei Ihrer Ankunft erwarten Sie frische Blumen und Obst; die Handtücher sind flauschig und angenehm groß, die Badezimmer äußerst geräumig.

Ein zufriedener Gast berichtet von ausgezeichnetem Essen: Lokalen Gerichten wird eine einfallsreiche Note verliehen, sie werden elegant präsentiert und vom hilfsbereiten, freundlichen Personal serviert.

〜

Umgebung: Dom; Kloster Neustift (3 km) • **Lage:** im Norden der Stadt; mit Garage
Mahlzeiten: Frühstück, Mittag- und Abendessen • **Preise:** €€-€€€ • **Zimmer:** 36;
25 Doppel- und Zweibettzimmer, 9 Einzelzimmer, 2 Suiten, alle mit Bad oder Dusche; alle Zimmer mit Telefon, TV, Minibar, Fön, Safe • **Anlage:** Aufenthaltsraum, Speiseräume, Bar, Terrasse, Aufzug, Hallenbad, Sauna • **Kreditkarten:** AE, DC, MC, V • **Behinderte:** Zugang möglich • **Tiere:** erlaubt • **Geschlossen:** 2 bis 3 Wochen im März, Mitte November bis Mitte Januar • **Besitzer:** Familie Demetz

Trentino/Südtirol

Elephant
~ Stadthotel ~

Via Rio Bianco 4, 39042 Bressanone (Brixen), Bozen
Tel 0472 832750 **Fax** 0472 836579
E-mail info@hotelelephant.com **Website** www.hotelelephant.com

Brixen (ital. Bressanone) ist eine hübsche Stadt am Fuß des Brennerpasses, die mehr österreichisch als italienisch anmutet. Das trifft auch auf das reizvolle Hotel Elephant zu, das seinen Namen von jenem Tier erhielt, das König Johann von Portugal als Geschenk für den österreichischen Erzherzog Maximilian über die Alpen geführt hatte. Der einzige Stall, der groß genug für das erschöpfte Tier war, befand sich neben der Schänke, die zur Feier des Ereignisses dann auch gleich umbenannt wurde.

Das Hotel wird von einer Atmosphäre soliden und altmodischen Komforts bestimmt. Die Korridore sind in stilvollen Farben gestrichen und mit geschnitzten Antiquitäten und Einlegearbeiten dekoriert. Die Gemeinschaftsräume befinden sich alle im ersten Stock: ein eleganter Aufenthaltsraum im Stil des 18. Jhs., ein großer, heller Frühstücksraum sowie drei Speiseräume. Das Essen stellt sicher einen der Höhepunkte während des Aufenthalts in diesem Hotel dar.

Die Zimmer sind zwar geräumig und bequem, aber verglichen mit den Gemeinschaftsräumen doch etwas enttäuschend, in einigen stehen Antiquitäten.

~

Umgebung: Dom; Kloster Neustift (3 km) • **Lage:** am Nordrand der Stadt; in Gärten; mit Parkplatz und Garagen • **Mahlzeiten:** Frühstück, Mittag- und Abendessen **Preise:** €€€ • **Zimmer:** 44; 28 Doppel- und Zweibettzimmer, 27 mit Bad, 1 mit Dusche; alle Zimmer mit Telefon, TV, Minibar, Fön • **Anlage:** Frühstücksraum, Aufenthaltsraum, Bar, Speiseräume, Garten, Swimmingpool, Tennisplätze **Kreditkarten:** AE, DC, MC, V • **Behinderte:** 2 Zimmer im Nebengebäude im Erdgeschoss • **Tiere:** erlaubt • **Geschlossen:** November bis Weihnachten, Januar bis März • **Besitzer:** Familie Heiss

Trentino/Südtirol

Caldaro / Kaltern

Leuchtenburg
～ Ländliches Gästehaus ～

Campo di Lago 100, 39052 Caldaro (Kaltern), Bozen
Tel 0471 960093/960048 **Fax** 0471 960155 **E-mail** pensionleuchtenburg
@kalterersee.it **Website** www.kalterersee.com/pensionleuchtenburg

Das solide Steingebäude aus dem 16. Jh. beherbergte früher die Dienerschaft der Leuchtenburg, die eine Stunde mühseligen Wegs den bewaldeten Berg hinauf hinter dem jetzigen Hotel liegt. Heute werden die Gäste der *pensione* von den freundlichen Besitzern gut umsorgt, während die Burg längst zur Ruine verfallen ist. Die Lage direkt am Kalterer See ist beneidenswert ruhig.

In der *pensione* sorgen die Sparers für ein solides Frühstück und Drei-Gänge-Menüs zum Abendessen; die regionale Küche wird in einer unprätentiösen und anheimelnden Atmosphäre serviert. Die niedrigen Speiseräume im Erdgeschoss sind weiß gestrichen; die Rezeption im ersten Stock bestimmt ein großer, mit Zeitschriften übersäter Tisch, der von Sesseln umgeben ist. Ein weiterer Bereich im ersten Stock, in dem man auch gemütlich sitzen kann, führt zu den Zimmern, die über hübsche bemalte Möbel und gefliste Böden verfügen. Die Zimmer im zweiten Stock sind einfacher eingerichtet. Jedes einzelne Zimmer hat seine eigene Geschichte: Im »alten Räucherzimmer« beispielsweise wurden früher Lebensmittel geräuchert. Im Allgemeinen sind die Zimmer sehr geräumig, von manchen hat man einen herrlichen Blick. Vor kurzem kamen sieben neue Suiten dazu. Gutes Preis-Leistungs-Verhältnis.

～

Umgebung: See mit Schwimm- und Angelmöglichkeit • **Lage:** 5 km südöstlich von Kaltern, am See; Hof mit Parkmöglichkeit • **Mahlzeiten:** Frühstück, Abendessen
Preise: €€ • **Zimmer:** 26; 15 Doppel- und Zweibettzimmer, 2 Einzelzimmer, 2 Dreibettzimmer, 7 Suiten; alle mit Bad oder Dusche; alle Zimmer mit TV, Telefon
Anlage: Sitzecken, Speiseraum, Bar, Terrasse, Strand • **Kreditkarten:** MC, V
Behinderte: nicht geeignet • **Tiere:** erlaubt • **Geschlossen:** November bis Ostern
Besitzer: Familie Sparer

Trentino/Südtirol

Turm

~ Dorfhotel in den Bergen ~

Piazza della Chiesa 9, 39050 Fié allo Sciliar (Völs am Schlern), Bozen
Tel 0471 725014 **Fax** 0471 725474
E-mail info@hotelturm.it **Website** www.hotelturm.it

Das Romantikhotel Turm, ein ehemaliges, massives Gerichtsgebäude aus dem 12. Jahrhundert mit einer wunderbaren Aussicht über die umgebenden Wiesen und Berge, bietet Südtiroler Gastfreundschaft mit Stil und Wärme. Es wird mittlerweile von Stefan Pramstrahler geführt, der auch ein talentierter Küchenchef ist und das Hotel in den letzten Jahren zu einer modernen Erholungsoase mit Wellnesssuite und 14 Luxuszimmern gemacht hat. Die Zimmer sind alle unterschiedlich eingerichtet und verschieden groß, doch selbst das kleinste hat alles, was Erholungsuchende sich wünschen – angefangen von den traditionellen Möbeln bis zur gemütlichen Sitzecke. Die Mini-Appartements zeichnen sich ebenfalls durch ein ausgezeichnetes Preis-Leistungs-Verhältnis aus; eines liegt in einem kleinen Steinturm und verfügt sogar über eine Wendeltreppe. Es besteht aus Doppel- und Kinderzimmer und ist als holzgetäfelte »Stube« eingerichtet. Ihre schöne Sammlung zeitgenössischer Kunst stellen die Pramstrahlers im ganzen Haus aus, darunter auch in der neuen Bar (mit großartiger Sonnenterrasse) und in den weiß getünchten Korridoren. Der Hauptspeiseraum mit seiner niedrigen Holzdecke ist hell und geräumig; aus den Fenstern hat man eine schöne Aussicht auf das Tal. Im Erdgeschoss des Turms aus dem 11. Jahrhundert befindet sich ein zweiter romantischer kleiner Speiseraum. Das Essen ist in beiden ausgezeichnet.

Umgebung: Grödnertal; Bozen (16 km); Kastelruth (10 km) • **Lage:** im Dorf, 16 km östlich von Bozen; mit Garten und Parkplatz • **Mahlzeiten:** Frühstück, Mittag- und Abendessen • **Preise:** €€€–€€€€ • **Zimmer:** 35; 29 Doppel- und Zweibettzimmer, 1 Einzelzimmer, alle mit Bad oder Dusche, 5 Appartements mit Küchenzeile; alle Zimmer mit Telefon, TV, Minibar, Fön, Safe • **Anlage:** Aufenthaltsraum, Speiseräume, Bar, Aufzug, Garten, Wellnessbereich, Swimmingpool, Garage • **Kreditkarten:** MC, V • **Behinderte:** Zugang möglich • **Tiere:** erlaubt • **Geschlossen:** November bis Mitte Dezember • **Besitzer:** Karl Pramstrahler

Trentino/Südtirol

Der Pünthof
≈ Landhotel ≈

Via Steinach 25, 39022 Lagundo (Algund), Bozen
Tel 0473 448553 **Fax** 0473 449919
E-mail info@puenthof.com **Website** www.puenthof.com

Hinter dem heutigen Eingang des Pünthof verlief die Via Claudio Augusto, eine römische Straße nach Deutschland, und der Wachturm der Straße bildet einen Teil des jetzigen Hotelgebäudes. Das Hauptgebäude war ursprünglich ein mittelalterliches Bauernhaus, das sich seit dem 17. Jh. im Besitz der Familie Wolf befindet. Vor 40 Jahren haben die Wolfs das Hotel eröffnet; die Gäste waren zunächst in der ehemaligen Scheune untergebracht, mit den Jahren sind aber immer mehr Gebäude dazugekommen. Obwohl Algund ein eher trister Vorort Merans ist, merkt man auf dem Hotelgelände mit seinen Obstgärten, Weinbergen und der wunderschönen Landschaft nichts mehr davon.
Die Gemeinschaftsräume befinden sich im alten Teil des Gebäudes. Das Frühstück wird in der hellgrünen Stube mit dem Holzboden, der niedrigen Decke, dem Keramikofen und den getäfelten Wänden serviert. Die Zimmer in der Scheune sind modern und komfortabel, aber recht eintönig, obwohl einige über eigene Terrassen verfügen, die zum Garten hinausgehen. Die schönsten sind die in dem viereckigen Turm gelegenen Zimmer. Es gibt fünf gut ausgestattete Appartements sowie sechs einfachere und billigere Zimmer in einem Nebengebäude.

≈

Umgebung: Bozen (28 km); Brenner (70 km); Dolomiten • **Lage:** 3 km nordwestlich von Meran, außerhalb des Dorfes; eigene Anlage mit großem Parkplatz
Mahlzeiten: Frühstück • **Preise:** €€, 3 Tage Mindestaufenthalt • **Zimmer:** 12 Doppel- und Zweibettzimmer, 2 mit Bad, 10 mit Dusche, 6 Appartements mit Kochnische; alle Zimmer mit Telefon, TV, Minibar, Safe • **Anlage:** 2 Frühstücksräume, Aufenthaltsraum, Bar, Restaurant, Sauna, Solarium, Garten, Tennisplätze, Swimmingpool • **Kreditkarten:** AE, DC, • MC, V • **Behinderte:** 1 Zimmer im Erdgeschoss geeignet • **Tiere:** erlaubt • **Geschlossen:** Anfang November bis Mitte März
Besitzer: Familie Wolf

Trentino/Südtirol

Oberwirt
≈ Resorthotel in den Bergen ≈

Vicolo San Felice 2, Marlengo (Marling), 39020 Meran, Bozen
Tel 0473 222020 **Fax** 0473 447130
E-mail info@oberwirt.com **Website** www.oberwirt.com

Das Château de la Menaudière inmitten der Loire-Schlossgegend – Chenonceaux, Amboise, Chambord und Chaumont liegen in der Nähe – ist 1443 auf einer steinigen Felsnase, bekannt als La Kaërie, erbaut worden; ihr verdankt der erste Bau auch seinen Namen. Später wurde er durch eine Villa ersetzt, die sich bis 1624 im Besitz der Familie Briçonnet befand. Das Gebäude hatte seine Höhen und Tiefen oder, um es architektonisch auszudrücken, zahlreiche Umbauten und Umgestaltungen erfahren. Ein Element, das überlebt hat und heute viel zum Charme des Hauses beiträgt, ist der gedrungene, runde Turm, der schon lange vom Hauptgebäude getrennt ist. In diesem Turm befinden sich drei Zimmer, die man über eine Wendeltreppe aus Stein erreicht.

Leider haben die recht häufigen Besitzerwechsel im Laufe der Zeit auch dazu geführt, dass kaum noch ein originales Ausstattungselement im Schloss zu finden ist. Von den historischen Wänden blicken nur wenige Ahnen auf den Besucher hinunter, und die modernen Möbel scheinen sich in ihrer jahrhundertealten Umgebung auch nicht recht wohl zu fühlen. Wie dem auch sei: Das Personal ist freundlich und fleißig, die Zimmer sind geräumig und gut ausgestattet, und die beiden inhäusigen Restaurants bieten dem hungrigen Reisenden eine große Auswahl an ausgezeichneten Speisen und Weinen.

≈

Umgebung: Passeiertal und Passer; Schloss Tirol; Dolomiten • **Lage:** im Ort; 4 km südwestlich von Meran; Parkgarage und Parkplatz • **Mahlzeiten:** Frühstück, Mittag- und Abendessen • **Preise:** €€ • **Zimmer:** 40; 34 Doppel- und Zweibettzimmer, Suiten und Juniorsuiten, 6 Einzelzimmer, alle mit Bad oder Dusche; alle Zimmer mit Telefon, TV, Minibar, Fön, Safe • **Anlage:** Aufenthaltsräume, Speiseräume, Konferenzraum, Bar, Terrasse, Garten, Hallenbad, Swimmingpool, Sauna/Solarium, Tennisplatz, Reiten, Golf • **Kreditkarten:** AE, DC, MC, V • **Kinder:** erlaubt • **Behinderte:** Zugang zu den Gemeinschaftsräumen möglich • **Tiere:** erlaubt **Geschlossen:** Mitte November bis Mitte März • **Besitzer:** Familie Waldner

Trentino/Südtirol

Merano/Meran

Castel Fragsburg
~ Umgebaute Burg ~

Via Fragsburg 3, 39012 Meran, Bozen
Tel 0473 244071 **Fax** 0473 244493
E-mail info@fragsburg.com **Website** www.fragsburg.com

Nach einer wunderschönen Fahrt auf einer engen Landstraße, durch Mischwälder und an Alpenweiden vorbei, gelangt man in den östlichen Teil der Stadt Meran; dort liegt das 300 Jahre alte Castel Fragsburg, das seit über 100 Jahren ein Hotel ist und eine sagenhafte Aussicht auf die Texelgruppe bietet.

Von außen sieht das Fragsburg mit seinen geschnitzten Fensterläden und Holzbalkonen immer noch wie eine Jagdhütte aus. Auf der Terrasse vor dem Haus, von Glyzinien umgeben, kann man ganz in Ruhe essen und trinken und den Blick auf die steilen Berghänge genießen. Der angrenzende Speiseraum wird im Sommer zur Terrasse hin geöffnet; das Essen – ein 7-Gänge-Menü – ist »sehr gut und mit Liebe serviert«, wie uns ein Gast vor kurzem berichtete. Zum überwältigenden Frühstücksbüfett gibt es sogar Prosecco. Bei schlechterem Wetter hat man die Wahl zwischen mehreren Aufenthaltsräumen im Südtiroler Stil und einer hübschen kleinen Bibliothek. Die modernen, tadellosen Badezimmer wurden vor kurzem renoviert, die Zimmer verfügen alle über Balkone, geschnitzte Kiefernmöbel und farbenfrohe Stoffe. Zur Sauna und dem Fitnessraum im alten Keller gehört jetzt auch ein Wellnessbad. In dem Garten mit altem Baumbestand lässt es sich wunderbar entspannen und sonnenbaden. Die Hotelbesitzer sind ausgesprochen freundlich.

Umgebung: Promenaden an der Passer in Meran; Passeiertal; Schloss Rametz; Dolomiten • **Lage:** 6 km nordöstlich von Meran; eigenes Grundstück mit großem Parkplatz • **Mahlzeiten:** Frühstück, Mittagessen, Abendessen • **Preise:** €€€; Halbpension obligatorisch • **Zimmer:** 20; 6 Doppel- und Zweibettzimmer, 12 Suiten, 2 Einzelzimmer, alle mit Bad; alle Zimmer mit Telefon, TV, Minibar, Safe, Fön **Anlage:** Aufenthaltsräume, Bibliothek, Raucherzimmer, Speiseräume, Terrasse, Aufzug, Sauna, Fitnessraum, Wellnessbad, Garten • **Kreditkarten:** MC, V • **Behinderte:** 1 Zimmer geeignet • **Tiere:** erlaubt • **Geschlossen:** November bis Ostern **Besitzer:** Familie Ortner

Trentino/Südtirol

Merano/Meran

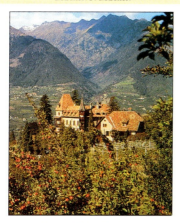

Castello Labers
~ Umgebaute Burg ~

Via Labers 25, 39012 Meran, Bozen
Tel 0473 234484 **Fax** 0473 234146
Website www.labers.it

Auf einem Hügel östlich von Meran liegt das Castello (oder Schloss) Labers inmitten eigener üppiger Obstgärten und Weinberge mit Zugang zu Wanderwegen durch alpines Weideland. Es ist seit 1885 im Besitz der Familie Neubert, das Gebäude geht auf das 11. Jahrhundert zurück. Bei schlechtem Wetter würde es gut in einen Horrorfilm passen.

Im Inneren wirkt es ausgesprochen einladend mit seiner eindrucksvollen Steintreppe und der schmiedeeisernen Balustrade, die von der gewölbten Eingangshalle zu den Gästezimmern führt. Diese variieren in Größe und Ausstattung, einige sind schön geschnitten und weisen antike Möbel auf, andere sind eher trist und spartanisch eingerichtet. Die Eckzimmer mit Balkonen sind die schönsten; ein Zimmer im Dachgeschoss des Turms mit einem holzvertäfelten Alkoven ist ebenfalls sehr reizvoll.

Vom Wintergarten des Restaurants bieten sich Ausblicke auf den mit Bäumen und blühenden Sträuchern bestandenen Park des Castello Labers. Es gibt zwei weitere Speiseräume, einer davon mit fürstlichen Ausmaßen und Holzdecke.

~

Umgebung: Passeiertal und Passeier; Schloss Tirol, Dolomiten • **Lage:** 2,5 km östlich von Meran; auf eigenem Grundstück; mit Garage und Parkplatz (nachts abgeschlossen) • **Mahlzeiten:** Frühstück, Mittagessen, Abendessen • **Preise:** €€€ **Zimmer:** 41; 22 Doppel- und Zweibettzimmer, 20 mit Bad, 2 mit Dusche; 9 Einzelzimmer, 2 mit Bad, 7 mit Dusche; 10 Familienzimmer, alle mit Bad; alle Zimmer mit Telefon, TV, Safe • **Anlage:** 3 Speiseräume, Musik-/Lesezimmer, Bar, Billardzimmer, Tagungsraum, Lift, Tennisplatz, Swimmingpool, Park • **Kreditkarten:** AE, DC, MC, V • **Behinderte:** Zugang schwierig • **Tiere:** erlaubt • **Geschlossen:** Januar bis April • **Besitzer:** Familie Stapf-Neubert

Trentino/Südtirol

Merano / Meran

Villa Tivoli
～ Hotel am Stadtrand ～

Via Verde 72, 39012 Merano (Meran), Bozen
Tel 0473 446282 **Fax** 0473 446849
E-mail info@villativoli.it **Website** www.villativoli.it

Die hellgelbe, ländlich, aber unweit des Stadtzentrums gelegene Villa ist von exquisiten Gartenterrassen mit Apfelbäumen und über 2000 verschiedenen anderen Pflanzen umgeben. Im Inneren ist sie kühl und schick, geräumig und hell, schüchtert den Besucher aber nicht ein. Im großzügig angelegten Erdgeschoss befindet sich ein Speiseraum, der nur durch große Glasscheiben vom Rest des Raumes abgeteilt ist. Eine Sitzecke ist elegant mit Antiquitäten ausgestattet, und es gibt eine traditionelle holzgetäfelte Tiroler Stube. Auf der Terrasse stehen Tische, denen gelbe Sonnenschirme Schatten spenden; im Keller gibt es ein Hallenbad mit farbenfroh gestrichenen Wänden. Die Zimmer mit Namen mediterraner Pflanzen sind unterschiedlich eingerichtet, aber alle sehr komfortabel und mit Südbalkons. Einige Zimmer sind riesig und verfügen über separate Sitzbereiche; einige sind mit Antiquitäten eingerichtet, andere wiederum sehr modern. Die Badezimmer sind groß und haben meist zwei Waschbecken. Der Gast, der das Hotel für uns besuchte, war begeistert: »Das Frühstücksbüfett ist ausgesprochen reichhaltig und hält bis abends vor. Das köstliche Abendessen (fünf Gänge bei Halbpension) wird von exzellenten Weinen der Region begleitet.«

Umgebung: Passerpromenade; Passeiertal; Dolomiten • **Lage:** am Stadtrand; eigene Anlage mit großem Parkplatz • **Mahlzeiten:** Frühstück, Mittag- und Abendessen • **Preise:** €€ • **Zimmer:** 21; 16 Doppel- und Zweibettzimmer, alle mit Bad oder Dusche, 5 Suiten mit Bad; alle Zimmer mit Telefon, TV, Fön, Safe • **Anlage:** Aufenthaltsraum, Speiseraum, Bar, Bibliothek, Pool und Hallenbad, Sauna, Aufzug, Terrasse, Garten, Fahrräder • **Kreditkarten:** AE, DC, MC, V • **Behinderte:** Zugang schwierig • **Tiere:** erlaubt • **Geschlossen:** Mitte Dezember bis Mitte März • **Besitzer:** Familie Defranceschi

TRENTINO/SÜDTIROL

MISSIANO / MISSIAN

Schloss Korb
~ Umgebaute Burg ~

Missian, 39050 San Paolo (Sankt Pauls), Bozen
Tel 0471 636000 **Fax** 0471 636033
E-mail info@schloss-hotel-korb.com **Website** www.schloss-hotel-korb.com

Der zentrale Bauteil von Schloss Korb wird von einem Turm aus dem 11. Jahrhundert gebildet, der sich über die fruchtbaren Weinberge und Obstgärten am Rande von Bozen erhebt.

Der Eingang des Hotels besteht aus einem gewagten Farbengemisch: Blühende Sträucher und Pflanzen setzen sich gegen goldene und weiß getünchte Steinwände ab. Die kühle, dunkle und gefliese Empfangshalle enthält eine ausgesprochen exzentrische Ansammlung verschiedener Objekte, darunter Schnitzereien, goldene Engel an den Wänden, riesige Pflanzen, Büsten, schwere Spiegel, Messingornamente und Rüstungen. Sie ist der älteste Teil des Gebäudes. Das Hauptrestaurant ist von einer Terrasse mit vielen Pflanzen umgeben, die sich oberhalb des Tals erstreckt und auf der man sehr schön essen oder ein Glas Wein genießen kann. Die Atmosphäre des Hotels ist zwar nicht gerade familiär, aber dennoch entspannt.

Die Zimmer sind großzügig geschnitten, verfügen über separate Sitzecken und einen herrlichen Blick über die Weinberge. Die Zimmer im Turm sind die schönsten, aber auch das traditionelle Appartement mit seinen geschnitzten Möbeln ist empfehlenswert.

~

Umgebung: Bozen (8 km); Meran (36 km); Dolomiten • **Lage:** 8 km westlich von Bozen; eigene Gärten, großer Parkplatz • **Mahlzeiten:** Frühstück, Mittag- und Abendessen • **Preise:** €€–€€€; Halbpension obligatorisch • **Zimmer:** 62; 54 Doppel- und Zweibettzimmer, 2 Einzelzimmer, alle mit Bad, 6 Suiten, 5 mit Bad, 1 mit Dusche; alle Zimmer mit Telefon, TV; die Hälfte der Zimmer mit Safe • **Anlage:** Aufenthaltsräume, Speiseraum, Bar, Sauna, Schönheitssalon, Tagungsräume, Terrassen, Garten, Tennisplätze, Hallenbad und Swimmingpool • **Kreditkarten:** keine **Behinderte:** Zugang schwierig • **Tiere:** erlaubt • **Geschlossen:** November bis Ende März • **Besitzer:** Familie Dellago

Trentino/Südtirol

Uhrerhof Deur

～ Gebirgschalet ～

Bulla, 39046 Ortisei (St. Ulrich), Bozen
Tel 0471 797335 **Fax** 0471 797457
E-mail info@uhrerhof.com **Website** www.uhrerhof.com

Der Name des Hotels ist bereits Programm, denn überall hört man das Ticken und Schlagen von Uhren. Mit dem Gezwitscher der Vögel sind die Uhren oft das einzige Geräusch, das man in der Stille dieses traditionellen Chalets hören kann. Das ruhige und friedvolle Hotel liegt in einem Dorf 1600 Meter über dem Meeresspiegel. Signora Zemmer ist darauf bedacht, dass nur Gäste hier übernachten, die Ruhe und Abgeschiedenheit suchen. Vom grasbewachsenen Garten aus hat man eine wunderschöne weite Aussicht. Alle Räume des Hotels, auch die mit Balkons versehenen Zimmer, sind hell, einfach eingerichtet und sehr gepflegt, mit einer Menge an anheimelnden Details. Der Kern des Chalets ist 400 Jahre alt, inklusive der ganz aus Holz bestehenden Stube mit ihrem Ofen, der immer noch in Betrieb ist. Signor Zemmer ist der Küchenchef, und das einfache, aber köstliche Essen wird appetitanregend auf Zinntellern serviert. Im unteren Teil des Gebäudes befindet sich ein überraschend eleganter Fitnessraum mit riesigen Fenstern. So können Sie auch in dem großzügig angelegten Türkischen Bad die wunderbare Aussicht genießen. Im ganzen Hotel wird nicht geraucht.

～

Umgebung: Wolkenstein; Kastelruth (13 km); Bozen (26 km) • **Lage:** in Bergdorf, 13 km östlich von Kastelruth, an der Straße Kastelruth–St. Ulrich; Garage
Mahlzeiten: Frühstück, Abendessen • **Preise:** €€€ • **Zimmer:** 11; 8 Doppel- und Zweibettzimmer, 4 mit Bad, 4 mit Dusche, 3 Einzelzimmer mit Dusche, 2 Appartements für 2 bis 5 Personen mit Küche und Wohnzimmer; alle Zimmer mit Telefon, TV, Fön, Safe • **Anlage:** Speiseraum, Bar, Aufenthaltsraum, Lift, Garten, Wellnessraum, Garten, Tischtennis • **Kreditkarten:** MC, V • **Behinderte:** geeignet
Tiere: nicht erlaubt • **Geschlossen:** November bis Mitte Dezember, 2 Wochen nach Ostern • **Besitzer:** Familie Zemmer

Trentino/Südtirol

Castel Pergine
~ Umgebaute Burg ~

38057 Pergine, Valsugana, Trento
Tel 0461 531158 **Fax** 0461 531329
E-mail verena@castelpergine.it **Website** www.castelpergine.it

Die auf einem Hügel gelegene Festung aus dem Mittelalter wird mit viel Liebe und Begeisterung von dem energiegeladenen und kultivierten Schweizer Ehepaar Verena und Theo Schneider-Neff geführt. Vergangenheit und Gegenwart existieren in ungezwungener Atmosphäre friedlich nebeneinander, und trotz seiner beeindruckenden Ausmaße und Geschichte wirkt die Festung wirklich bewohnt.

Der Weg vom Parkplatz zum Hotel führt an Steinbögen vorbei, eine ausgetretene Treppe hinauf und durch gewölbte Kammern hindurch zu der geräumigen kreisförmigen Empfangshalle, in der auch das Frühstück serviert wird. Die beiden großen Speiseräume verfügen über eine wundervolle Aussicht, und das leichte und innovative Essen ist an die regionale Küche angelehnt. Die mitunter recht kleinen Zimmer sind zwar keinesfalls luxuriös – was man bei diesem Preis auch nicht erwarten kann –, aber alle geschmackvoll eingerichtet. Die besseren Zimmer haben herrliche alte Holzmöbel und Wandtäfelungen.

Der bezauberndste Teil der Festung ist der abgeschiedene Garten. Hat man hier erst einmal eine Stunde damit verbracht, ein Buch zu lesen oder die Berge durch die bröckelnden Mauern zu bewundern, möchte man am liebsten gar nicht mehr abreisen.

~

Umgebung: Trient (11 km); Caldonazzosee (3 km); Segonzano • **Lage:** an der SS47 in Richtung Padua, 2 km südöstlich von Pergine; eigene Anlage mit großem Parkplatz • **Mahlzeiten:** Frühstück, Abendessen • **Preise:** €; Halbpension obligatorisch **Zimmer:** 21; 13 Doppel- und Zweibettzimmer, 8 mit Dusche, 4 Einzelzimmer, 3 mit Dusche, 4 Dreibettzimmer, 3 mit Dusche; alle Zimmer mit Telefon • **Anlage:** Aufenthaltsraum, Speiseräume, Bar, Garten • **Kreditkarten:** AE, MC, V • **Behinderte:** Zugang schwierig • **Tiere:** erlaubt • **Geschlossen:** November bis Ostern **Besitzer:** Verena Neff und Theo Schneider

Trentino/Südtirol

Rasun di Sopra / Oberrasen

Ansitz Heufler
～ Umgebautes Schloss ～

Oberrasen 37, 39030 Rasen, Antholzertal
Tel 0474 498582 **Fax** 0474 498046
E-mail info@ansitzheufler.com **Website** www.ansitzheufler.com

Das Wort »Ansitz« bedeutete ursprünglich eine unbefestigte aristokratische Behausung; der Ansitz Heufler stammt aus dem 16. Jahrhundert und ist ein wunderschönes Beispiel eines solchen Adelswohnsitzes. Seine Lage am Rand eines relativ unbedeutenden Dorfes wird von der atemberaubend schönen Landschaft um das Hotel herum aufgewogen. Das Hotel hat in den letzten Jahren zweimal den Besitzer gewechselt und Veränderungen erfahren, so die Ansammlung von Kerzen, Spitzenkissen und Teddybären in den Nischen der wunderschönen alten *stübe,* die bedauerlicherweise nicht möbliert ist und auch unter seinen jetzigen Besitzern Thomas Steiner und seiner Familie nur als Empfangsraum fungiert. Um den Charakter des Gebäudes wieder besser zur Geltung zu bringen, wurde jetzt allerdings eine klarere Linie in die Dekoration gebracht. Das Essen, das in den drei holzvertäfelten Speiseräumen serviert wird, ist tirolerisch angehaucht. Die Bar ist in der ehemaligen Räucherkammer mit ihrer gewölbten Decke untergebracht. Die Zimmer sind alle unterschiedlich eingerichtet, voller schöner Möbel und architektonischer Schnörkel; bei den niedrigen Türstürzen sollten Sie jedoch auf Ihren Kopf aufpassen. Alles in allem ein reizendes Hotel, das teilweise jedoch der kürzlichen Renovierung zum Opfer gefallen ist.

～

Umgebung: Bruneck (10 km) • **Lage:** in einem Dorf im bewaldeten Antholzertal, 10 km östlich von Bruneck; eigene Anlage mit Parkplatz • **Mahlzeiten:** Frühstück, Mittag- und Abendessen • **Preise:** €€ • **Zimmer:** 8; 5 Doppel- und Zweibettzimmer, 2 mit Bad, 3 mit Dusche, 3 Suiten, 2 mit Bad, 1 mit Dusche; alle Zimmer mit Telefon • **Anlage:** Aufenthaltsräume, Sitzecken, Speiseräume, Bar, Garten
Kreditkarten: AE, DC, MC, V • **Behinderte:** nicht geeignet • **Tiere:** nicht erlaubt
Geschlossen: Ende Dezember bis März • **Besitzer:** Familie Steiner

Trentino/Südtirol

Redagno di Sopra / Radein

Zirmerhof
~ Berghotel ~

39040 Redagno (Radein), Bozen
Tel 0471 887215 **Fax** 0471 887225
E-mail info@zirmerhof.com **Website** www.zirmerhof.com

Am Rand des winzigen Dorfes Radein gelegen, ist der aus dem
12. Jh. stammende Zirmerhof seit 1890 im Besitz der Familie Perwanger. Nur wenige Zeichen der Zivilisation stören die Aussicht auf
die umliegenden Berge, grünen Weiden und Wälder. Das Innere des
Gebäudes wurde sorgfältig restauriert. Die düstere, niedrige Eingangshalle mit den kunstvollen Holzschnitzereien, der großen
Standuhr und dem alten Kamin vermittelt einem sofort das Gefühl
eines alten Familiensitzes. Es gibt eine kleine, gemütliche Bibliothek, einen Aufenthalts- bzw. Frühstücksraum mit einem offenen
Kamin für den Winter und eine rustikale Bar mit grasbewachsener
Terrasse, auf der man ungestört die Aussicht genießen kann. In dem
großen, holzgetäfelten Speiseraum sind zwei kunstvoll verzierte Keramiköfen untergebracht; das Essen – meist Gerichte aus der Region
– und die Weine sind ausgezeichnet.
Die komfortablen Zimmer variieren beträchtlich in der Größe; sie
sind jedoch alle attraktiv und traditionell mit Holzmöbeln (fast ausschließlich aus eigener Produktion) und hübschen Stoffbezügen
eingerichtet. Die größten Zimmer befinden sich im obersten Stockwerk. Das Hotel verfügt seit kurzem auch über eine Sauna.

~

Umgebung: Cavalese (15 km) • **Lage:** 5 km nördlich von Kaltenbrunn, an der SS48;
Garten; mit großem Parkplatz • **Mahlzeiten:** Frühstück, Mittag- und Abendessen
Preise: €–€€ • **Zimmer:** 33; 31 Doppel- und Zweibett- und Einzelzimmer, 2 Sui-
ten, alle mit Bad oder Dusche; TV (auf Anfrage) • **Anlage:** Speiseraum, Aufent-
haltsraum, Bar, Bibliothek, Sauna, Dampfbad, Garten, Weinberg, Reiten • **Kredit-
karten:** MC, V • **Behinderte:** Zimmer im Erdgeschoss geeignet • **Tiere:** erlaubt
Geschlossen: Anfang November bis zum 1. Weihnachtsfeiertag, Anfang Januar bis
Mitte Mai **Besitzer:** Sepp Perwanger

Trentino/Südtirol

San Osvaldo / St. Oswald

Gasthof Tschötscherhof
~ Gästehaus auf dem Land ~

San Osvaldo (St. Oswald) 19, 39040 Siusi (Seis), Bozen
Tel 0471 706013 **Fax** 0471 704801
E-mail info@tschoetscherhof.com **Website** www.tschoetscherhof.com

Für Freunde der einfachen Unterbringung in einer ursprünglichen, rustikalen Umgebung ist dieser Gasthof geradezu ideal. Eine kleine Landstraße führt von Seis aus vorbei an Apfelbäumen, Weinbergen und offenen Wiesen zu dem winzigen Dorf St. Oswald, in dem das typische 500 Jahre alte Bauernhaus mit der angrenzenden Scheune steht. Der an die Fassade gemalte Name des Hotels wird fast von dem wuchernden Weinlaub bedeckt; von den alten Holzbalkons ergießen sich Kaskaden von farbenprächtigen Geranien. Auf der sonnenüberfluteten Terrasse kann man wunderbar entspannen und essen.

Das Innere des Hotels durchwehen verlockende Düfte aus der Küche; ebenso einladend wirkt die warme alte Stube mit ihrer niedrigen Decke, ihren sanft tickenden Uhren, dem rauen Holzboden und dem einfachen weißen Keramikofen.

Eine rustikale Steintreppe führt zu den bescheidenen, aber sauberen Zimmern; einige von ihnen sind mit Balkons ausgestattet. Wie bereits erwähnt, sind die Zimmer zwar sehr nüchtern und verzichten auf jeden Schnickschnack – das fällt einem nach einem langen und anstrengenden Tag in der landschaftlich großartigen Umgebung kaum weiter auf.

~

Umgebung: Kastelruth (5 km); Naturpark Schlern (10 km) • **Lage:** in einem Dorf, 5 km westlich von Kastelruth; mit Parkplatz • **Mahlzeiten:** Frühstück, Mittag- und Abendessen • **Preise:** €€ • **Zimmer:** 8; 7 Doppel- und Zweibettzimmer, 1 Einzelzimmer, alle mit Dusche • **Anlage:** Speiseräume, Terrasse
Kreditkarten: keine • **Behinderte:** Zugang schwierig • **Tiere:** erlaubt
Geschlossen: Dezember bis März • **Besitzer:** Familie Jaider

Trentino/Südtirol

San Valburga d'Ultimo / St. Walburg

Eggwirt
~ Gästehaus in den Bergen ~

39016 San Valburga d'Ultimo (St. Walburg), Bozen
Tel 0473 795319 **Fax** 0473 795471
E-mail eggwirt@rolmail.net **Website** www.eggwirt.it

Das ruhige und ursprüngliche Ultental liegt 30 Kilometer südwestlich von Meran. Der Gasthof, der bereits seit dem 14. Jahrhundert
existiert, ist sowohl im Sommer als auch im Winter ein idealer Ort
für sportliche Aktivitäten; die Familie Schwienbacher heißt ihre
Gäste so herzlich wie in ihrem eigenen Zuhause willkommen. Das
Hotel liegt am Rand des Dorfes und verfügt über eine große Terrasse, von der aus man die wunderbare Aussicht genießen kann. Die
lange Geschichte des Gebäudes wird besonders in der alten Stube
deutlich, die aus dem Jahr 1611 stammt: Sie ist gänzlich in dunklem
Holz getäfelt, in der Ecke steht ein alter Keramikofen, an den Wänden hängen Hirschgeweihe. In einem größeren, rustikaleren Raum
befindet sich eine kleine Bar mit einer leise tickenden Uhr und gro-
ben Holzdielen.

In den oberen Stockwerken ist die Einrichtung moderner und weniger persönlich. Die hellen Zimmer sind mit viel Holz und farbenfrohen Bettbezügen ausgestattet. Die größeren Zimmer sind in sich
noch einmal unterteilt, und die meisten verfügen über Balkons mit
großartiger Aussicht. Das preisgünstige und freundliche Familien-
hotel bietet Skisondertarife für Kinder an.

~

Umgebung: Meran (35 km) • **Lage:** 35 km südwestlich von Meran, an der SS238,
im Dorf; Parkplatz • **Mahlzeiten:** Frühstück, Mittag- und Abendessen
Preise: € • **Zimmer:** 20; 11 Doppel- und Zweibettzimmer, 10 mit Dusche, 1 mit
Bad, 3 Einzelzimmer mit Dusche, 4 Dreibettzimmer, 2 mit Bad, 2 mit Dusche, 2 Fa-
milienzimmer mit Dusche; alle Zimmer mit Telefon, TV (auf Anfrage), Safe
Anlage: Restaurant, Aufenthaltsraum, Bar, Terrassen • **Kreditkarten:** keine
Behinderte: nicht geeignet • **Tiere:** erlaubt • **Geschlossen:** Mitte November bis
Ende Dezember • **Besitzer:** Familie Schwienbacher

Trentino/Südtirol

Siusi allo Sciliar / Seis am Schlern

Bad Ratzes
∽ Berghotel ∽

Bagnidi Razzes, 39040 Siusi allo Sciliar (Seis am Schlern), Bozen
Tel 0471 706131 **Fax** 0471 707199
E-mail info@badratzes.it **Website** www.badratzes.it

Wenn man die kleine Stadt Seis auf der Suche nach dem Bad Ratzes hinter sich lässt, gelangt man auf einer schmalen Straße den Berg hinauf, vorbei an saftigen, grünen Weiden, in einen dichten Wald. Wenn man das in einer Lichtung gelegene große und moderne Hotel schließlich erreicht, sieht es zwar zunächst ein bisschen düster aus, der Empfang der Schwestern Scherlin ist im Gegensatz dazu jedoch ausgesprochen herzlich. Das Hotel ist im langweiligen Stil der 1960er und 1970er Jahre eingerichtet, aber dennoch sehr komfortabel. Der familiären Atmosphäre hat auch die Vermehrung um 26 speziell für Familien ausgelegte Zimmer keinen Abbruch getan, die das Haus strenggenommen zu groß für unseren Führer machen. Die Gemeinschaftsräume, darunter auch ein Wohnzimmer mit offenem Kamin, ein Spielzimmer für Kinder und zwei Speiseräume, sind sehr geräumig. Nur vier der blitzsauberen Zimmer sind ohne Balkon.
Das Essen nimmt im Bad Ratzes einen hohen Stellenwert ein: Die regionalen Köstlichkeiten sind sorgfältig vorbereitet, die Pasta ist selbst gemacht. Das Hotel gehört zu einer Reihe Familienhotels in der Gegend, und es gibt eine Menge umsichtiger Extras nur für Kinder. Aber auch die Erwachsenen werden nicht vernachlässigt: Man kann in der Gegend wunderbar spazieren gehen, und ein kostenloser Skibus fährt im Winter regelmäßig zu den Pisten.

Umgebung: Bozen (22 km); Nationalpark Schlern; Skigebiet (10 km) • **Lage:** 22 km nordöstlich von Bozen, 3 km südöstlich von Seis; eigene Anlage mit großem Parkplatz • **Mahlzeiten:** Frühstück, Mittag- und Abendessen • **Preise:** €, nur Vollpension • **Zimmer:** 78 Doppel-, Zweibett-, Einzel- und Familienzimmer, alle mit Bad; alle Zimmer mit Telefon, Fön, TV, Safe; 26 Zimmer mit Minibar • **Anlage:** Speiseräume, Aufenthaltsräume, Bar, Spielzimmer, Hallenbad, Sauna, Garten, Garage **Kreditkarten:** keine • **Behinderte:** nicht geeignet • **Tiere:** erlaubt • **Geschlossen:** Sonntag nach Ostern bis Ende Mai, Anfang Oktober bis Mitte Dezember • **Besitzer:** Familie Scherlin

Trentino/Südtirol

Margherita
Ländliches Hotel

Località Pineta Alberé 2,
38050 Tenna, Trento
Tel 0461 706445
Fax 0461 707854
E-mail info@hotelmargherita.it
Website www.hotelmargherita.it
Mahlzeiten: Frühstück, Mittag-
und Abendessen • **Preise:** €
Geschlossen: November bis Ende
April • **Besitzer:** Lino Angeli

Das familiengeführte Hotel
liegt an einem Berg in einem Kiefernwald – und könnte damit kaum
eine friedvollere Lage haben. Obwohl die Gäste durch ein Schild am
Eingang eigens dazu angehalten werden, den Frieden im Margherita
zu wahren und unnötigen Lärm zu vermeiden, sind Familien mit
Kindern explizit willkommen. Es gibt einen Swimmingpool nur für
Kinder, einen Spielplatz, der von den Liegestühlen aus gut einseh-
bar ist, und zwei geräumige Familienappartements. Das moderne
Chalet hat eine wunderschöne große Terrasse; die Einrichtung im
Inneren ist jedoch eher langweilig. Die Gemeinschaftsräume sind
luftig, aber gänzlich ohne Charakter. Die Zimmer aus den 1950er
Jahren sind klein und düster, die neueren größer und schöner.

Cavallino d'Oro
Stadthotel

Piazza Kraus,
39040 Kastelruth, Bozen
Tel 0471 706337
Fax 0471 707172
E-mail cavallino@cavallino.it
Website www.cavallino.it
Mahlzeiten: Frühstück, Mittag-
und Abendessen • **Preise:** €€
Geschlossen: letzte drei Wochen
im November • **Besitzer:** Stefan
Urthaler

Die Ursprünge dieser ehemaligen Kutschenschänke reichen bis ins
Jahr 1393 zurück. Am Hauptplatz des malerischen Kastelruth gelegen, hat das Hotel mit Stefan Urthaler einen angenehmen, profes-
sionellen und dynamischen Besitzer, dessen Familie das Cavallino
d'Oro bereits seit drei Generationen führt. Die Räumlichkeiten sind
z. T. alt und reizvoll, besonders zwei der Speiseräume und die Bar,
in der auch die Einheimischen gerne das eine oder andere Glas trinken. Anderen Gemeinschaftsräumen wiederum mangelt es an Atmosphäre, und die Zimmer, die zu den Mauern der gegenüberliegenden Kirche hinausgehen, sind düster und schlecht beleuchtet.
Wenn möglich sollten Sie eines der viel schöneren holzgetäfelten
Zimmer nehmen.

Trentino/Südtirol

Villa Madruzzo
Ländliches Hotel,

Via Ponte Alto 26,
38050 Cognola di Trento, Trento
Tel 0461 986220
Fax 0461 986361
E-mail info@villamadruzzo.it
Website www.villamadruzzo.it
Mahlzeiten: Frühstück, Mittag-
und Abendessen • **Preise:** €–€€
Geschlossen: Restaurant So
Besitzer: Signor Polonioli

Die imposante, in Rot und
Weiß gehaltene klassizistische Villa ist der ideale Ausgangspunkt für
einen Besuch von Trient. Die Villa Madruzzo liegt zwar in einem
wunderschönen Garten, die Geräusche der nahe gelegenen Hauptstraße stören den Frieden des Hotels jedoch leider empfindlich. Die
Gemeinschaftsräume sind ebenfalls sehr schön, besonders die drei
Speiseräume, die klassisch-elegant mit venezianischen Kronleuchtern und einigen gut platzierten antiken Schränken und Portraits
ausgestattet sind. Die geräumige Terrasse erstreckt sich über zwei
Seiten des Gebäudes und bietet jede Menge Platz für das Essen im
Freien. Die Zimmer in der Hauptvilla sind denjenigen in dem langweiligen Nebengebäude unbedingt vorzuziehen.

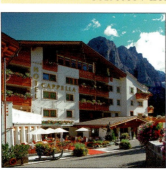

Cappella
Bergchalet

39030 Kolfuschg, Bozen
Tel 0471 836183
Fax 0471 836561
E-mail info@hotelcappella.com
Website www.hotelcappella.com
Mahlzeiten: Frühstück, Mittag-
und Abendessen
Preise: €€€€€–€€€€€€
Geschlossen: Oktober bis Mitte
Dezember, April bis Mitte Juni
Besitzer: Familie Pizzinini

Das in den 1960er Jahren im klassischen Chaletstil errichtete Hotel
befindet sich bereits seit der vierten Generation in den Händen der
Familie Pizzinini. Renata Pizzininis Großvater war einer der ersten
Tourismuspioniere in der Gegend, ein berühmter Bergführer, der
Wanderer in Bruneck mit dem Pferd abholte. Das Hotel ist komfortabel und einladend, wenn es auch ein wenig zu vollgestellt ist.
Im Speiseraum drängen sich die Tische, und unzählige polierte Me-
talllampen hängen von der verzierten getäfelten Decke herab. Zu
den Vorzügen des Cappella gehören ein Hallenbad, die vielen Ski-
und Wandermöglichkeiten und eine großartige Aussicht. In der Re-
sidenz im Tiroler Stil nebenan gibt es weitere 17 Zimmer. Hier gilt
ein Rauchverbot.

TRENTINO/SÜDTIROL

CORVARA / KURFAR

La Perla
Resorthotel,

Via Centro 44,
39033 Kurfar, Bozen
Tel 0471 836133
Fax 0471 836568
E-mail laperla@altabadia.it
Website www.romantiklaperla.it
Mahlzeiten: Frühstück, Mittag-
und Abendessen
Preise: €€€€€€
Geschlossen: Mitte Dezember bis
Mitte April, Juli bis September
Besitzer: Familie Costa

Das 4-Sterne-Hotel ist für Gäste, die einen Hauch von Luxus und eine großartige Hotelanlage in den Dolomiten suchen, die dennoch dadurch nichts von ihrem Charme einbüßt. Im Herzen der wunderschönen Alpenregion Hochabtei gelegen, ist das Hotel ausgesprochen komfortabel und in gehobenem rustikalem Stil gehalten. Es verfügt über ein Hallengesundheitsbad mit einem beheizten Pool, einem Whirlpool, einem türkischen Bad, einer Sauna, einem Solarium und einem Masseur sowie über einen beheizten Außenpool für den Sommer. Das Restaurant La Stuä de Michil serviert elegante Gerichte. Die modernen Zimmer sind zwar nicht so stilvoll wie die Gemeinschaftsräume, aber ebenfalls gut ausgestattet.

FIE ALLO SCILIAR / VÖLS AM SCHLERN

Moarhof
Appartements auf dem Land

39050 Völs am Schlern, Bozen
Tel und **Fax** 0471 725095
Mahlzeiten: keine
Preise: €
Geschlossen: nie
Besitzer: Familie Kompatscher

In dieser Gegend findet man leicht eine einfache Unterkunft: Jedes zweite Haus bietet Zimmer oder Appartements zur Miete an. Dieses Bauernhaus aus dem 12. Jahrhundert mit seiner gemalten Sonnenuhr an der Fassade fiel uns jedoch gleich als etwas Besonderes auf. Oberhalb des Dorfes Völs gelegen, verfügt es über acht Appartements für zwei bis fünf Personen, die alle im rustikalen Tiroler Bauernstil eingerichtet sind. Einige rühmen sich noch ihrer originalen Holztäfelung und Keramiköfen; die meisten haben getrennte Wohn- und Schlafzimmer und eine gut ausgestattete Küche mit Wasch- und Spülmaschine. Zwei Appartements haben einen Balkon.

Trentino/Südtirol

Chalet Hermitage
Hotel in den Bergen

Via Castelletto Inferiore 63,
38084 Madonna di Campiglio,
Trentino • Tel 0465 44 15 58
Fax 0465 44 16 18 • **E-mail**
info@biohotelhermitage.it
Website www.biohotelhermitage.
it • **Mahlzeiten:** Frühstück,
Mittag- und Abendessen
Preise: €€€ • **Geschlossen:**
September bis Dezember
Besitzer: Familie Maffei

Auf dieses moderne »Bio«-Hotel sind wir von einem begeisterten Leser aufmerksam gemacht worden; das Hermitage ist 1999 mit rein natürlichen Materialien wie Holz und Wolle sowie ökologisch gewonnenem Wasser und ökologisch erzeugter Elektrizität renoviert worden. Der Leser lobte fast alles an diesem Hotel, besonders die »familiäre Atmosphäre« und die »ausgezeichnete« Küche (hausgemachte Kürbis-Pasta mit schwarzen Trüffeln, Wildhase *alla cacciatore*, süße Kastanienmousse). Die Zimmer sind gut ausgestattet, es gibt einen Park, einen Shuttle-Bus ins Stadtzentrum und zu den Skigebieten, eine Sonnenterrasse, ein Hallenbad und eine Sauna.

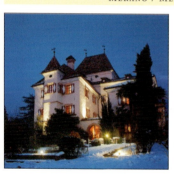

Castel Rundegg
Mittelalterliches Herrenhaus

Via Scena 2,
39012 Meran, Bozen
Tel 0473 234100
Fax 0473 237200
E-mail info@rundegg.com
Website www.rundegg.com
Mahlzeiten: Frühstück, Mittag-
und Abendessen
Preise: €€€€
Geschlossen: nie
Manager: Peter Castelforte

Ein Gast, der das Hotel vor kurzem besuchte, schrieb: »Ein wunderschönes altes Gebäude, das leider nicht in einer ländlicheren Umgebung liegt, sondern an einer ziemlich verkehrsreichen Straße in unmittelbarer Nähe anderer Häuser.« Sie fand das Castel Rundegg »ein bisschen zu glatt und zu sehr wie eine Schönheitsfarm«. Das Gesundheits- und Schönheitscenter ist in der Tat beeindruckend; die Gäste können sich den allerneuesten Behandlungsformen unterziehen. Das Restaurant ist mit einem gotischen Gewölbe und Nischen versehen. Die Zimmer sind gut ausgestattet, mit luxuriösen Badezimmern und vielen Extras. Das Zimmer im Eckturm ist das beliebteste: Es verfügt über einen Rundumblick.

Trentino/Südtirol

Chalet Maso Doss
Bergchalet

San Antonio di Movignola 72,
38086 Pinzolo, Trento • **Tel** 0465
50 27 58 • **Fax** 0465 50 23 11
E-mail info@masodoss.com
Website www.masodoss.com
Mahlzeiten: Frühstück, Abend-
essen; Mittagessen auf Anfrage
Preise: €€€ (Wochenrabatt)
Geschlossen: nie • **Besitzer:**
Familie Caola

Das einfache und freund-
liche Chalet aus dem 17. Jahrhundert liegt im Brentatal inmitten des
spektakulären Adamello Dolomiti di Brenta Nationalparks. Im
Winter kann man die Gegend auf Skitouren erkunden, im Sommer
per Mountainbike, das man im Chalet mieten kann. Auf Wunsch
wird auch ein Lunchpaket zubereitet. Das Hotel ist mit Holztäfelung, einfachen Möbeln, karierten Tischdecken, Seidenvorhängen,
einem warmen Kaminfeuer und einer finnischen Sauna ausgestattet.
Die Küche ist ausgezeichnet, die sechs gemütlichen Zimmer verfügen über warme Decken und handbestickte Bettbezüge. Vor dem
Abendessen treffen sich die Gäste auf einen Drink, die Atmosphäre
des Hauses ist herzlich-familiär.

Pension Stefaner
Gästehaus in den Bergen,

San Cipriano (St. Cyprian),
39050 Tires, Bozen
Tel 0471 642175
Fax 0471 642302
E-mail info@stefaner.com
Website www.stefaner.com
Mahlzeiten: Frühstück, Abendes-
sen • **Preise:** €€ • **Geschlossen:**
Anfang November bis Ende De-
zember, 3 Wochen im Januar
Besitzer: Familie Villgrattner

Hoch oben im wunderschönen Tierstal liegt dieses relativ neue Tiroler Chalet, dessen Holzbalkons im Sommer einen besonders farbenprächtigen Anblick bieten. Leider ist die Aussicht auf die Berge
durch eine Reihe hoher Bäume versperrt. Die Einrichtung des Ste-
faner mit seinen klein gemusterten Teppichen ist modern und
gleichförmig, aber die warmen Farben und ein prasselndes Feuer im
Kamin vermitteln eine gemütliche Atmosphäre. Die einfach ausgestatteten Zimmer haben alle Balkons und sind tadellos, wenn auch
ein wenig klein. Die jungen Villgrattners sind ganz besonders herz-
liche Gastgeber, und Georg ist ein exzellenter und kreativer Koch.
Das Abendessen wird pünktlich um 19 Uhr serviert. Sehr gutes
Preis-Leistungs-Verhältnis.

TRENTINO/SÜDTIROL

Obereggen
Gästehaus in den Bergen

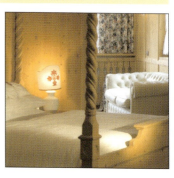

Via Obereggen 8, Obereggen,
39050 Deutschnofen, Bozen
Tel 0471 615722
Fax 0471 615889
E-mail info@hotel-obereggen.it
Website www.hotel-obereggen.it
Mahlzeiten: Frühstück, Abendessen • **Preise:** €€€ • **Geschlossen:**
nach Ostern bis Juni, Mitte Oktober bis Dezember
Besitzer: Familie Pichler

Die Lage dieses einfachen Chalets ist ideal für Skifahrer. Oberhalb eines großartigen Eggentals in den Dolomiten, 1550 Meter über dem Meeresspiegel, liegt es ganz in der Nähe der Lifte, die Zugang zu 40 Kilometern Skipiste gewähren (im Sommer ist einer davon in Benutzung). Der zentrale Punkt des Hotels ist die gemütliche Bar mit ihren Keramiköfen, den Hirschgeweihen und anderen Jagdtrophäen an den Wänden. Die Zimmer sind einfach, aber sauber, mit dicken Tagesdecken, die ihnen einen Hauch von Komfort verleihen. Etwa die Hälfte verfügt über Balkons, und diejenigen in den oberen Stockwerken genießen eine fabelhafte Aussicht. Sehr nette Besitzer, gutes Essen.

Sporthotel Granvara
Bergchalet

39048 Wolkenstein, Bozen
Tel 0471 795250
Fax 0471 794336
E-mail info@granvara.com
Website www.granvara.com
Mahlzeiten: Frühstück, Mittag- und Abendessen • **Preise:** €€€
Geschlossen: Ende April bis Mitte Juni, Mitte Okt. bis Anfang Dez. • **Besitzer:** Familie Senoner

Der Name des Hotels sagt schon alles. Die Anlage bietet eine Squashhalle, einen Fitnessraum und ein Hallenbad. Für Skifans hat das Granvara einen direkten Zugang zur Sellagruppe und dem Dolomitensuperskigebiet. Wenn Sie einen Rat bezüglich des Skifahrens suchen, wenden Sie sich vertrauensvoll an den Hotelbesitzer und seinen Sohn – sie sind beide Skilehrer. Wie viele Hotels in der Gegend ist das Granvara ein Chalet, das von Viehweiden und einer wunderschönen Landschaft umgeben ist. Im Sommer blühen auf den Holzbalkons die Geranien. Die großen und komfortablen Gemeinschaftsräume sind im Tiroler Stil gehalten und wirken nach einem langen Tag auf der Piste besonders einladend. Die Zimmer sind leider relativ anonym.

Trentino/Südtirol

Sesto / Sexten

Berghotel Tirol
Berghotel

Moso, 39030 Sexten, Bozen
Tel 0474 710386
Fax 0474 710455
E-mail info@berghotel.com
Website www.berghotel.com
Mahlzeiten: Frühstück, Mittag-
und Abendessen • **Preise:** €€€
Geschlossen: Ostern bis Mitte
Mai, Oktober bis Weihnachten
Besitzer: Familie Holzer

Das kleine Städtchen Sexten (oder Sesto) mit seiner Umgebung ist sicher eines der schönsten der ganzen Dolomiten. Das Berghotel Tirol ist erst vor kurzem gebaut worden. Das Chalet verfügt über dunkle Holzbalkons mit Blick auf die klassische alpine Landschaft: das sanfte Sextental, gesprenkelt mit Chalets, ein Kirchturm im Vordergrund und die charakteristisch gezackten Berge im Hintergrund. Im Sommer gibt es viele Wanderwege; im Winter kann man Skifahren. Das komfortable, kiefernmöblierte Hotel mit 45 weiß gehaltenen Zimmern wird von der Familie Holzer mit großer Gastfreundlichkeit und Effizienz geführt. Es gibt auch ein Selbstversorgerappartement nebenan.

Tirolo / Dorf Tirol

Schloss Thurnstein
Burgrestaurant mit
Gästezimmern

Dorf Tirol, 39019 Meran, Bozen
Tel 0473 220255
Fax 0473 220558
E-mail thurnstein@dnet it
Website www.thurnstein.it
Mahlzeiten: Frühstück, Mittag-
und Abendessen • **Preise:** €
Geschlossen: Mitte November bis
März; Restaurant Donnerstag
Besitzer: Familie Bauer

Nach vier Kilometern qualvoller Haarnadelkurven erreicht man Schloss Thurnstein, ein graues Steingebäude, das im Jahr 1200 als Verteidigungsturm des nahe gelegenen Schloss Tirol erbaut wurde. Das Restaurant mit seinem »Über-Küchenchef« Toni Bauer hat einen guten Ruf – das Essen ist unprätentiös und enthält nur die frischsten Zutaten. Um die zahlreichen Speiseräume herum ist immer viel los, und die beiden Terrassen bieten eine sagenhafte Aussicht. Sie liegen auf gegenüberliegenden Seiten des Gebäudes und sind somit sowohl für Sonnenanbeter als auch für Schattensuchende ideal. Die komfortablen Zimmer befinden sich in einem nahen Nebengebäude; in einigen finden sich separate Sitzecken.

TRENTINO/SÜDTIROL

Accademia
Stadthotel

Vicolo Colico 4-6, 38100 Trento
Tel 0461 233600
Fax 0461 230174 • **E-mail**
info@accademiahotel.it
Website www.accademiahotel.it
Mahlzeiten: Frühstück, Mittag-
und Abendessen • **Preise:** €€
Geschlossen: Weihnachten bis
Anfang Januar; Restaurant Mon-
tag • **Besitzer:** Familie Fambri

Das anspruchsvolle Hotel
in einem mit Geranienblumenkästen und schlichten Fensterläden
geschmückten schönen mittelalterlichen Gebäude befindet sich in
Trentos Altstadt. Im Inneren sind die steinerne Treppe, Türstürze
und Gewölbe im Original erhalten. Die einfache Linie des in Weiß
gehaltenen Gebäudes wird durch farbenfrohe Teppiche, Parkettböden und überlegt platzierte Antiquitäten belebt. Die Einrichtung
der hellen, luftigen Zimmer gab allerdings Anlass zu Kritik, sie sei
zu einförmig. Es gibt außerdem ein viel gelobtes Restaurant in einem
weißen überwölbten Raum und eine gemütliche *enoteca*. Das Personal ist hilfsbereit und freundlich.

La Villa
Berghotel

Stern, 39030 Hochabtei, Bozen
Tel 0471 847035
Fax 0471 847393
E-mail info@hotel-lavilla.it
Website www.hotel-lavilla.it
Mahlzeiten: Frühstück, Mittag-
und Abendessen • **Preise:** €€
Geschlossen: Mitte April bis
Mitte Juni, Mitte Sept. bis Dez.
Besitzer: Residenza Hotel La
Villa srl

Wenn Sie in der wunderschönen Region Hochabtei in den Dolomiten übernachten wollen, haben Sie im La Villa die einfachere Alternative zum La Perla in Kurfar (siehe Seite 183). Leider konnten wir
das Hotel nicht persönlich in Augenschein nehmen, da es zur avi-
sierten Zeit gerade geschlossen war. Wir nehmen es aufgrund eines
Empfehlungsschreibens dennoch in diesen Führer auf. Ein Gast lobt
besonders die schöne und friedvolle Lage des Hotels an einem Abhang mit umfassendem Blick auf das umliegende Tal: »Das alte Gebäude in den Bergen ist komplett renoviert worden; im Sommer ist
der Garten voller Blumen. Im Inneren ist alles frisch und sauber, mit
weißen Wänden, natürlichen Stoffen und modernen Kiefermö-
beln.«

TRENTINO/SÜDTIROL

VILLANDRO / VILLANDERS

Ansitz Zum Steinbock
Bergrestaurant mit Zimmern

St. Stefan 38, 39040 Villanders,
Bozen • **Tel** 0472 843111
Fax 0472 843468 • **E-mail**
steinbock@dnet.it • **Website**
www.ansitzsteinbock.com
Mahlzeiten: Frühstück, Mittag-
und Abendessen • **Preise:** €
Geschlossen: Mitte Januar bis
Mitte März, Restaurant montags
Besitzer: Familie Rabensteiner

Villanders ist ein hübsches Bergdorf, in dessen Zentrum der Ansitz Zum Steinbock liegt. Das imposante Gebäude aus dem 18. Jahrhundert sieht von außen ziemlich verboten aus, aber schon die nette Terrasse, auf der man bei schönem Wetter essen kann, weist auf das einladende, im typischen Tiroler Stil gehaltene Innere hin. Es ist frisch und einfach, mit kiefervertäfelten oder weiß getünchten Wänden, hübschen Vorhangstoffen und Tischtüchern, rustikalen Möbeln und hier und da ein paar Kunstwerken. Man isst sehr gut: Das Restaurant hat in der Gegend einen ausgezeichneten Ruf für seine regionale Küche. Die Zimmer haben Deckenbalken, moderne Kiefernholzbetten und dicke, weiße Tagesdecken.

Friaul / Julisch-Venetien

L'Ultimo Mulino
~ Umgebaute Mühle ~

Via Mulino 45, 33080 Bannia di Fiume Veneto, Pordenone
Tel 0434 957911 **Fax** 0434 958483
E-mail ultimo.molino@adriacom.it **Website** www.ultimomolino.com

Wie der Name schon sagt, ist dieses Gebäude aus dem 17. Jh. eine der letzten Mühlen der Gegend. Die Mühle war bis in die 1970er Jahre hinein in Betrieb; die alten hölzernen Mühlräder sind immer noch funktionstüchtig und werden abends auch in Gang gesetzt. Das reizvolle Steingebäude und der Garten liegen in sanftem, fruchtbarem Ackerland und sind von drei Flüssen umgeben: Das beruhigende Geräusch plätschernden Wassers ist allgegenwärtig.

Das Hotel wurde 1994 eröffnet; seine Restaurierung ist mit viel Geschmack und Umsicht vorgenommen worden. In den langgestreckten, offenen Aufenthaltsraum und in die Bar sind sogar die schweren Mühlenwerkzeuge eingearbeitet worden. In dem ganzen Gebäude werden attraktive Laura-Ashley-Stoffe mit hübschen antiken Möbeln, rustikalen Stein- und Holzarbeiten und mildem Licht kombiniert. Die bequemen und stilvollen Zimmer sind zwar alle unterschiedlich, folgen mit ihren Holzmöbeln und den hellgrünen und cremefarbenen Stoffbezügen aber alle dem gleichen Einrichtungsstil. Die Zimmer im zweiten Stock haben schräge Decken und gemütliche Sofas. Die glänzenden, gut ausgestatteten Badezimmer sind in hellgrauem Marmor gehalten.

~

Umgebung: Pordenone (10 km); Venedig (80 km); Triest (80 km) • **Lage:** 10 km südöstlich von Pordenone, A28 Abfahrt Azzano Decimo; eigener Garten, mit Parkplatz • **Mahlzeiten:** Frühstück, Mittag- und Abendessen • **Preise:** €€€ **Zimmer:** 8 Doppel- und Zweibettzimmer, 4 mit Bad, 4 mit Dusche; alle Zimmer mit Telefon, TV, Klimaanlage, Minibar, Fön • **Anlage:** Frühstücksraum, Aufenthaltsraum, Speiseräume, Bar, Musik-/Tagungsraum, Garten, Terrasse • **Kreditkarten:** AE, DC, MC, V • **Behinderte:** keine speziellen Einrichtungen • **Tiere:** erlaubt **Geschlossen:** 10 Tage im Januar, August; Restaurant Sonntag Abend, Montag **Besitzer:** Familie Mattarello

FRIAUL / JULISCH-VENETIEN

RIVAROTTA

Villa Luppis
~ Hotel auf dem Land ~

Via San Martino 34, 33087 Rivarotta, Pordenone
Tel 0434 626969 **Fax** 0434 626228
E-mail hotel@villaluppis.it **Website** www.villaluppis.it

Ursprünglich war das weitläufige, L-förmige Gebäude in schöner ländlicher Umgebung, das im 19. Jahrhundert in den Besitz der Familie Luppis überging, ein Kloster. Es verweisen aber nur noch wenige Elemente auf diese Funktion. Heute ist es ein komfortables, elegantes Hotel mit entspannter Atmosphäre und steht unter der Leitung von Giorgio Luppis und seiner Frau Stefania. Im längeren Teil des Gebäudes befinden sich die Empfangshalle, ein Aufenthaltsraum und eine helle, einladende Bar mit niedriger Balkendecke und Säulen. Im vorderen Teil ist das Restaurant untergebracht, ein traumhaft schöner, in zartem Pink gehaltener Raum mit weiß gedeckten Tischen, antikem Mobiliar und Silber. Dazu passt allerdings nicht die angrenzende Pianobar mit Tanzfläche.
Lange, sanft beleuchtete Korridore führen zu den luxuriösen Gästezimmern, die mit Antiquitäten, schönen Stoffen und Teppichen sowie großen Betten ausgestattet sind. Die Suiten haben separate Sitzecken.
Im großen Park mit seinem alten Baumbestand und grünen Rasen sind ein Swimmingpool und ein Fitnesscenter untergebracht. Für die Gäste steht außerdem ein Pendelbus bereit, der täglich in nur 40 Minuten nach Venedig fährt.

~

Umgebung: Pordenone (15 km); Treviso (35 km); Venedig (50 km) • **Lage:** 15 km südlich von Pordenone; von der A4 die Abfahrt Cessalto, dann Straße nach Motta di Livenza; auf riesigem Grundstück mit eigenem Parkplatz • **Mahlzeiten:** Frühstück, Mittag- und Abendessen • **Preise:** €€€ • **Zimmer:** 21; 18 Doppel- und Zweibettzimmer, 3 Suiten, alle mit Bad; alle Zimmer mit Telefon, TV, Klimaanlage, Fön • **Anlage:** Aufenthaltsraum, Speiseraum, Bar, Konferenzraum, Lift, Swimmingpool, Tennisplatz, Fitnesscenter • **Kreditkarten:** AE, DC, MC, V • **Behinderte:** Zugang möglich • **Tiere:** erlaubt • **Geschlossen:** nie • **Besitzer:** Giorgio und Stefania Luppis

Friaul / Julisch-Venetien

San Floriano del Collio

Golf Hotel Castello Formentini
～ Umgebaute Burg ～

Via Oslavia 2, 34070 San Floriano del Collio, Gorizia
Tel 0481 884051 **Fax** 0481 884052 **E-mail** isabellaformentini@tiscalinet.it
Website www.golfhotelcastelloformentini.it

In der letzten Ausgabe unseres Hotelführers haben wir um Berichte über dieses neue Hotel gebeten – viele sind gekommen. Die meisten sind sehr positiv, loben die »hübschen« Zimmer (»wir haben die kleinen Kerzen in unserem großen, modernen Badezimmer angezündet«), das »üppige« Frühstück und die »vernünftigen« Preise. Ein Gast war jedoch etwas weniger begeistert von der Haushaltsführung: »Der Keks unter dem Nachtschrank voller Spinnweben hat uns ein bisschen Angst gemacht . . .«.

Das Hotel verdankt seinen Namen einem 9-Loch-Golfplatz (montags geschlossen, Gebühr 25 Euro) und wirkt zunächst modern, obwohl es eigentlich aus zwei alten, renovierten Gebäuden besteht, die sich ganz in der Nähe des Castello Formentini befinden, das seit dem 16. Jh. im Besitz der Familie Formentini ist. Die jetzige Besitzerin, Contessa Isabella Formentini, hat die Zimmer des kleinen Hotels mit Familienmöbeln und -gemälden ausgestattet. Jedes der wunderschön eingerichteten, geräumigen Zimmer ist nach einem anderen angesehenen Wein benannt. Drei der Zimmer liegen innerhalb der Burgmauern, und die Gäste sind herzlich eingeladen, die Burg und ihren kleinen Swimmingpool nach Belieben zu nutzen. Das Familienrestaurant »Castello Formentini« ist nur für Gruppen geöffnet (Minimum 8 bis 10 Personen), doch den Hotelgästen wird ein sehr hübsches, gemütliches Restaurant in der Nähe empfohlen.

～

Umgebung: Gorizia (4 km); Triest (47 km) • **Lage:** in der Stadt gleich außerhalb der Burgmauern; eigenes Anwesen mit Parkplatz • **Mahlzeiten:** Frühstück
Preise: €€€€ • **Zimmer:** 15; 12 Doppel- und Zweibettzimmer, 2 Einzelzimmer, 1 Suite im Turm, alle mit Bad oder Dusche; alle Zimmer mit TV, Minibar; 12 Zimmer mit Telefon, 3 Zimmer mit Klimaanlage, aber ohne Telefon • **Anlage:** Aufenthaltsraum, Frühstücksraum, Garten, Swimmingpool, Tennisplatz, 9-Loch-Golfplatz
Kreditkarten: AE, DC, MC, V • **Behinderte:** nicht geeignet • **Tiere:** erlaubt
Geschlossen: Januar • **Besitzerin:** Contessa Isabella Formentini

Friaul / Julisch-Venetien

Grand Hotel Duchi d'Aosta

∼ Stadthotel ∼

Piazza Unità d'Italia 2. 34121 Trieste
Tel 040 7600011 **Fax** 040 366092 **E-mail** info@grandhotelduchidaosta.com
Website www.grandhotelduchidaosta.com

Triest hat eine faszinierende Vergangenheit; die Stadt an der Grenze zu Slowenien, Kroatien und Österreich liegt dort, wo sich Balkan und westliche Welt treffen. Bis 1918 gehörte Triest nicht nur zu Österreich, sondern war auch dessen Haupthafen; seitdem hat die Stadt zwar an Wichtigkeit verloren, zeugt in ihrer Architektur jedoch immer noch vom Habsburger Kaiserreich. In der Altstadt finden sich zahlreiche *palazzi*, darunter auch das heutige Grand Hotel Duchi d'Aosta, das aus dem Jahr 1873 stammt und seinen Namen ganz zu Recht trägt. Hinter einer großartigen Fassade befindet sich eine Reihe geräumiger Salons. Das freundliche, aufmerksame Personal erinnert an die Eleganz vergangener Zeiten. Die Zimmer haben ebenso viel Stil wie die Gemeinschaftsräume, verfügen allerdings über viele moderne Annehmlichkeiten. Das Restaurant (Meeresfrüchte!) genießt einen ausgezeichneten Ruf.

Die meisten Sehenswürdigkeiten der Stadt sind vom Hotel aus gut zu Fuß zu erreichen; das Duchi d'Aosta liegt angenehmerweise direkt im Herzen der Altstadt. Nur das ruhmreiche Castello di Miramare, das Sie auf keinen Fall versäumen sollten, liegt etwa fünf Kilometer entfernt auf einem Felsvorsprung.

∼

Umgebung: Röm. Theater; Kathedrale; Hafen; Castello di Miramare • **Lage:** im alten Teil der Stadt an der Festung; Garage • **Mahlzeiten:** Frühstück, Mittag- und Abendessen • **Preise:** €€€ • **Zimmer:** 50; 48 Doppel- und Zweibettzimmer, 2 Suiten, alle mit Bad oder Dusche; alle Zimmer Telefon, TV, Klimaanlage, Minibar, Fön **Anlage:** Aufenthaltsräume, Restaurant, Bar, Aufzug, Terrasse • **Kreditkarten:** AE, DC, MC, V • **Behinderte:** 1 speziell eingerichtetes Zimmer • **Tiere:** nicht erlaubt **Geschlossen:** nie • **Geschäftsführerin:** Hedy Benvenuti

Friaul / Julisch-Venetien

Udine

Astoria Hotel Italia
～ Stadthotel ～

Piazza XX Settembre 24, 33100 Udine
Tel 0432 505091 **Fax** 0432 509070
E-mail astoria@hotelastoria.udine.it **Website** www.hotelastoria.udine.it

Udine ist ein geschäftiges Handelszentrum und eine quirlige Universitätsstadt, in der es einige Gebäude von historischem Interesse gibt, darunter auch das erste Hotel am Ort, obwohl dort heute fast ausschließlich Geschäftsleute absteigen. Das Astoria Hotel Italia wird seit 1850 als Hotel genutzt. In seinem Speisesaal bekommen Sie das wahrscheinlich beste Essen der ganzen Stadt. Die bequemen und geräumigen Zimmer sind alle ähnlich in Rosa oder Blau eingerichtet; die besten gehen zur *piazza* hinaus. Wenn Sie im Astoria übernachten, sollten Sie sich unbedingt den angrenzenden *palazzo* aus dem 19. Jahrhundert anschauen, der heute für Ausstellungen und Tagungen genutzt wird. Das Innere des *palazzo* wurde von Japelli entworfen, der für das Caffè Pedrocchi in Padua berühmt ist.

Leider ist dieses Hotel in Udine das einzige aus dieser an interessanten Unterkünften armen Gegend, das wir Ihnen vorstellen können. Als wir den Nordosten Italiens das letzte Mal bereisten, blieb uns eine hoffnungsvolle Neuentdeckung, das Pa'Krhaizar in Sauris di Sopra, verwehrt: Wir mussten umkehren, weil noch im späten April zu viel Schnee auf den Straßen lag.

～

Umgebung: Dom; Piazza Matteotti; Museo Civico • **Lage:** im Zentrum der Stadt; Parkplatz • **Mahlzeiten:** Frühstück, Mittag- und Abendessen • **Preise:** €€€ **Zimmer:** 75; 39 Doppelzimmer, 33 Einzelzimmer, 3 Suiten, alle mit Bad; alle Zimmer mit Telefon, TV, Minibar, Klimaanlage, Fön, Safe • **Anlage:** Speiseraum, Bar, Lounge, Innenhof, Aufzug • **Kreditkarten:** AE, DC, MC, V • **Behinderte:** Zugang möglich • **Tiere:** erlaubt • **Geschlossen:** nie • **Besitzer:** Signor Mocchiutti

Restaurants in Venedig

Ergänzend zu den *Kleinen Hotels mit Charme* werden im Folgenden 30 Restaurants vorgestellt. Getreu der Philosophie unserer Reihe handelt es sich dabei um eine spezielle Auswahl, wie sie so in keinem anderen Führer und auf keiner Website zu finden ist: Es sind Restaurants, in denen Sie sich unter Einheimischen bewegen und Gerichte ausprobieren können, die authentisch sind.

Die Autorin Michela Scibilia (sie verfasste einen exzellenten, in englischer Sprache veröffentlichten und vor Ort zu kaufenden Restaurantführer: »Venedig Osterie & Dintorni: A guide to the eateries of Venice«) hat hier eine Auswahl nach Kriterien getroffen, die auch für unsere Hotels relevant sind. Als Venezianerin weiß sie, dass Qualität nicht teuer sein muss, obwohl sie es manchmal ist.

Es wurden sämtliche Typen der Gastronomie berücksichtigt: von der einfachen *rostecceria*, in der nur ein bis zwei Gerichte serviert werden, über *trattoria, osteria* oder *enoteca* bis zum teuren Kultrestaurant. In Venedig werden in vielen Bars und Weinläden Snacks oder leichte Gerichte *(cicheti)* angeboten, einige sind hier aufgeführt. Manchmal isst man die Appetithappen an der Bar oder in einem speziellen, komfortableren Essbereich. Meistens wird es jedoch auch toleriert, wenn man nur ein Glas Wein konsumiert und woanders zum Essen geht, es besteht somit kein Essenszwang. Im Text findet sich diesbezüglich ein Hinweis.

Glossar
Die italienischen bzw. venezianischen Bezeichnungen für Ingredienzen und Gerichte sind mit der deutschen Übersetzung im Glossar S. 218–221 aufgeführt.

Favoriten
Auf die von der Autorin besonders geschätzten Restaurants wird im Text hingewiesen.

Öffnungszeiten
Bei Bars werden sowohl die Öffnungszeiten als auch die Ruhetage aufgeführt.

Kreditkarten
Es wird aufgelistet, welche bzw. wenn keine Kreditkarten akzeptiert werden.

Preise
Die Preise beziehen sich auf ein Menü mit Vor-, Haupt- und Nachspeise, aber ohne Getränke. In einer teuren Stadt wie Venedig lohnt es sich, ein besonderes Augenmerk auf die Preise zu richten und Vergleiche anzustellen.

Restaurants in Venedig

R
E
S
T
A
U
R
A
N
T
S

San Marco

Cavatappi

Campo della Guerra, San Marco 525
Tel 041 2960252

Marco und Francesco haben diese Bar mit Küche kürzlich eröffnet und sind voller Enthusiasmus bei der Sache. Hier gibt es köstliche *panini* und *tramezzini*. Mittags besteht das Publikum aus Ladenbesitzern der Umgebung, die sich das einfache Menü – ein Reis- oder Pastagericht (7 Euro), eine leichte, aber geschmackvolle Hauptspeise (10 Euro) und ein Dessert – schmecken lassen. Donnerstags wird die Pasta frisch gemacht. Abends treffen sich hier die Einheimischen zu einem Glas Wein vor oder nach dem Abendessen. Alle zwei Monate findet eine Weinprobe statt, bei der auch Käse und kalte Gerichte aus den unterschiedlichen Regionen Italiens serviert werden. Es gibt auch Tische im Freien.

Preis Snacks für 10 Euro oder weniger
Offen 9–24 Uhr
Geschlossen Sonntag Abend, Montag
Kreditkarten DC, M, V

San Marco

Rosticceria San Bartolomeo

Calle della Bissa, San Marco
keine telefonischen Reservierungen

Auf dem Campo San Bartolomeo weist lediglich ein gut beleuchtetes »Rostecceria«-Schild auf das belebte San Bartolomeo hin. Es ist aufgrund seiner schönen, zwanglosen Bar empfehlenswert, an der Venezianer z. B. gebratenes Kalbfleisch oder Fischrisotto im Stehen genießen. Es gibt auch köstliche Sandwiches. Mittags sind hier Gerichte für unter 5 Euro zu haben.

Preis 5–10 Euro
Geschlossen Sonntag
Kreditkarten keine

Restaurants in Venedig

San Polo

Antiche Carampane

Rio Terà de le Carampane, San Polo 1911
Tel 041 5240165

Bevor Sie sich in den langen, schmalen calli, dunklen *sottoporteghi,* Innenhöfen und *rio terà* dieses ehemaligen Rotlichtviertels verirren, sollten Sie sich telefonisch den Weg zu dieser Oase der Ruhe beschreiben lassen. Das Ambiente ist elegant, und die frisch zubereiteten Fischgerichte sind ein Gedicht. Empfehlenswert sind der Mönchsfisch *al cartoccio* mit Parmesankruste oder die gemischte Fischplatte mit Frühlingsgemüse.
Es gibt auch Tische im Freien. Gutes Preis-Leistungsverhältnis. Einer der Favoriten.

Preis 47 Euro
Geschlossen Sonntag und Montag
Kreditkarten AE, DC, MC, V

San Polo

Al Bancogiro

Campo San Giacometto, San Polo 122
Tel 041 5231061

Dieser Weinladen mit Küche unter den Arkaden der Fabbriche Vecchie hat seinen Namen von einer der ersten venezianischen Kleinhandelsbanken in der Nachbarschaft. Es gibt zwei Eingänge: einer vom Markt und der Kirche San Giacometto, der andere (mit Tischen im Freien) mit Blick auf den Canal Grande. Sie können ein Glas Wein an der Bar trinken oder in dem schmalen Nichtraucherspeiseraum treppaufwärts essen. Es erfordert allerdings Geduld, denn die Zutaten zu den Gerichten (zwischen 11 und 14 Euro) werden nach der Bestellung frisch vom nahen Markt besorgt: Garnelen mit *castraure, carpaccio* vom Barsch garniert mit aromatischen Kräutern oder *sarde incinte* (Sardinen mit Rosinen, Pinienkernen, Knoblauch, Petersilie und Orangensaft). Es gibt außerdem eine kleine Auswahl an Snacks und Käse. Die Weinkarte ist interessant.

Preis 11–14 Euro
Offen 10.30–15 und 18.30–0 Uhr
Geschlossen Sonntag und Montag
Kreditkarten keine

RESTAURANTS IN VENEDIG

SAN POLO

Alla Madonna

Calle de la Madonna, San Polo 594
Tel 041 5223824

Das Restaurant nahe der Rialtobrücke ist sehr beliebt und
somit immer gut besucht. Es stehen viele Fisch- und
Fleischgerichte auf der Speisenkarte, deren Qualität und
Preise wie der Service unschlagbar sind.
Besonders empfehlenswert sind: *sarde in saor, granseola,
folpeti,* Fischsuppe, *schie,* Aal, frittierter Tintenfisch, gegrillte Seebarbe und Hummer mit Mayonnaise, Lasagne-
pasticcio, Kutteln, Leber auf venezianische Art und panier-
tes Kalbsschnitzel, alle Gerichte werden mit Gemüse der
Saison serviert. Ein perfekter Ort für ein Familientreffen.

Preis 44 Euro
Geschlossen Mittwoch
Kreditkarten AE, MC, V

SAN POLO

Osteria al Ganghelo

Calle dei Boteri, San Polo 1571
keine telefonischen Reservierungen

Hier können Sie wie die Markthändler an der Theke sitzen
und sich Gerichte schmecken lassen wie eine wundervolle
warme Gemüseplatte, Bohnen in einer pikanten Tomaten-
sauce mit Rosmarin (sie werden zweimal am Tag frisch gemacht), gute polpette und einen herrlichen eisgekühlten
Mandelcremepudding mit heißem Amaretto in der Mitte.
Es werden offene Weine angeboten.
Die zwischen der Rialtobrücke und San Cassiano gelegene
Osteria ist für einen Markthändlertreffpunkt geradezu vor-
nehm.

Preis Gerichte zwischen 7 und 11 Euro
Geschlossen Sonntag
Kreditkarten keine

Restaurants in Venedig

Santa Croce

Al Nono Risorto

Sottoportego de la Siora Bettina, Santa Croce 2338
Tel 041 5241169

Aufgrund seiner freundlichen jungen Wirte, des großzügig geschnittenen Essbereiches, der fairen Preise und der langen Öffnungszeiten ist die Trattoria besonders im Sommer eine gute Wahl. Der Name heißt übersetzt übrigens »auferstandener Großvater«. Die Tische im Freien – schwere Eichentische – stehen im glyzinienbewachsenen Garten. Es gibt Pizzas zwischen 5 bis 8 Euro, Salate und ein venezianisches Menü. Besonders für Familien mit Kindern eine gute Wahl.

Preis 36 Euro
Geschlossen Mittwoch und Donnerstag Vormittag
Kreditkarten keine

Santa Croce

Al Prosecco

San Giacomo dall'Orio, Santa Croce 1503
Tel 041 5240222

In einer Stadt mit unzähligen Plätzen zum Verweilen ist der Campo di San Giacomo dall'Orio einer der schönsten. Hier stehen die Tische des Al Prosecco. Die hart arbeitenden jungen Wirte haben sich inzwischen in ganz Venedig einen Namen gemacht. Sie bieten eine gute Auswahl an Käse und kalten Vorspeisen, *crostini*, sieben oder acht offene und viele Flaschenweine an. An Samstagen gibt es Austern und rohen Fisch. An Regentagen kann man auch innen gemütlich sitzen.

Preis 10–20 Euro
Offen 8–22.30 Uhr
Geschlossen Sonntag
Kreditkarten keine

RESTAURANTS IN VENEDIG

SANTA CROCE

Alla Zucca

Ponte del Megio, Santa Croce 1762
Tel 041 5241570

Ein Klassiker. Den ruhigen, schön beleuchteten Essbereich im Innern ergänzen einige Tische im Freien (am Fuße des Ponte del Megio). Der Service ist angenehm zwanglos und die Gerichte fantasievoll. Auf der Speisekarte stehen viele Gemüsegerichte zur Auswahl, einige mit einem orientalischen Touch: Spargel-Kartoffel-Suppe; *penne* mit Auberginen und Feta; gebratenes Lamm mit Fenchel und Pecorino; Hase in Senfkruste mit Polenta; Kürbiskuchen mit Ricotta; gegrillte Hühnerbrust mit Knoblauch und Zaziki; Kalbshaxe mit Lauch und Parmesan. Unter den Desserts ist die Joghurt-Eiscreme mit in Prosecco eingelegten Blau- und Erdbeeren zu empfehlen. Die Weinkarte ist klein, aber wie die Gerichte fantasievoll. Gutes Preis-Leistungsverhältnis.

Preis 35 Euro
Geschlossen Sonntag
Kreditkarten AE, DC, MC

CASTELLO

Bandierette

Barbaria de le Tole, Castello 6671
Tel 041 5220619

Die Trattoria (schlicht eingerichtet und etwas grell beleuchtet, was eine etwas ungemütliche Atmosphäre erzeugt) ist aufgrund ihrer Authentizität bei den Anwohnern sehr beliebt. Die Preise sind äußerst moderat, auf der Speisenkarte steht fantasievolle Hausmannskost. Das Menü bietet als *primo: tagliatelle* mit Scampi und Spinat, *spaghetti con canoce* oder Garnelen mit Spargel und als *secondo* hauptsächlich verschieden zubereiteten Fisch: Sardinen, Mönchsfisch, Barsch, Kammmuscheln. Es gibt auch Tische im Freien.

Preis 28 Euro
Geschlossen Montag Abend und Dienstag
Kreditkarten AE, DC, MC, V

Restaurants in Venedig

Castello

Corte Sconta

Calle del Pestrin, Castello 3886
Tel 041 5227024

Die Osteria ist Kult, einerseits wegen ihrer Lage, andererseits wegen ihres Namens, der daran erinnert, dass Venedig voller versteckter Höfe und Ecken ist. Schon die Liste der *antipasti* ist endlos: eingelegte Sardellen, *granseola*-Paté, *schie* mit Polenta, *latte di seppia, garusoli, sarde in saor, canoce* und vieles mehr. Im Rahmen eines Probiermenüs können Sie alle testen. Empfehlenswerte primi: *gnocchetti* mit Babytintenfisch; *tagliolini* mit Kammmuscheln und Artischocken; *bigoli in salsa*. Die *secondi* sind ebenfalls beeindruckend: gegrillter oder gebratener Fisch, z. B. in Kräutern gebackene Babyseebarbe oder Dorade in süß-saurer Sauce. Als Dessert bietet sich ein *zabaione* und koschere Biskuits an. Auf der Weinkarte stehen 100 Weine und eine feine Auswahl an Grappas. Es gibt auch Tische im Freien. Einer der Favoriten.

Preis 52 Euro
Geschlossen Sonntag und Montag
Kreditkarten AE, DC, MC, V

Castello

Al Covo

Campiello della Pescaria, Castello 3068
Tel 041 5223812

Dieses kleine Restaurant bei der Riva degli Schiavoni zieht einheimische und auswärtige Gourmets gleichermaßen an. Das Menü basiert auf frischem Fisch, der so zubereitet wird, dass sein Geschmack optimal zur Geltung kommt. Ob Fisch- und Schalentier-Crudités mit Gemüse, Fischsuppen, *gnocchi* gefüllt mit *gò*, gedämpfter Aal, gebratener oder gegrillter Fisch: Alles schmeckt ausgezeichnet. Auch die Desserts wie der Schokoladenkuchen mit dunkler Schokoladensauce sind bemerkenswert. Auf der Weinkarte haben Sie die Auswahl unter 300 Weinen, 40 Schnäpsen und 10 Olivenölen. Es gibt auch Tische im Freien.

Preis 75 Euro
Geschlossen Mittwoch und Donnerstag
Kreditkarten keine

Restaurants in Venedig

Castello

Alla Mascareta

Calle Lunga Santa Maria Formosa, Castello 5183
Tel 041 5230744

Eine von Venedig s ältesten *enoteche* (Weinläden). In Ergänzung zur Bar gibt es einen ruhigen Raum mit schönen Tischen und alten Büfetts. Hier werden Sie von der weiblichen *osti* empfangen und hinsichtlich Getränken beraten. Sie können den Wein glas- oder flaschenweise bestellen. Dazu gibt es einfache Gerichte wie ein Platte mit kaltem Fleisch, eine Käseauswahl oder *crostini*. Danach böte sich Weißwein mit etwas Süßem wie Petits fours an.
Hier können Sie die Weine des Veneto probieren und dann ein paar Flaschen mit nach Hause nehmen. Empfehlenswert sind: der köstliche, aromatische Bianco di Custoza; ein junger Soave; ein Cabernet von Pramagiorre; ein Sauvignon von den Colli Euganei; oder ein süßer Recioto.

Preis unter 10 Euro
Offen 7 bis 14 Uhr
Geschlossen Mittwoch und Donnerstag
Kreditkarten keine

Castello

Al Portego

Calle de la Malvasia, Castello 6015
Tel 041 5229038

In der gemütlichen Osteria im ersten Stock eines Gebäudes zwischen San Lio und Santa Marina ist alles aus Holz: Decke, Wände, Bar, Tische und Fässer. Die Fenster umrahmen hübsche Vorhänge, und es gibt einen separaten, ruhigen Raum für jene, die etwas abseits des Trubels essen möchten. Als *cicheti* werden angeboten: Fleisch- und Thunfischbällchen, gebratenes Gemüse, *folpeti* und *crostini*. Danach empfehlen sich: *bigoli in salsa*, Fischrisottos, *pasta e fasioi*, Leber auf venezianische Art oder *museto* mit Polenta. Es besteht jedoch kein Essenszwang. Einer der Favoriten.

Preis 25 Euro
Offen 10–15 und 18–22 Uhr
Geschlossen Sonntag
Kreditkarten keine

RESTAURANTS IN VENEDIG

CASTELLO

Santa Marina

Campo Santa Marina, Castello 5911
Tel 041 5285239

Zwei Paare führen diesen Betrieb: Agostino, Betty und Caterina sind für die Küche, Danilo für den Service verantwortlich. Nach mäßigem Start haben sie sich inzwischen einen guten Ruf für ihre außergewöhnlich benannten, schön präsentierten Gerichte erworben. Empfehlenswert sind: Scampi in Lauch und Ingwer-saor; *folpeti* mit Tropea-Zwiebeln, Orangenschale und Balsamicoessig; roher Hummer mit Minipastete; Borlotti-Bohnencreme mit scharfen Thunfischstückchen; gegrillte Fisch- oder Schalentierspieße mit Räucherspeck. Als Desserts bieten sich die Schokoladen- oder Apfeltorte mit Zimteiscreme an oder das Basilikumsorbet mit Beeren. Die Weinkarte ist interessant. Es gibt auch Tische im Freien. Gutes Preis-Leistungsverhältnis.

Preis 59 Euro
Geschlossen Sonntag und Montag Mittag
Kreditkarten MC, V

CASTELLO

Alle Testiere

Calle del Mondo Buovo, Castello 5801
Tel 041 5227220

Dieses winzige Restaurant mit nur wenigen Tischen versteckt sich in der *calle* zwischen Salizada di San Lio und Santa Maria Formosa. Sein Geheimnis liegt in dem Können und Enthusiasmus der Wirte: Bruno verwendet in der Küche nur hochwertige Produkte, um Gerichte zuzubereiten wie: Minignocchi mit Babytintenfisch in Zimt; *caparosolli* sautiert mit einem Hauch Ingwer, *linguine* mit Mönchsfischstückchen; lauwarme *granseola*. Die gleiche Sorgfalt wird auch auf die Zubereitung der Desserts gelegt: Birnen-Ricotta-Schokoladen-Torte oder die auf einem alten Rezept basierende *crema rosada*. Luca ist für den Wein zuständig und stellt auch die Käseplatte zusammen mit Köstlichkeiten wie Verde di Montegalda Vicentina und Buccia di Rospo, ein seltener toskanischer Pecorino. Eine Tischreservierung ist zu empfehlen. Es besteht jedoch kein Essenszwang.

Preis 53 Euro
Offen 12–15 und 19–1 Uhr
Geschlossen Sonntag und Montag
Kreditkarten AE, DC, MC, V

Restaurants in Venedig

Dorsoduro

Agli Alboretti

Rio Terà Antonio Foscarini, Dorsoduro 882
Tel 041 5230058

Einst ein Künstlertreff, beeindruckt heute die Retroeleganz, der tadellose Service und die superbe Küche die Kenner der Szenerie. Die Qualität und Frische der Zutaten ist über jeden Zweifel erhaben, wobei besonderen Wert auf die Harmonie zwischen Produkten, Gewürzen und Saucen gelegt wird. Empfehlenswert sind: *baccalà mantiecato* mit Timbale von knusprigen Kartoffeln auf einem geschmorten *radicchio trevigiano;* Kürbisrisotto mit in Süßwein marinierten Tintenfischrauten; oder gebackene Meerbrasse mit würzigem Brot und in Kognak gegarten Muscheln. Der Käseservierwagen wird sogar die wählerischsten Gäste zufrieden stellen. Die besonders interessante Weinkarte bietet schwerpunktmäßig *vini da meditazione* und Grappas. Ausgezeichnetes Preis-Leistungsverhältnis. Tische auch im Freien.

Preis 55 Euro
Geschlossen Mittwoch und Donnerstag Vormittag
Kreditkarten AE, MC, V

Dorsoduro

La Bitta

Calle Lunga San Barnaba, Dorsoduro 27531
Tel 041 5230531

Das Osteria-Ristorante ist schlicht gehalten: Weiße Wände und eine halbhohe Vertäfelung schaffen eine freundliche Atmosphäre. Es werden nur wenige Gemüse- und Fleischgerichte angeboten: *grana*-Salat; *penne* mit Räucherspeck und Kürbis; oder Filetsteak. Die Weinkarte ist interessant. An der Bar gibt es köstliche *cicheti*. Es besteht jedoch kein Essenszwang.

Preis 40 Euro
Offen 18–2 Uhr
Geschlossen Sonntag
Kreditkarten AE, MC, V

Restaurants in Venedig

Cannaregio

Da Alberto

Calle Larga Giacinto Gallina, Cannaregio 5401
Tel 041 5238153

Zwischen dem Campo Santi Giovanni e Paolo und der Kirche Santa Maria dei Miracoli gelegen, wird diese Trattoria von Einheimischen und Touristen gleichermaßen besucht. An der Bar werden serviert: gebratene Sardinen und *baccalà;* köstliche Fleischbällchen; Garnelen und gekochte *latti di seppia.* Im Winter gibt es *nerveti* mit Zwiebeln oder *museto,* im Frühling *castraure.* Im Essbereich gibt es ein Menü mit einer großen Auswahl an Pastas und Risottos, Fisch oder Schalentiere und Gemüse, gemischte Meeresfrüchte, gegrillten Fisch, gedämpften Tintenfisch und *baccalà* mit Polenta. Es besteht allerdings kein Essenszwang.

Preis 32 Euro
Offen 10–15 und 18–23 Uhr
Geschlossen Sonntag
Kreditkarten MV, V

Cannaregio

L'Angolo di Tanit

Calle dell'Aseo, Cannaregio 1885
Tel 041 720504

Dieses freundliche Osteria-Restaurant wurde kürzlich in einer ruhigen *calle* von Signor Battista, einem Sizilianer, eröffnet. Es bietet eine begrenzte, aber täglich wechselnde Auswahl an Gerichten: *caponata* (Auberginen, Sellerie, Tomaten, Zwiebeln, Kapern und Oliven in Öl angebraten und mit einem süß-sauren Dressing serviert); *spaghetti con pesto trapanese* (Letzteres hergestellt aus frischen Tomaten, Knoblauch, Basilikum, Mandeln und Olivenöl); Fisch-Couscous; Thunfisch mit Kapern und Oliven; schließlich *cannoli.* Angenehme Atmosphäre. Kleine Weinkarte mit sizilianischen Weinen. Es besteht kein Essenszwang.

Preis 44 Euro
Geschlossen Sonntag und Dienstag
Kreditkarten keine

Restaurants in Venedig

Anice Stellato

Fondamenta della Sensa, Cannaregio 3272
Tel 041 720744

Der Name sagt schon alles: Antice Stellato bedeutet Sternanis, und so stehen hier Gewürze und aromatische Kräuter im Mittelpunkt, die Gerichte verfeinern wie: Thunfisch- oder Schwertfisch-*carpaccio*; frischer Lachs oder Meerbrasse; gedämpfter *barboni*; *tagliatelle* mit Scampi; Zucchiniblüten; oder Fischrisotto.
Die intensive Suche nach den besten Zutaten und die sorgfältige, kreative Zubereitung der Gerichte wurden innerhalb weniger Jahre von Erfolg gekrönt. Das Familienunternehmen zeichnet sich auch durch ein gutes Preis-Leistungsverhältnis aus. Eine Tischreservierung ist anzuraten. Für Zwischenmahlzeiten bietet sich die Bar mit *ombre* und *cicheti* an. Es gibt auch Tische im Freien. Einer der Favoriten.

Preis 34 Euro
Offen 10–14 und 19–22 Uhr
Geschlossen Montag und Dienstag
Kreditkarten AE, DC, MC, V

Da Bepi – Già 54

Campo Santi Apostoli, Cannaregio 4550
Tel 041 5285031

Die strategisch günstig am Schnittpunkt dreier venezianischer Hauptverkehrsadern – eine von der Strada Nova und von der Stazione Santa Lucia, eine von der Rialtobrücke und eine von den Fondamente Nuove – gelegene Osteria ist bei den Venezianern sehr beliebt. Von den Tischen im Freien kann man die Welt an sich vorüberziehen lassen und mit dem jungen *oste* ein Schwätzchen halten. Auf der Speisenkarte stehen typisch venezianische Fischgerichte wie *canoce, caparossoli,* Meeresfrüchterisotto und Tintenfisch mit Polenta, außerdem *pasta e fasioi,* Gnocchi mit Tomaten oder gegrilltes Steak.

Preis 39 Euro
Geschlossen Donnerstag
Kreditkarten MV, V

Restaurants in Venedig

Cannaregio

Da Bes – Tre Spiedi

Salizada San Cancian, Cannaraegio 5906
keine telefonischen Reservierungen

Die altmodische Trattoria ist ein freundlicher, unprätentiöser Familienbetrieb, der Einheimische und *foresti* gleichermaßen anzieht (die Venezianer meinen mit *foresti* jeden, der al di là ponte – jenseits der Brücke – lebt, also auf dem Festland!). Angeboten werden Fischvorspeisen wie *latti di seppia* und *folpeti,* der traditionelle *saor, spaghetti con caparossoli,* Fischrisottos und natürlich *baccalà.* Zur Abrundung dann *scropin.* Wer zuerst kommt, hat gewonnen, denn Reservierungen sind nicht möglich.

Preis 39 Euro
Geschlossen Sonntag Abend und Montag
Kreditkarten AE, MC, V

Cannaregio

Boccadoro

Campiello Widman, Cannaregio 5405a
Tel 041 5211021

Das neue Restaurant liegt an einem breiten *campo* auf dem Weg von der Kirche Santa Maria dei Miracoli zu den Fondamente Nuove, wo die Fähre zu den nördlichen Laguneninseln abgeht. Der junge, professionelle Küchenchef Davide ist auf die Verarbeitung frischer Fische spezialisiert – so frisch, dass er es fast als Frevel ansehen würde, sie zu kochen, sodass sie manchmal roh auf den Tisch kommen. Probieren Sie Austern oder rohen Schwertfisch und Thunfisch sowie Garnelen; außerdem gegrillte *canestreli; gnocchetti* mit Muscheln; Dorade mit *castraure.* Es wird eine große Auswahl an Käse und Wein aus Sardinien angeboten – weil die Besitzer daher kommen. Es gibt auch Tische im Freien, und es besteht kein Essenszwang.

Preis 50 Euro
Geschlossen Montag
Kreditkarten AE, MC, V

Restaurants in Venedig

Cannaregio

Ca' d'Oro – alla Vedova

Ramo Ca' d'Oro, Cannaregio 3912
Tel 041 5285324

Die alte, authentische Osteria ist in Cannaregio geradezu ein Muss als Zwischenstop beim *giro di ombre,* dem Spaziergang auf der Strada Nova vor dem Abendessen, bei dem man sich u. a. hier ein Glas Wein und köstliche, typisch venezianische *cicheti* schmecken lässt, u. a. Fleischbällchen; *folpeti consi;* gegrilltes, gekochtes und rohes Gemüse; *castaure baccalà;* Garnelenspieße; gegrillter Tintenfisch. Es gibt eine große Auswahl an offenen Weinen. Wenn Sie hier mehr als die *cicheti* essen wollen, für die die Osteria bekannt ist, sollten Sie einen Tisch reservieren.

Preis 32 Euro
Offen 11.30–14.30 und 18.30–22.30 Uhr
Geschlossen Sonntag Vormittag und Donnerstag
Kreditkarten keine

Cannaregio

La Cantina

Campo San Felice, Cannaregio 3689
Tel 041 5228258

Während Sie von den Tischen im Freien die Passanten auf der Strada Nova beobachten, können Sie sich einen Prosecco oder ein frisch gezapftes Bier und ein *panino,* eine *bruschetta* mit gebratenem Schweinefleisch oder weitere *cicheti* schmecken lassen: z. B. Gorgonzola, Sardellen, Babyartischocken, Olivenpaste, sonnengetrocknete Tomaten, Wachteleier, gegrillter Spargel, Butterkäse und *aringa sciocca* (ungesalzener Hering), Birne mit Parmesan und Meerrettich-*mostarda.* Manchmal gibt es selbst gefangene *tartufi di mare (Venus-verrucosa*-Schalentiere). Stammkunden sitzen dagegen lieber auf den Hockern an der Bar, um mit Francesco zu plaudern und ihm bei der Zubereitung seiner unwiderstehlichen *crostini* zuzusehen.

Preis alle Gerichte für wenige Euro
Offen 10–22 Uhr
Geschlossen Sonntag
Kreditkarten keine

Restaurants in Venedig

Cannaregio

Da Fiore

Salizada San Giovanni Grisostomo, Cannaregio 5719
Tel 041 5285281

Ein beeindruckendes Restaurant selbst für Kenner: Dekoration und Ambiente sind zurückhaltend, aber elegant. Das ausgewogene Menü bietet klassische venezianische Fisch- und Fleischgerichte aus den besten saisonalen Zutaten. Besonders empfehlenswert sind: Mönchs- und verschiedene Tintenfischkreationen. Unwiderstehlich ist auch Maiuccias Servierwagen mit Desserts wie Honig- und Haselnussparfait in Schokoladentimbale oder Birnen in Blätterteig mit Fruchtsauce. Albino ist für den Weinkeller verantwortlich und bietet 900 Weine zur Auswahl an. Es gibt auch Tische im Freien.

Preis 50–60 Euro
Geschlossen Montag Morgen und Dienstag
Kreditkarten AE, DC, MC, V

Cannaregio

Dalla Marisa

Fondamenta San Giobbe, Cannaregio 652b
Tel 041 720211

Die Trattoria war ursprünglich fast ausschließlich den Anwohnern von San Giobbe bekannt. Inzwischen wurde sie jedoch entdeckt und taucht sogar in vielen Reiseführern auf. Der Ruhm hat Marisa, die aus einer Metzgersfamilie stammende Wirtin, jedoch nicht verändert, und so bietet sie weiterhin ihr Menü auf Fleischbasis an: riesige Platten mit *tagliatelle* und Entensauce; Risotto mit *secoe, squassett alla bechera* (Rindfleisch in eigenem Saft); verschiedene gekochte Fleischsorten; Kutteln; saftige Wildragouts mit saisonalem Gemüse. Rechtzeitige Tischreservierung ist dringend notwendig. Es gibt auch Tische im Freien. Einer der Favoriten.

Preis 27 Euro
Geschlossen Sonntag, Montag und Mittwoch Abend
Kreditkarten keine

Restaurants in Venedig

Cannaregio

Vini da Gigio

Fondamenta San Felice, Cannaregio 3628a
Tel 041 5285140

An der Kirche San Felice, nahe der Strada Nova, befindet sich eines der besten venezianischen Restaurants. Auch wenn sehr viel Betrieb herrscht, können Sie Ihr Essen in Ruhe genießen, denn das Servicepersonal ist extrem höflich. Spezialitäten sind: Antipasto von rohem Fisch; *baccalà*-Kroketten; Rindercarpaccio; *penne con granseola* oder Gorgonzola und Pistazien; gegrillter Aal; gebratener Fisch; *masorino alla buranella* (Ente auf Burano-Art) und *figa alla veneziana.* Die Weinkarte bietet eine beeindruckende Auswahl an italienischen und ausländischen Weinen sowie Grappas aus dem Veneto und Friaul. Das Servicepersonal berät Sie, welcher Wein zu dem von Ihnen ausgesuchten Gericht passt. Unter den Desserts ist die Frucht-*crostata* zu empfehlen. Einer der Favoriten.

Preis 44 Euro
Geschlossen Montag
Kreditkarten MC, V

Giudecca

Mistrà

Giudecca 212a
Tel 041 5220743

Wenn Sie an der Redentore-Kirche den *vaporetto* verlassen und, die Stadt im Rücken, eine kleine Allee entlanggehen, kommen Sie in den Teil der Giudecca, der einen fantastischen Ausblick auf die südliche Lagune bietet. Im ersten Stock eines ehemaligen Industriekomplexes finden Sie das schön beleuchtete Restaurant, in dem ligurische und venezianische Gerichte angeboten werden. Das Mittagsmenü ist billig und auf die in der Nähe tätigen Dockarbeiter abgestimmt: Pasta bolognese und Steak. Am Abend gibt es dagegen Gerichte wie: Oktopus und Kartoffelsalat; *trofie*-Pasta mit Pesto; *spaghetti al cartoccio;* in Salz gebackener oder gegrillter Fisch.

Preis 28/43 Euro
Geschlossen Montag Abend und Dienstag
Kreditkarten AE, DC, MC, V

HOTELS & RESTAURANTS

In diesem Register sind die Hotels und Restaurants nach dem ersten selbstständigen Bestandteil ihres Namens aufgeführt. Zusätze wie »Hotel«, »Albergo«, »Il«, »La«, »Dei« und »Delle« wurden ausgelassen. Zusätze, die zur Unterscheidung der betreffenden Hotels notwendig sind, wie »Casa«, »Castello«, »Locanda« oder »Villa«, wurden hingegen aufgenommen. Restaurantnamen sind *kursiv* gesetzt.

HOTELS & RESTAURANTS

Hotels & Restaurants

HOTELSTANDORTE

In diesem Register sind die Hotels nach der Stadt oder Ortschaft, in denen oder in deren Nähe sie sich befinden, aufgeführt. Hotels in sehr kleinen Ortschaften sind unter dem Namen der nächstgrößeren Stadt zu finden.

HOTELSTANDORTE

Hotelstandorte

GLOSSAR

Eine Auswahl von Wörtern und Sätzen, die sich auf venezianischen Speisekarten finden. Der Plural steht in Klammern.

Aciughèta (aciughète)	Sardelle
al Cartóccio	in Alufolie oder Backpapier gegart
Anguèla (anguèle)	Aal
Antipàsto (antipàsti)	Vorspeise
Àmolo (àmoli)	Pflaume
Ànara (ànare)	Ente
Arancino (arancini)	frittierte Reisbällchen mit Fleisch/Käse
Armelin (armelini)	Aprikose
Articiòco (articiòci)	Artischocke
Asià	Hundshai
Baccalà	Stockfisch
Baccalà alla vincentina	Stockfisch, gekocht mit Tomaten und Olivenöl
Baccalà mantecato	Stockfisch mit Öl, Knoblauch und Petersilie
Bàcaro (bàcari)	Weinbar mit Snacks, venezianische Abart der Osteria
Bagìgi	Erdnüsse
Baìcoli	trockene Biskuits
Baìcolo	junge Brasse
Barbòn (barbòni)	Seebarbe
Barbunsàl	kalte, gekochte Kalbfleischscheiben mit Essig
Bechèr (bechèri)	Metzger
Bevaràssa (bevaràsse)	Herzmuschel
Biancomangiàre	Milchpudding mit Zimt, Zitrone und Nüssen
Bigoli	Spätzle
Bigoli in salsa	Spätzle mit Sauce
Birin	kleines Glas Bier (10 cl)
Birèta (birète)	kleines Glas Bier (20 cl)
Bisàto	ausgewachsener Aal
Bisi	Erbsen
Bògio	kochend heiß
Bòsega	Meeräsche
Bovolèti	Schnecken mit Knoblauch und Petersilie
Bòvolo (bòvoli)	rundes Brot
Branzino	Wolfsbarsch
Bruscàndoli	wilde Hopfendolden für Risotto
Bruschètta (bruschètte)	getoastetes Brot mit Knoblauch, Tomaten u. Ä.
Bussolài buranèi	ringförmige Biskuits mit Ei
Bussolài ciosòti	würzige ringförmige Biskuits
Butiro	Butter
Canarin	Digestif aus Zitrone in heißem Wasser
Canestrèlo (canestrèli)	Kammmuschel
Cannoli	frittierte Teigrollen, gefüllt mit Schokolade, Vanille und Ricotta
Canòce	Heuschreckenkrebs
Caparòssolo	Venusmuschel
Capatònda/margaròta	Auster aus der Lagune
Capelònghe/càpe da dèo	Messerscheide (Muschel)
Capesante	Jakobsmuschel
Caragòl	besondere Art von Molluske
Carlèti	Nelkenart; die Blätter werden beim Kochen verwendet
Carpàccio	dünne rohe Fleisch- oder Fischscheiben

GLOSSAR

Castradìna	Fleisch vom kastrierten Schafbock mit Kohl
Castraùre	venezianische Artischocken
Cichèto (cichèti)	Appetithappen
Clinto	Rotwein aus dem Veneto
Cògoma (cògome)	Kaffeetasse
Cotolétta alla Milanése	paniertes Schnitzel aus Kalbfleisch
Cochetìno	gekochte Schweinswurst
Cràf	Krapfen
Crèma frita	überbackene Eiercreme
Crostàta (crostàte)	gewürztes Röstbrot
Crostìno (crostini)	Röstbrot mit Belag
Curasàn	Croissant, venezianisch
Dìndio	Truthahn
Durèlo (durèli)	Hühnermagen
Enotèca (enotèche)	Weinladen (auch mit Ausschank)
Fasiòl (fasiòi)	Kidneybohnen
Fenócio (fenòci)	Fenchel
Figà	Leber
Figà alla veneziana	Lebergeschnetzeltes mit Zwiebeln
Fiorentina	Steak
Folpèto (folpèti)	kleine Tintenfische
Folpèti cònsi	kleine Tintenfische mit Karotten und Sellerie
Fòlpo (fòlpi)	normaler Oktopus
Fragolino	süßer Wein
Fritoìn	Verkaufsstand für frittierten Fisch
Fritola (fritole)	Gebäck mit Rosinen und Pinienkernen
Fugàssa (fugàsse)	Fladenbrot
Galàni	dünnes frittiertes Feingebäck
Garùsolo (garùsoli)	Meeresschnecke
Gnocchéti	kleine Gnocchi
Gnòcchi	Kartoffelkößchen
Gò	Meergrundel
Grana	Art Parmesan
Gransèola (gransèole)	Meeresspinne
Grànso	Taschenkrebs
Latte (latti) di seppia	Inhalt von Tintenfischeiern oder Spermasck
Lièvaro (lièvari)	Hase
Lugànega (lugàneghe)	lange, dünne Wurst
Maneghèto (managhèti)	Bier im Krug
Masanèta (masanète)	Krabbenart (weiblich)
Mazzancòlla (mazzancòlle)	Krabbenart
Misticànza	Salatherz
Moèca (moèche)	Krabbenart (männlich)
Mostàrda	Früchte- oder Gemüsechutney
Mozzarèlla in Carròzza	Mozzarella-Sardellen-Sandwich
Musèto (musèti)	Schweinskopfwurst
Muneghéte	venezianisches Popcorn
Mùsso (mùssi)	Esel
Naransa (naranse)	Orange
Nervèti	Kalbsknorpel, gekocht mit Zwiebel und Petersilie
Nicolòta	altes Brot mit Milch, Rosinen und Fenchel
Novellàme	junger Meeresfisch
Oràda (oràde)	Goldbrasse, Dorade
Òste (òsti)	Eigentümer oder Pächter einer Osteria
Osteria (òsterie)	Weinbar, einfaches Restaurant

Glossar

Òmbra/ombrèta	kleines Glas Wein
Osèi Scampài	Fleischspieß
Ossocòlo	Nackenschinken
Panàda Venexiàna, Pan bògio all'ògio	Brotsuppe mit Knoblauch, Öl und Parmesan
Pancètta	fetter Schweinebauch
Panìno (panìni)	belegtes Brötchen
Panòcia (panòce)	Popcorn
Parsèmolo	Petersilie
Parsùto	Schinken
Passarìn (passarìni)	kleine Scholle
Pàsta e fasiòi	dicke Pasta mit Bohnen
Pasticcio (pasticci)	Speisereste mit Polenta, überbacken
Peòchio (peòci)	Muschel
Persegàda	Quittenmarmelade
Pesse novèllo	siehe Novellame
Perveràda	kleine Miesmuschel
Piadina (piadìne)	ungesäuertes Fladenbrot
Pinsa	Kuchen zum Dreikönigsfest
Piròn (piròni)	Gabel
Polènta	grober Maisgrieß
Polpette	Klößchen
Pòmo (pòmi)	Apfel
Polàstro (polàstri)	Huhn
Porcino (porcini)	Steinpilz
Primo (primi)	erster Gang
Prosciùtto crùdo	roher Schinken
Puina	Ricotta
Radicchio trevigiàno/di Treviso	Radicchio aus Treviso (längliche Sorte)
Risi e bisi	Reissuppe mit Erbsen
Rosàda	Vanillesauce
Rumegàl	Kalbsgurgel
Saltimbòcca	Hühner- oder Kalbsschnitzel mit Salbei
Sanguèto	Blutwurst
Saòr	süßsaure Marinade
Sarde in saòr	Sardinen, eingelegt mit Zwiebeln, Pinienkernen und Rosinen
Sarèsa (sarèse)	Kirsche
Schila (schie)	kleine Garnele
S'ciòso (s'ciòsi)	Schnecke
Scugèr (scugèri)	Löffel
Sècoe	Fleisch im Risotto
Secóndo (secóndi)	zweiter Gang
Sèpe nère	Tintenfisch, evtl. in eigener Tinte gekocht
Sègola (sègole)	Zwiebel
Sfògio (sfògi)	Seezunge
Sgropin (sgropini)	Zitronen-Wodka-Prosecco-Sorbet
Sòpa coàda	Taubensuppe mit Croûtons
Soprèssa	dicke Salami aus Schweinefleisch
Spàreso (spàresi)	Spargel
Spiènsa	Milz
Spritz	Weißwein mikt Amaro und Soda
Spumilia (spumilie)	Baisers, Meringen
Stracaganàse	heiße Maroni
Stròpolo	Korken, Flaschenverschluss
Sùca	Kürbis
Sùgoli	Dessert aus Trauben

GLOSSAR

Sùpa	Suppe
Tècia	Pfanne
Tegoline	grüne Bohnen
Tetina	Kuheuter
Tirimesù/tiramisù	Dessert aus Biskuits, Kaffee und Mascarpone
Trofie	handgemachte Spiralnudeln
Tochèto (tochèti)	kleines Stück
Tòcio	Sauce
Tòla	Tisch
Torbolin	neuer Wein
Tramezzino (tramezzini)	Toastbrot ohne Rinde
Vedèlo (vedèli)	Kalb
Vino (vini) da meditazióne	Süß-/Dessertwein
Vóngola veràce (vóngole veràce)	*siehe* Caparòssolo
Vòvo (vòvi)	Ei
Zabaiòn	Weinschaumcreme
Zalèto (zalèti)	Maisgebäck mit Rosinen

Bitte beachten Sie auch folgende Titel aus dem Christian Verlag:

StyleCityTravel Rom
Von Sara Manuelli
192 Seiten mit über 300 Farbfotos und 6 Karten
ISBN 3-88472-669-2

Gegründet auf sieben Hügeln , glanzvoll für das Millenium renoviert: Entdecken Sie mit StyleCityTravel das neue Rom. Auf stillen Plätzen oder lebhaften Märkten, in sonnigen Cafés oder angesagten Bars genießen Sie die lässige Leichtigkeit der ewigen Stadt. Von Kennern ausgewählte Adressen führen straßenweise dorthin, wo man neben antiken Stätten und barocker Kunst aktuelle Trends in Kunst und Szene, Kultur und Design aufspüren kann. Ob im durchgestylten Aleph Hotel oder im zeitlos luxuriösen Ripa, ob Alta Moda an der Via Veneto oder Schnäppchensuche auf dem Flohmarkt Porta Portese, Museumsfülle auf dem Campidoglio oder Entspannen in der Villa Celimontana, ob ein Aperitivo nahe des Campo de' Fiori oder Nachtleben in Testaccio – Rom hat viel zu bieten. Lassen Sie sich von den anregenden Texten und mehr als 300 Farbfotos zu einer ganz besonderen Begegnung mit dieser Metropole inspirieren, in der jeder Winkel Vergangenheit und Lebendigkeit ausstrahlt!

StyleCityTravel Istanbul
Von Damla Kürklü und Zeynep Yener
192 Seiten mit über 300 Farbfotos und 6 Karten
ISBN 3-88472-688-9

Entdecken Sie mit StyleCityTravel Istanbul. Am Schnittpunkt zwischen Orient und Okzident gelegen, vereint diese Stadt das beste aus beiden Kulturkreisen: Osmanische Vergangenheit trifft auf europäische Moderne, Designershops stehen neben prachtvollen Moscheen, traditionelle Kaffeehäuser konkurrieren mit In-Bars. Von Kennern ausgewählte Adressen führen Sie durch die interessantesten Viertel, wo man neben antiken Stätten und islamischer Kunst aktuelle Trends in Kunst und Szene, Kultur und Design aufspüren kann. Ob schickes Hotel oder gemütliche Teestube, flippige Boutiquen oder faszinierende Einblicke in den Basar – Istanbul hat viel zu bieten. Lassen Sie sich von den anregenden Texten und mehr als 300 Farbfotos zu einer ganz besonderen Begegnung mit der verführerischen Stadt am Bosporus inspirieren!

Asien Spa
Anwendungen, Rezepte, Wellness-Oasen
Ayurveda, Jamu, Quigong & Taiji, Reiki, Sên
Von Ginger Lee und Christine Zita Lim
232 Seiten mit 400 Farbfotos
ISBN 3-88472-548-3

Entspannung pur, Wohlbefinden und gesundes Leben – der asiatische Kulturraum mit seinen jahrtausendealten Heilmethoden zeigt zahlreiche Wege auf, sich von Alltag und Stress zu erholen. Ob Traditionelle Chinesische Medizin (TCM), thailändisches Sên oder der aus Indien stammende Ayurveda, ihnen allen liegt das Streben nach Harmonie von Körper und Geist zugrunde. Dieser Führer durch die fernöstliche Wellness-Kultur stellt die traditionellen Therapien und Anwendungen vor und verführt zu einer Reise in die schönsten Spa-Resorts.

Spa & Wellness in Europa
Anwendungen – Rezepte – Hotels
Von Ginger Lee
232 Seiten mit 400 Farbfotos.
ISBN 3-88472-625-0

Ob Thalasso, türkisches Hamam, ungarisches Moorbad, Kneipp, Aroma- oder Bachblütentherapie, Lymphdrainage, autogenes Training oder Sauerstofftherapie – es gibt viele Möglichkeiten, sich selbst Gutes zu tun. Das Buch stellt alle Wege zum Entspannen und Genießen vor und hilft Ihnen, die für Sie optimalen zu finden. Außerdem bietet es zahlreiche Rezepte aus Spa-Hotels, die Körper und Geist Harmonie und Energie schenken.

Die 26 schönsten Eisenbahnreisen der Welt
Von Tom Savio
160 Seiten mit 132 Farbfotos, 18 s/w-Fotos und 25 Landkarten
ISBN 3-88472- 689-7

Al Andalus, Royal Orient Express, Transsib, Darjeeling-Bahn, Canadian, Kupferschlucht-Bahn, Puno-Cusco-Bahn, The Ghan, The Pride of Africa ... Großartige Landschaften, Exotik und Abenteuer, Unbekanntes hinter jeder Biegung des Schienenstrangs: Eindrucksvoller lassen sich ferne Länder kaum »erfahren«! 17 Autoren haben die Strecken in jüngster Zeit getestet und berichten über Geographie, Kultur und Bevölkerung, über Mitpassagiere und persönliche Erlebnisse während der Reise.

Entdecken und Genießen
Esskultur und Lebensart. Mit Rezepten
192 Seiten mit über 200 Farbfotos, s/w-Fotos und 1 Stadtplan
Bisher erschienen: **Paris, Florenz, Barcelona, San Francisco**
In Vorbereitung: **New York, Rom**

Weltbeste Kochbuchserie / Gourmand World Cookbook Award 2005

Entdecken und genießen Sie die Esskultur und Lebensart der interessantesten Metropolen der Welt. Besuchen Sie mit uns die bunten Märkte, die schönsten Plätze, die traditionellen Bars und Bistros, aber auch die angesagten Lokale, und genießen Sie die Familienrezepte und die feinen Kreationen der schicken Restaurants. *Savoir vivre, Dolce vita* oder *Easy going:* Geben Sie sich dem wahren Lebensgefühl der Stadt Ihrer Träume hin, und lassen Sie sich die weltberühmten Klassiker und moderne Spielarten stilecht zu Hause schmecken.

Antonio Carluccios Italien
Die 125 besten Rezepte aus allen Regionen
Von Antonio Carluccio
256 Seiten mit über 150 Farbfotos
ISBN 3-88472-677-3

Der bekannte Meisterkoch Antonio Carluccio ist einer der größten
Kenner und ein anerkannter Botschafter der italienischen Küche.
In diesem mit herrlichen Fotos illustrierten Buch nimmt er uns mit
auf eine Reise zu seinen kulinarischen Wurzeln.
Vom Piemont bis nach Sizilien bringt er uns jede einzelne italienische Region kulinarisch näher und erklärt die typischen regionalen
Spezialitäten. Sorgfältig hat er 125 Originalrezepte zum Nachko-
chen ausgewählt: Mit *Agnolotti in tovagliolo, Triglie alla livornese,
Costoletta del curato, Polpi affogati* und *Caponatina di melanzane*
kann man nun die echte und unverfälschte italienische Regional-
küche genießen, wie sie nicht jeder kennt.

Küche, Kunst, Kultur am Jakobsweg
Von María Zarzalejos
Fotos von Xurxo Lobato, Sacha Hormaechea, Matías Briansó
248 Seiten mit 179 Fotos und 9 Karten
ISBN 3-88472-667-6

Der tausendjährige El Camino breitet sich in prächtigen Bildern
und informativen Texten zu Geschichte, Architektur und Esskultur vor dem Leser aus. Von Aragón über Navarra, La Rioja, Bur-
gos, Léon bis A Coruña: Rezepte der einzelnen Regionen, durch
die der Pilgerweg führt, wecken Erinnerungen und Sehnsucht gleichermaßen. Ein Buch zum Träumen und Genießen für alle, die den
Weg gegangen sind oder gehen möchten, und alle Liebhaber der traditionellen spanischen Landküche.